初中物理教育质量提升的实证研究

李子明 刘艳丰 著

燕山大学出版社

·秦皇岛·

图书在版编目(CIP)数据

初中物理教育质量提升的实证研究/李子明,刘艳丰著.—秦皇岛:燕山大学出版社,2023.3
ISBN 978-7-5761-0428-8

Ⅰ.①初… Ⅱ.①李…②刘… Ⅲ.①中学物理课—教学研究—初中 Ⅳ.①G633.72

中国版本图书馆 CIP 数据核字(2022)第 258165 号

初中物理教育质量提升的实证研究

CHUZHONG WULI JIAOYU ZHILIANG TISHENG DE SHIZHENG YANJIU

李子明 刘艳丰 著

出 版 人:陈 玉		
责任编辑:孙志强	策划编辑:孙志强	
责任印制:吴 波	封面设计:刘韦希	
出版发行 燕山大学出版社 YANSHAN UNIVERSITY PRESS	电 话:0335-8387555	
地 址:河北省秦皇岛市河北大街西段 438 号	邮政编码:066004	
印 刷:英格拉姆印刷(固安)有限公司	经 销:全国新华书店	

开 本:787 mm×1092 mm 1/16	印 张:13.75	
版 次:2023 年 3 月第 1 版	印 次:2023 年 3 月第 1 次印刷	
书 号:ISBN 978-7-5761-0428-8	字 数:255 千字	
定 价:55.00 元		

序　言

呈现在您面前的这本书是中学老师教学科研成果之作，是作者近 30 年从事中学物理教学研究的结晶。作者摈弃空洞的理论说教，围绕新时代把提高教学质量作为教育改革发展的核心任务这一总目标，开展理论引领下的实践改革及实践基础的理论升华，在行动中生成高质量初中物理教学。本书大部分内容在理论指导下实践、反思、提炼凝结而成，并在实践应用中取得诸多荣誉。写作中，作者将这些内容进行精加工，在解决中学现实物理教学问题的总统领下，集中就以下六部分内容所涉及的重点问题进行剖析：初中物理教学质量提升行动、初中物理高质量教学设计、初中物理高质量课堂构建、初中物理高质量教学案例、初中物理高质量思维方法、初中物理高质量评价，这六部分既彼此独立又相互联系，协同构成提升中学物理发展质量的内涵因子。本书内容源于一线教学经验，同时又渐次应用于一线实践后被赋予新时代新理念新标准的进阶，因此它们可谓是教学和科研相结合的产物。

本书可作为高师院校物理教育专业的教学用书，但更宜作为课程教学论、学科（物理）研究生特别是在职中学物理教师的专业培训教学用书，这有赖于它的针对性和可操作性。

学科建设的发展性决定本书所提供的教学研究成果和实践案例受到新的挑战和更严峻的检验。囿于作者水平，本书不足和谬误诚属难免，我们绝不因此而心安理得，当是翘首期待专家、同行及学生们的批评与指正！

作者真诚地向提供思想、知识和研究方法的参考文献的作者们致谢！正是他们在该领域的建树和付出才得以著成此书。

目　　录

第一章　初中物理教学质量提升行动

"立志不坚,终不济事。"教学质量是学校生存发展的"生命线",因此,以"立德树人"落地为"志",借质量提升行动指引教学质量研究,以寻求突破、创新提升。百年大计,教育为本;教育大计,教师为本;教师大计,资源为本。资源的重要性不言而喻。《国家基础教育课程改革指导纲要》明确提出了"用教材教"而不是"教教材"的全新观念,提倡教师依据课程标准灵活地创造性地使用教材。由此可见,资源是课堂教学的保障和基础。有道是,只有好的教师,才有好的教育;只有不断提升教师的专业水平,培养和造就一批名师,才能建构优质的教育教学资源,提升教师的教学能力,减轻中小学生课业负担,提高教学水平和质量,推进基础教育均衡发展。

第一节　校本课程开发行动

所谓的校本课程就是学校根据当地社会、经济、科技、文化发展的需要和学生的兴趣,自主开发的课程。它是以学校的教师为主体,以国家课程方案和地方课程纲要的基本精神为指导,依据学校自身的性质、特点、条件以及可利用和开发的资源,旨在满足学生需求而开发的多样性的可供学生选择的课程。课程资源是教育内容的载体,是一个涉及自然和社会方方面面的综合的、开放的系统。校本课程资源,就是根据具体地域特点、学校特点、学科特点、教师特点,发挥各自的优势,所能找寻到的一切有可能进入课程,能够与教育教学活动联系起来的社会的、文化的或自然的资源。校本课程的内容有多样性、灵活性、差异性和直接的实践性等优势,这是对国家课程有益的必要的补充。它体现"以人为本"的教育理念,有利于促进全体学生的发展,促进学生的个性发展。那么,如何引用校本课程资源实施情感目标,笔者从以下几方面作了初步探讨。

一、趣味物理与科学探究意识

根据课程标准的要求和学校培养目标及课程资源状况,考虑学生的需要、兴趣与经验,应该科学有效利用校本课程资源,合理组织教学内容,积极探索自主、合作的学习方式,实施发展性评价,为学生全面而主动的发展提供课程保障。如校本课程资源中的有关"趣味物理"的视频和文字。爱因斯坦说过,"兴趣是最好的老师",如何保持初中生的"好奇心"、激发他们的学习兴趣、激励他们探索知识? 在课堂教学中,校本课程资源可以轻松做到这一点。例如,播放一些有趣的音像资料："被吸进瓶内的气球""奇妙的肥皂泡""能点着火的玻璃""土豆电池""小熊震荡秋千""水下的音乐门铃""魔管""静电除尘""不怕烧的手套""静电电动机""玻璃也会导电"等等。这些趣味实验大大激发学生探究的需求,从而获得新的情感体验。也可以让学生看一段、听一段趣味物理故事,也能起到激发科学探究意识的效果。例如:"会跳跃的声音",莫斯科的近郊发生了一次大爆炸,在半径 70 km 的范围内,人们清清楚楚地听到了"轰隆、轰隆"的爆炸声,但是从半径 70 km 到 160 km 的范围内,人们却什么也没有听见;令人奇怪的是,从半径 160 km 一直到半径 300 km 的远方,人们又听到了爆炸的轰鸣声。这真是令人奇怪而又有趣的事!声音怎么会"跳"过中间地带呢?再如"往高处流的水",在新疆的沙漠深处,最为奇怪的就是"水往高处流"这一自然奇观以及在青海西宁的"倒淌河"现象;在济南市东南外环路省经济学院以南约 1.5 km 处的"怪坡"上,驶过下坡的汽车一旦熄火,竟又慢慢地自动爬上了坡,而汽车下坡必须加大油门。观者无不称奇。

以上自然现象,会引导学生思考,激发学生的兴趣,产生求知的欲望,达到科学探究的目的。实际上,创设能够引导学生主动参与的教育环境,激发学生的学习积极性,也是学生学习方式转变的重要途径。

二、名人逸事与人文科学素养

"人文素养"即人文科学的研究能力、知识水平和人文科学体现出来的以人为对象、以人为中心的精神——人的内在品质。诸如,物理学科发展的历史,就是物理学家不断向传统挑战、创新的历史,物理学每一个定律、每一个结论都体现着物理学家的人文素养。爱迪生采用 1 600 多种耐热材料和 6 000 多种植物纤维进行试验,最终发明了白炽灯;富兰克林奋不顾身放飞风筝测定云层间的电流;奥斯特顶着前人的学术权威,突破安培、毕奥的学术禁锢研究磁电转换现象;等等。通过这些事件对学生进行科学史教育,提高了他们的探究兴趣,为培养他们良好的意志品质打下坚实的基础。

"人文素养"还包括乐观向上的生活态度、严谨求实的科学精神、刻苦但不失灵活的工作学习方式。用"移动的黑板"(安培的专心致志)激励学生;用"煮手表的故事"(牛顿的废寝忘食)感染学生;用"两个不同铁球同时落地"(伽利略的"思想实验")引导学生;爱迪生巧用"排水法"测出灯泡体积;焦耳体弱多病自学成才;李政道没有正式的中学文凭却成为物理学家;等等。这些物理学家都是在成功和失败、顺利和挫折的斗争中,以自己坚韧不拔的毅力为人类作出巨大贡献。他们以"勤"补"拙"、以"巧"代"拙"的生动事例穿插渗透,对促进学生学习态度的转变、提高学生的意志修养有极其重要的作用。课堂教学中提醒学生在学习中时时注意培养自己的自信心、意志力,使他们逐步形成良好的个性和健全的人格,那么将会对学生的成长起到不可估量的作用。我们正是在看似死板的自然科学中教出社会人文特点来。

三、尖端科学技术与人生观和价值观

校本课程实施的目标其中之一是提高学生的思想品德修养和审美能力,陶冶情操,增进身心健康,培养学生正确的世界观、人生观、价值观。价值观不仅强调个人价值、科学价值、人类价值,更强调个人价值与社会价值的统一、科学价值与人文价值的统一、人类价值与自然价值的统一。课堂教学中播放展示尖端科学技术的音像资料。例如:"航天发射""宇航员太空失重""戈壁滩上的风力发电站""激光应用技术"等等。现代科技的噪声利用:噪声除尘、噪声诊病、噪声制冷、噪声发电、噪声武器、以噪治噪、利用噪声追击飞行中的飞机等。尖端科学技术凸显着人类价值与科学价值的无穷魅力,能够增强学生热爱科学的信念,培养爱国主义情感,树立正确的价值取向,立志于科学探究的远大抱负。教学过程中能够体现历史和科学技术的内容,学生可以从内心确立真善美的价值追求以及人与自然和谐共处的可持续发展理念。

四、校本课程资源中地方资源的纳入

地方资源包括社区家庭、学校附近工厂、企事业单位、地方科普基地、地方历史文化、地方景观及地形地貌、水文气候等资源。充分利用社会资源,开展体验教育、实践教育、探究活动,为校本课程的开放创造了有利的条件。

例如:在河北省阜平县,一个属于国家扶贫项目的奶牛场落成后屡屡发生奇怪现象,4年之中竟遭受了8次雷击,先后有6头奶牛被击死,15头奶牛受伤,多次发生几十头奶牛被一起击倒的事件。不过令人奇怪的是,和奶牛相伴的奶农竟一次次奇迹般躲过了雷击,安然无恙。为什么雷电只对准奶牛,而放过了和奶牛在一起的奶农呢?阜平县气象局解释说,雷电落地后,地面两个不同点的电压不一样,会产生"跨步电压",牛前后四脚着地,跨步电压大,而喂牛的人或挤奶的人,他们在劳作时多是双脚基本并拢的,跨步电压恰恰最小,这样就避免了受伤。在雷电天气里,为了安全,不大跨步走路,也是这个道理。

再如:在工业发达的市区,平均气温要比农村偏高;冀北地区沙尘暴频发;矿区集中地的瓦斯爆炸和渗水造成血的教训;重庆市2006年的罕见大旱和2007年百年未遇的大涝等等。这都是利用地方资源对学生进行教育的实例。

校本课程开发大多数集中于体验型、表现型、实践型和操作型的课程领域,校本课程资源的开发和实施能够提高学生的科学文化素养,是情感教学目标实施的物质保障。这也恰恰体现了基础教育新课程的价值追求。校本课程开发强调课程要适应不同学生的不同需求,能够打破"应试教育"只重视学生智力的发展;打破忽视情感、态度、动作技能、社会交往等其他方

面的发展的不良现象。这十分有利于学生的多元智能的和谐发展,使学生的理智过程和整个精神世界获得实质性的提高。

第二节　低质量教学设计的"通病"剖析

教学设计一般包括解读课标、处理教材、居高临下地分析教材的地位和作用等内容。设计者按照"抓住主线、渗透方法、突出重点、分散难点、安排有序"的指导思路,联系实际对教材进行恰当的选择与调整,以适应不同学校的实际和不同层次的学生,有效处理教材的具体内容。

教学设计中常见的通病有四种:一是教学内容的筛选与重组不当,知识主线无序,认知主线以及方法主线不明确,没有条理;二是教材内容的问题化,不能整体把握教材知识层框,且知识层框的内在逻辑关系彼此割裂,缺乏内在的"问题链";三是问题设置难度把握不好,语言表述精度不够,造成低效或无效化;四是问题的提出不能有效地借助教学环境进行整合,情境创设陈旧,不能标新立异,激发学生学习的积极性,导致课堂教学高耗低效。本书以常见的通病为例,矫正和规范这些问题,以期达到抛砖引玉之效果。

教学设计首先明确本节课有几个知识"点",这些点的地位和作用是什么,围绕这些"点"需要补充或拓展哪些"点",即"学什么";其次是根据学生的认知特点和教材的逻辑关系重新组合,将本节课的知识"点"按一定的因果或逻辑关系进行排"序",由浅入深,循序渐进,即"怎么学";再次是每一个知识点需要借助哪些新颖、奇特的情境按照学生认知的就近发展区,由易到难进行设"疑",同时还要深刻研究学生学习过程中可能出现的一些生成性的问题;最后能够灵活地应"用"所学的知识解决问题,即"为什么这样学",最终达到学以致用之目的。

一、教材内容的条理化

学习者认知的发展也有内在的程序性,从认识论的角度来看,就是"把已经存在的比较凌乱的、无序的东西,有规律地组建起来"。教学设计应以学生的知识建构为着眼点,从已知到未知,从感知到理解,从巩固到运用,从具体到抽象,从易到难,由简到繁,由近及远,积极进行一系列的启发思维和引导探究活动。由此可见,教材内容是否有条理至关重要。

设计教学内容首先要遵循三条顺序,即"知识序""认知序""结构序"。所谓的教材内容条理化是科学知识本身内在的逻辑性即知识序;学习者学习活动内在的认知规律即认知序;把零散的知识"碎片"进行有序整理即结构序。教学内容的条理就是按知识序、认知序、结构序将教学内容涉及的知识点依次进行排序,最后用问题条线比如"时间""逻辑""生活""探究"等把这些知识点连起来,形成完整问题链和知识序,较好地体现"学什么""怎么学"的思路。如图 1-2.1、图 1-2.2 所示案例 1、案例 2。

案例1

知识主线　　　　　　　　教学活动主线

磁场是一种物质
{
操作：桌上的磁针在手作用下不指南北

实验：一物体放在磁针附近，磁针也不指南北

解释：空间存在着一种"迹"物质

提问：磁场看不见，怎样研究？
}

磁场的方向
{
演示：空气看不见，怎样知道它的流动方向？

讨论：怎样表示空气流动的方向？

小结：看不见的东西可以间接研究

迁移：用磁针检验磁场

讲解：磁场方向的规定

演示：磁场中各点方向有一定的规律

学生实验：用铁屑显示各点磁场方向
}

磁场的描述：磁感线
{
讲解：磁场线的意义
}

地磁场
{
讲解：理解磁感线值得注意的地方

展示：几种磁体磁感线方向
}

图 1-2. 1

案例2

知识主线　　　　教学活动主线

问题一：
让汽车的眼睛亮起来——怎样用一个开关控制两盏灯？
{
问题1：玩具汽车两个灯同时亮与灭

实验：学生连接，探究开关控制的灯

讲解：电路图连接值得注意的地方

提问：有没有其他方法让汽车灯亮起？

实验：学生探究并联开关控制的灯

设计：设计电路图

迁移：汽车用的哪种电路？

讨论：讨论串并联电路连接方式的区别？
}

问题二：
让汽车的眼睛会说话——怎用两个开关控制两盏灯？
{
问题2：用两个开关同时控制两盏灯

实验：学生连接电路，探究两个开关控制的灯

迁移：并联电路干路和支路中的开关作用有何不同？
}

思考：
沿着马路铺设的路灯采用的是哪种连接方式？
{
解释：怎样确定连接方法？

实验：带边框的"加油"两个字的小灯泡连接方式及其开关的位置
}

图 1-2. 2

分析上述两个案例可知,教学设计的知识序可以分为显性(如案例1)和隐性的(如案例2)来统率教材,无论从哪个角度来看,均有一定的条理性和科学性。

二、教材内容的问题化

教材内容的问题化一般体现为"是什么"和"为什么"两个问题,多数教师设计中很难将学习的知识或各知识点之间的衔接用问题来呈现,导致设计逻辑性不强,前后不连贯。宏观上来说,紧扣教材内容,围绕学习的目标要求,以学生的"学"为中心,以学生的思维发展为核心,整体地设置、把握问题设计,充分体现"瞻前顾后"递进式问题链,问题的设计要有整体性、启发性、层次性、情境性、开放性和趣味性,并将教材内容问题和过渡性问题构成一个指向明确、思路清晰、具有内在逻辑的"问题链",从整体上形成问题框架和认知方向。问题设计既要体现教师教的思路,又要体现学生学的思路,积极主动地激发学生思考,点燃学生的思维火花,突出重点、攻克难点。如图1-2.3和图1-2.4所示案例3和案例4。

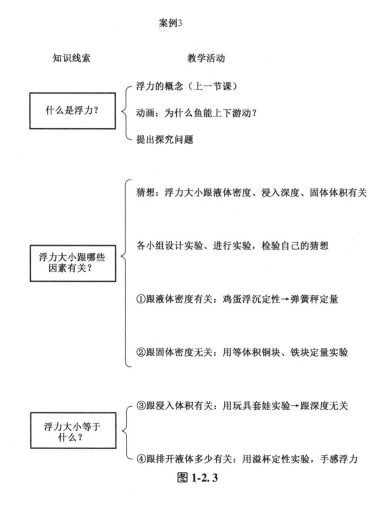

图 1-2.3

案例4

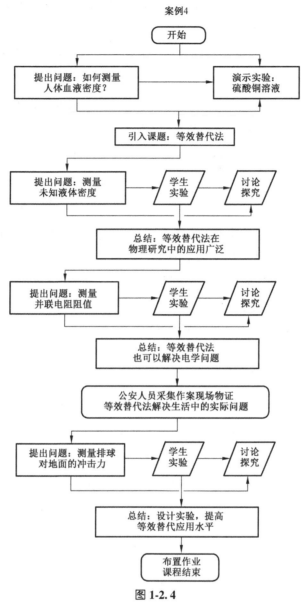

图 1-2. 4

内容问题化的设置是一种技术,更是一种艺术。它没有固定方法,更没有定式,它需要教师在教学过程中不断思考与创新,用自己的智慧巧妙设置问题,只有恰当地按照这些原则去处理教材,才能使学生的思维得以提升,使课堂教学更加扎实有效。

三、问题设置的有效化

有效教学问题的设计是准确把握宽度、深度、角度、精度和难度,再用严谨、准确的疑问句去描述,使之具备趣味,真实可行,才能驱动学生的学习,将学生带入思考和探索的天堂,这才是教学设问的最高境界。

笔者在听课过程中发现最突出的问题,一是表述不准确,语言含糊不清,因果关系不严密,问题设置累赘,指向不明,导致上课高耗低效;二是过多使用单纯的判断性问题(如是不是、对不对、要不要等等),学生的思维得不到启迪和锻炼;三是问题设置不能根据学生的不同水平和学生认知的"最近发展区",充分考虑学生的差异性、层次性。

案例5:有一位教师在将"比热容"一课的吸热本领引入时设计问题如下:生活经验告诉我们吸热本领与何有关?早饭为赶时间上学,怎样快速做熟一碗挂面呢?

吸热多的物质吸热本领强还是吸热少的物质吸热本领强?学生对物质的吸热本领头脑中比较含糊,所以这样的问题难度设置过高,学生难以作答。早饭为赶时间上学,怎样快速做熟一碗挂面呢?这个问题与比热引入关系不大。

如果改成了如下这两种问题,就能体现问题的思考价值,起到锻炼学生思维能力的作用。"同一时刻为什么海水和沙子的温度不一样?"或"早穿皮袄午穿纱,围着火炉吃西瓜,江南水乡会有这种情况吗?"这样就能激发学生的有效思考。

四、问题情境的有效化

德国学者关于情境与知识有一个精辟的比喻:将15 g盐放在你的面前,无论如何你都难以下咽,但将15 g盐放入一碗美味可口的汤中,你就在享用佳肴时,将15 g盐全部吸收了。情境之于知识,犹如汤之于盐。

好的问题借助于好的情境(如场景、史实、趣闻、图画、影视资料、典故、谚语、诗词歌赋、实验、数据等)能极大提升知识的趣味性和激发学生学习动机,能较强地引起师生情感共鸣、态度体验的氛围。

情境设计要在"新""奇"上下功夫。用"新"来一下子"粘住"学生,激活学生;用"奇"来牢牢地"套住"学生,让学生不由自主地追问、想象、探究。

案例6:人们生活在大气中,却从未感受到大气压强。让初中生一下子接受大气压的存在,确实困难。在"大气压强"一节的教学中,教师做一个小实验,将事半功倍。取大、小两个试管,小的恰能套在大的里面,先在大试管中倒入半管水,然后把小试管插入大试管中,再把它们倒过来。当学生看到小试管不掉下来,反而不断进入大试管时,就会惊讶地发出疑问:"小试管怎么不掉下来?""是不是水把小试管吸进去了?""是不是有一种什么力把试管推进去了?"对于这样的问题情境,学生自然会积极思考,对其探究一番。

问题是衡量课堂教学是否有效,能否启发、调动学生积极性的手段,也是落实课程教学目标的标志。从认知维度的要求来看,要明确问题是让学生达到记忆、理解、应用、分析、评价和创新中的哪一层面;从解决问题的思维方法来看,应清楚所提问题的解决方法是比较、类比、归纳、演绎、分析、综合中的哪一种;从解决问题过程对思维品质的培养来看,是培养了思维的广阔性、深刻性、敏捷性、变通性、系统性、精密性、预见性、创新性等思维品质中的哪一方面。

总之,设计有法,贵在得法,只有立足于学生按教材条理性、内容的问题化、问题的有效化、情景的有效化去设计,才有可能有效地落实课堂教学的效果。

第三节　教学质量提升途径

《国家中长期教育改革和发展规划纲要(2010—2020年)》(以下简称《纲要》)指出:把提高质量作为教育改革发展的核心任务。教育大计,教师为本,只有好的教师,才有好的教育;只有不断提升教师的专业水平,培养和造就一批名师,才能减轻中小学生课业负担,提高教学水平和质量,推进义务教育均衡发展。

目前义务教育阶段的教育教学改革已步入深水区,虽然经过多年的研究与实践,取得了一系列显著的成效,但仍然存在诸多深层次的问题亟待解决。我省的义务教育物理教学质量整体上不乐观,学校之间质量水平极不均衡且有差距越来越大的趋势,学生的择校现象日趋严重;优质的教育教学资源匮乏,教师的教学能力参差不齐;教学理念呆板,教学方法单一;教师专业知识层次有待提升;学生的创新意识、创新精神、创新能力得不到应有的发挥。一线中学物理教师依旧在教学模式上进行着艰苦的探索和研究,然而绝大多数教学模式实际效果并不明显,甚至大多数学校靠拼时间、搞"题海"战术,不仅加重了学生课业负担,而且降低了学生学习兴趣。

教学质量是一所学校的生命,纵观近年来的文献,关于提高教学质量的研究很多,但都只是停留在对某方面的孤立研究上,而缺乏多维度的整合研究,如:杜郎口"高效课堂"的诸多研究,只局限于教学模式的研讨上,另有一些关于提高教学质量的研究侧重于对教师素养的研究。然而影响教学质量提高的因素涉及方方面面,有内因,有外因;有主观因素,有客观因素。这些因素对于教学质量的影响不是孤立地发挥作用,而是相互联系、相互制约的。对该问题的孤立研究,很难为初中物理教学质量的切实提高起到应有的作用。如何系统地开展提高教学质量的研究,突破物理"难学难教"的现状,是我们进行研究的重点内容。

一、资源库的建设是提高教学质量减轻课业负担的基础

(一)建设问题结构库

教学工作的基础是教学资源的积累,每一位优秀的教师都有其系统、完善、独特且不断更

新的教学资源,积累和掌握第一手教学资源,才能厚积薄发、游刃有余。

首先,教师应当博览群书,精心选编、搜集教学资源。教学资源是有结构的,应能依据教学目标、教学对象、教学内容适时、适度地开发利用。例如,教学初期为了减负,结合教材的重点和难点以及学生的认知特点,应明确哪些习题能突出重点,哪些知识能突破难点。实践证明,我们积累的问题结构式教学资源库,选题典型,难易适中,针对学生经常出现的易错点,具有代表性、全面性、针对性,这些易错习题库在具体教学中的恰如其分的应用,能有效储存在学生大脑中,达到减负增效的要求。

其次,资源库的建设要注重提升教师的思维水平,特别是注重对教学内容深层次的挖掘和拓展、习题的演变规律以及教学方法和策略的优化研究等等。如,通过习题的条件变换、因果变换等方式,使之变为更多的有价值、有新意的新问题,培养学生思维的应变性,使更多的知识得到应用,从而获得"一题多练""一题多得""一题多变"的效果;通过一题多解的训练,引导学生多角度、多途径寻求解决问题的方法,开拓解题思路,并能从多种解法的对比中优选最佳解法,总结解题规律,提高其分析问题的能力,从而提升学生求异创新的发散性思维水平;在习题教学中通过辨析真伪,培养学生思维的批判意识;在探索问题过程中,通过对问题的探索和实践,培养学生思维的发现意识,发掘隐性的物理规律,等等。

(二)完善科学素养库

"从生活走向物理,从物理走向社会"是初中物理课程标准的理念之一。培养学生具有良好的心理素质、崇高的道德品质、对人类崇高的责任感,是教育教学的核心目标。作为物理教师,有意识地利用网络资源、教辅书籍、科普读物,搜集名人轶事、趣闻物理、自然奇观、尖端科学技术、生活中的物理等素材,并灵活应用到课堂教学中,能够极大地调动学生的学习兴趣和积极性,开阔学生的视野,拓展学生的思维空间,唤起学生热爱科学、追求真理的意识,树立科学精神、科学态度、科学伦理和情感等,有效提高学生的科学素养。

如,在教学实践中,教师可以动手做实验或播放一些有趣的实验影像资料,"被吸进瓶内的气球""能点着火的玻璃""土豆电池""水下的音乐门铃""不怕烧的手套""静电电动机"等等;再如,在《现代科技的噪声利用》中,可以介绍噪声除尘、噪声诊病、噪声制冷、噪声发电、噪声武器、以噪治噪、利用噪声追击飞行中的飞机等;结合教材和学生的特点,介绍先辈们逆境奋斗、不怕失败、锲而不舍、坚韧不拔的经历,做到教书育人,使学生的身心得以健康地发展。教学过程中能够充分体现物理与科学、技术、社会的紧密关联,学生可以从内心确立真善美的价值追求以及人与自然和谐共处的可持续发展理念。

(三)探索学法指导库

未来的教师不仅是知识的传播者,还应成为"学习方法的导师"或"教育的诊断专家"。

因此，课堂教学要凸显学法指导，应当教会学生怎样观察、怎样学习、怎样概括与总结，教给学生分析问题的思路与方法。在自主学习、合作学习以及研究性学习的过程中，要渗透或明示一些具体的学习方法，如阅读的方法、记忆的方法、圈点标注的方法、实验方案的改进思路等，为其终身学习从方法上给予指导，养成良好的学习习惯。

培养学生的学习能力始终是课堂教学的核心，发展学生思维是课堂教学的根本。因此，课堂教学要把主要目的定位在发展学生的能力上，要将能力培养贯穿始终。研究和总结学科的解题方法，有助于提升学生的创新能力，转变学生的思维方式，如"实验推理法""等效法""类比法""叠加法""转换法""理想模型法"等。对同类知识模块，更要重视综合研究，如有关滑动变阻器的综合解法、有关密度的解题方法、物理试卷压轴题的解题策略、电路识别的方法、物理图线题的处理方法、学生几种思维意识的培养、学生问题意识的培养、实验改进与评价方法等。

（四）积累相关理论库

教师应当夯实相应的教学理论、学习理论、信息传播理论的基础，并能辩证看待、借鉴、应用，如以教为主的"五环节"教学法，以学为主的"支架式"教学法、抛锚式教学法、"双主教学方法"等。既不能邯郸学步，又不能故步自封，要结合教学实际，不断改进、超越和优化，使课堂教学更为有效。

教材是教学的基础，也是教师课堂教学"备""说""听""议""辅"必备的相关教学资源，资源库的建设不能忽视教材的二次开发、挖掘、补充、整合。这样，资源库的建设才更系统、更完备。

二、优化"教"与"学"方式是提升课堂教学效率的有效途径

如果说资源积累是课堂教学的基础，优化"教""学"方式则是提升课堂教学效益的核心，前者好比建筑材料，后者好比依据图纸实施的过程。从"教学方法的改革"到"课程改革"，只要是"改"，一线老师总是锁定在思考、探索、研究，容易操作的、普遍使用的、有规律的教学模式上，以期达到提升课堂教学质量之目的。总认为新生的事物一定好，殊不知形形色色、林林总总的教学模式都有其存在的条件，并非尽善尽美，要分析每种模式使用中存在的误区和问题，思考如何借鉴，如何进一步深化和完善，绝不能脱离实际，以偏概全，盲目地推行、仿效。

课堂教学要立足于实效、有效、高效与创新，以学生的"学"与"发展"为前提。不论是什么学科、什么课型，教育者要处理好"教"与"学"、"主导"与"主体"、"传统"与"创新"、"问题效度"与"思维转变"、"数量"与"质量"、"形式化"与"实效性"等关系。提倡教学方式的多样性是课程标准所倡导的思想，为此，应当结合实际，更新教育观念、转变教学方式、灵活地借

鉴、整合教学模式,取长补短,辩证地处理好教与学的关系。

教育必须提高课堂的教学效率,应当不断培养学生的创新意识,训练学生的创新思维,传授学生的创新技法,倡导学生开展创新活动,从学生自主参与学习的程度、练习的数量和质量、反馈的信息去衡量课堂教学的最终效果。

三、名师引领是全面提高教学质量的有力保障

《纲要》把推动学校均衡发展,促进教师专业成长,办好人民满意的教育作为重要的发展目标,指出:义务教育要"切实缩小校际差距,着力解决择校问题;加快薄弱学校改造,着力提高师资水平",要"建设高素质教师队伍","培养教育教学骨干、'双师型'教师、学术带头人和校长,造就一批教学名师和学科领军人才"。

因此,培养和建设高素质的教师队伍迫在眉睫、任重道远,这也是提高教学质量、促进教育均衡化发展的必要措施。要实现这个目标,"名师引领"是不可或缺的一环,也是教师专业成长的保障。通过"名师引领",培养教师个体从事教师职业所要具备的学科专业素养、教育专业素养、道德素养,即让教师个体具备完善的知识系统、各种教学技能和良好的道德素养,为从事这一职业打下基础,进而通过研修培训、学术交流、校本科研,加强优质教育资源开发与应用,造就一批教学名师和学科领军人才。

(一) 整合资源,加强集体备课,强化教学效果

学校整体品位的提高和师资队伍整体素质的培养,离不开名师引领,离不开教育科研,离不开集体备课。在集体备课中特别要重视名师的引领作用,同时要求每位教师充分发挥自身的主观能动性,创造性地形成个体化的教学设计方案,逐步形成教师自己的教学特色和教学风格。

教师在集体备课中,要遵循教育科学规律以及学生发展规律,依据教育学和心理学的原理对教学资源进行开发、补充、整合,规划教学设计方案,发挥群体智慧,优质教案领先,个性教案补充,形成符合教育理论、具有独特风格、适合学生学习的教学设计方案。教师还要关注教学手段和教学方式的设计应用:课堂教学问题怎样设置?资源如何整合、展示?课堂每一环节、步骤选用什么样的学习方式最有效果?怎样做更有利于学生的思维品质培养、使学生思维创新独到?怎样利用现代科技使课堂更为生动有趣、最大限度地提高教学效率?

(二) 积累经验,借鉴相关理论,提升科研能力

积累是教师成长的阶梯,是提高教学素质的保障。在日常教学实践、教学研究、学习与业务交流中反思和积累教学经验,既要持之以恒,又要敢于创新,把直接获得的教育经验运用于

研究中,为教育的发展提供新鲜血液。同时,在实践中总结反思相关理论,为教育教学提供指导。如,行为主义教学理论、认知主义教学理论、建构主义教学理论、人本主义教学理论等,它们的区别在哪里? 如何发挥其长处? 在教学实践中,教师还应当针对不同的课型,面临不同的学生,不断探索和优化教学方式和学习方式。

另外,开展好常规教研活动,落实好说课、观课、议课三种基本教研能力,也是积累经验、提升教科研能力的重要方式。教科研活动更要重视以老促新,群策群力,实行资源共享,研究好每一节课、每一道习题、每一章测试,开展"青蓝工程",搞好"传帮带",既可以师傅引领上课,也可以徒弟上课、集体指导与改进。

(三)剖析案例,优化教学行为,强化实践意识

从教改到课改,有许多成功的典型,也不乏失败的案例。很多学校或教师面对成功的经验,只是照搬照抄,机械模仿,邯郸学步,拿来即用。没有经过实践的检验,不考虑是否适合自身,不加改进,导致教学效率低下甚至质量严重滑坡。因此,在面对成功的经验或失败的教训时,应借助名师的力量,深刻细致地剖析教学、课改案例,注重从实践中积累或汲取营养,结合本地本校学生实际情况,融合自己的教学、研究成果,优化教学行为,提高教学质量。

如,在"探究凸透镜成像规律"一课时有这样一个成功案例:开始上课时,教师首先介绍了光具座,提问了物距、像距、焦距,交代了注意事项,然后让同学们按各自设计的方案动手操作并观察。由于没有固定的实验方案,没有严格的限制,学生的思维是自由的。教师穿梭在各组之间,发现实验中存在许多问题:物距、像距、焦距分不清;对于物距等于像距不能观察成像,错把光斑当成像;当物距小于焦距成虚像不会观察等。就在教师一边发现问题、一边矫正时,学生在那里吵吵嚷嚷,一惊一呼地喊:"老师,老师,请过来看,我们看到像了。"教师走过去,他们指着凸透镜表面:"您看,有两个像。"教师顺着所指方向一看,果然看到了一个正立的像和一个倒立的像,这是过去大纲和新课程标准上都未要求和出现过的,平时教师也没有过多注意和认真思考过,现在学生提出来,教师感到十分惊喜。对于这一新发现,教师及时给予了充分的肯定,表扬他们观察细心,发现了别人没有注意的现象,但教师没有马上给他们解答,而是对全班同学通报了他们观察到的现象,并说:"我原来也没注意过,现在请大家想想,它们是虚像还是实像? 是怎么形成的? 成像的原理是什么? 像在什么位置?"一石激起千层浪,思维由此向更广更深处展开。

四、教学反思是推动教师专业发展的内在动力

教学反思是提升教师教育教学理论素养、提升专业水平的前提,是教师专业发展和自我成长的核心因素。所谓教学反思,就是对教师教学行为和教育教学现象进行再认识、再思考、

再实践的探索过程。它一方面是对自己在教学中的正确行为予以肯定,不断地积累经验;另一方面是找出自己在教学过程中失误或缺漏的地方,进行自我批评、自我修正,使以后的教学行为更加完美。教师的成长离不开这种自觉的、深刻的反思,特别是对自己的教学行为与教学实践进行的反省与审视。教师在反思中取长补短,优化教育教学行为,提升自身专业素养的不断成长。

(一)教学叙事或教学日记

教学叙事是进行教学反思最基本的形式。主要是陈述教师在日常生活、课堂教学、教改实践活动中曾经发生或正在发生的事件,也包括教师本人撰写个人传记、个人经验总结等各类文本。主要目的是以自我叙述的方式来反思自己的教育教学活动,并通过反思来改进自己的行为,不断积累教学经验,提高教育教学质量。所谓叙事,主要是对教学事件的回忆和陈述,并不要求具有系统性的分析和概要式的总结,也无须提供必要的理论支撑,其形式灵活,不受字数及格式的限制,年轻教师易于把握,这也是积累教学经验、发酵教学思想的必经之路。

例如,有一次上课时,教室里总有同学在嘀咕着什么,好一片热闹的景象。笔者正在纳闷,平时没有出现过这种情况,是怎么回事呢?原想,这个时候发火,训他们,学生们肯定会安静下来。转念沉静一下再注视着学生们,他们没有什么反应。当回头看了看黑板上的课表时,发现上一节是体育课。笔者调整了一下自己的情绪对学生们说:"老师知道你们上一节是体育课,神经还处于兴奋状态中,那咱们来考虑一下兴奋是怎样传导的吧。"学生慢慢地静了下来,课堂得以继续⋯⋯

物理课程应该注重学生的自主学习、培养探索未知事物的能力;重视培养学生正确的科学态度和价值观念。作为教师,在教学过程中更应该尊重学生,及时发现学生思想的闪光点,在沙砾中发现金子。教师如果简单地纠正学生的错误,是对学生能力的一种不信任,可能挫伤学生的积极性,不利于学生在学习中的积极思维和发言,甚至导致学生性格上的障碍。

(二)专题研究

在长期的教学和教研实践中,教师在学科知识体系、教材编排体系、学生习得能力、教学方式方法等方面存在一系列问题和疑惑会逐渐凸显出来,"不愤不启,不悱不发",单纯的教学叙事已经不能满足教学专业水平的提升,这必然要求开展专题性的研究活动。这种形式的反思要求以学科组为单位,突出整体协作,具有针对性地就教学中的某一问题展开讨论、实践与研究,并提出解决的方案,必要时还需要借助名师、相关科研单位或人员的力量。需要注意的是问题切忌过大,不切实际。

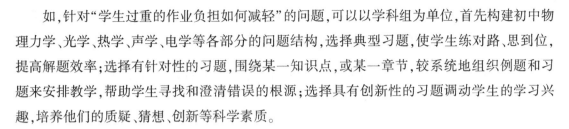

如,针对"学生过重的作业负担如何减轻"的问题,可以以学科组为单位,首先构建初中物理力学、光学、热学、声学、电学等各部分的问题结构,选择典型习题,使学生练对路、思到位,提高解题效率;选择有针对性的习题,围绕某一知识点,或某一章节,较系统地组织例题和习题来安排教学,帮助学生寻找和澄清错误的根源;选择具有创新性的习题调动学生的学习兴趣,培养他们的质疑、猜想、创新等科学素质。

(三) 课题研究

在大量教学叙事积累和专题研究反思的基础上,教师(学科组)通过对一定区域(如省内外)同类教学现象或问题的研究,并参阅相关教育教学理论著作,对自身教学实际情况开展广泛调研,提出假设,严密论证,进行系统性、科学的分析研究,从而得出具有普遍意义的结论。这需要较强的专业素养和研究能力,需要对社会热点问题进行深刻反思、深入剖析和研究。

如,"物理难学难教的现状如何突破",学科教研组将每位教师平时教学日记中积累的诸多现象进行归纳整理,在集体研究的基础上,得出以下结论:一是学科间的横向联系感不强,运用数学知识解决物理问题的能力差;二是认知结构不够完善,不能把物理学科内的各部分知识有机地联系起来使用;三是不善于挖掘物理问题的隐蔽因素。那么,如何解决这一难题?在教学实践中的成功做法是:构建知识结构,立足错解剖析。每学完一个知识点,结合学生的实际情况以及值得讨论的问题(概念、规律、原理),从习题库中选取有针对性的题目让学生练习,再将错解板书在黑板上,引导学生充分讨论:题解是否正确?如不正确错在哪里?正确解法如何?然后将正确的解法与错解进行对比,澄清错解根源,进一步强化对概念和规律的理解。错解剖析不仅在新授课中落实,而且在章节总结以及综合复习中多层次、多角度、全面系统地加以澄清,形成一种对掌握知识有利的思维定式,使学生的认识能力从表面深入到本质、从片面拓展到全面,完善其独立性、批判性思维。

路漫漫其修远兮,吾将上下而求索。基础教育课程改革任重道远,不断提高教育教学质量是教师义不容辞的职责,动员全社会力量,努力创造条件,引领教师专业发展,不断提升教师专业水平,一定是必然和必须的。

第四节　教学能力提升方略

2014年9月29日,第四届全国名师大赛在重庆落下了帷幕。笔者有幸作为河北省的代表,回顾准备的经历以及上课的过程,收获颇多,特将这次经历及反思总结如下。

教学反思是教师通过对其教学活动进行的理性观察与矫正,从而提高其教学能力的活动,是一种分析与研究教学的技能。教学反思水平的提高,一方面要有感性直观的材料,另一方面更要有对教学的理性认识。具体表现是:知其然,课堂上对所实施环节,所采用策略、方法等效果及时捕捉;知其所以然,课后反思应借助教育理性知识、理论与实践结合进行分析与研究,获得新认识。这样的反思才能达到目的,才能提升教师的专业化水平。

反思之一:优秀的教师必须具备高超的教学设计意识

教学设计包括解读、处理教材,分析教材的地位和作用,按照"抓住主线、渗透方法、突出重点、分散难点、安排有序"的指导思路,联系实际对教材进行合适的选择与调整,以适应不同层次学生的实际,有效处理教材的具体内容。

一、教材内容的条理化

所谓教材内容的条理化是指内容逻辑顺序(科学知识本身内在的逻辑性,即知识序)、认知序(学习者学习活动内在的认知规律)、结构序(把零散的知识"碎片"进行有序整理)、方法序。

心理学研究表明,学习者对学习内容的认识兴趣与智力积极性是首要条件,而这种认识兴趣与智力积极性只有当教学活动同学习者原有的经验、知识、能力联系起来时,才能在最大程度上得到激发。而且,学习者认知的发展也有内在的程序性,即从已知到未知,从感知到理解,从巩固到运用,从具体到抽象,从易到难,由简到繁,由近及远等。

如"串并联电路"。以上海市石笋中学尉曼村讲授的"串联与并联"一课"奥特曼的眼睛"为例,联系实际,以"学生活动"方式处理教材:

活动1:连接电路,"让奥特曼能同时睁两眼,又能同时闭两眼"(见图1-4.1)。

活动2:设计并连接电路,"让奥特曼还能睁一只眼,闭一只眼"。以此处理教材知识结构,展示问题以及解决问题的方法。

再如,以"温度"这节课为例,面对本节内容少而单薄,学生却有丰厚的知识底蕴,课堂活动

请注意观察奥特曼的眼睛!

图 1-4.1

也不多,怎样处理好教材、设计好思路是本节课的核心。笔者先后设计了两种思路,一是按照教材的逻辑顺序展开:温度→温度计的原理→摄氏温标→各种温度计→使用方法→体温计,显然这种思路没有创意;第二种思路按照"温度计的发展史"设计教材的顺序,即"引导学生研究温度的科学内涵→温度→温度的测量→1593 年伽利略气体温度计→1632 年法国物理学家雷伊液体温度计→1742 年瑞典物理学家摄尔修斯制定了摄氏温标→各种温度计→使用方

法→1867 年英国伦敦的一位名叫奥尔巴特的医生制作了第一个体温计"的思路逐一展开,让学生通过自然中的现象引出温度及其定义,进一步提出测量温度的工具,体验温度计的原理、制作过程,应用温度计的知识解决测量的问题,探究体温计的使用方法。

在教学设计中,教师在处理教学内容时要以条理化、结构化和整合化为原则,要把零散的知识"碎片"进行整理,使之条理化、网络化、结构化,便于学生理解和应用,有利于训练学生的思维,拓展学习过程中联想、迁移与应用,以及自主处理信息的能力。

如,对"生活用电"教材进行了多次修订,最后还是以将家庭电路、家庭电路电流过大的原因以及安全用电进行整理,使之条理化、结构化……

再如,"浮力"一课,教材只是强调了如图 1-4.2 和图 1-4.3 所示的阿基米德实验,但对于漂浮物体受到的浮力没有进行深层次的挖掘,学生接受的知识结构出现不完整性……

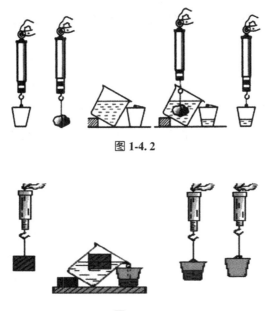

图 1-4.2

图 1-4.3

二、教材内容的问题化

问题设计的关键是教学思路和问题的提出,教师应立足教材内容,从设计的角度出发,全面、认真地分析、思考有关教学的各种问题,包括教学目标设计、教学对象的基础、教学方法设计、教学程序设计、教学资源有效应用、板书设计、教学评价等,并在此基础上进行合理的系统安排和统筹规划等。

对教材内容的问题设计要充分体现五个基本维度:宽度、深度、角度、精度和难度。

(1)问题的宽度:思考的范围,问题的陈述应该清晰、具体、完整,与课程的教学内容相联系。

（2）问题的深度：思考的层次，符合课程标准中对教学内容的目标层次要求。

（3）问题的角度：思考的方向，给予学生思维的定向与思维活动的路径选择。

（4）问题的精度：问题表述的精确度，问题设计的语言要精确、明晰、严谨，逻辑严密。

（5）问题的难度：思考的力度，能引起学生的认知冲突和拓展思维，能引起学生的参与热情和学习动机，培养学生的问题意识，但又不会超越其最近发展区。

如，海南省定安县实验中学的陈生老师教授的"电流与电路"一课中，设计问题如下：

活动一：让手持小风扇转动起来（体现了问题的宽度）。

活动二：自己动手连接，让小灯泡亮（电动机转、蜂鸣器发声）起来（体现了问题的深度）。

活动三：利用发光二极管判断电流方向（体现了问题的角度、精度和难度）。

反思之二：作为一名优秀的教师必须具备丰富的学科资源意识

课程标准提出：教材需要开发、整合、重组，即需要删除重复的、不合标准的、不必要的内容；需要增加新内容，补充材料，或主题活动、实验操作；需要更换不合适的、不合理的内容；需要整合不同知识点或不同学科的内容；需要打破原来教材内容的次序，创立新的框架结构等。

教师必须具有足够的教学资源，才能居高临下，充分开发和利用教材及相关的课程资源（包括教科书、教师教学用书、学生课外用书、科技书刊、音像资料、教学软件、互联网、图书馆、实验室，以及校外的博物馆、科技馆、工厂、农村等），有效地开发和利用课程资源，是切实提高物理教学质量的有效手段。

物理课程资源是多方面的，教师应当具备哪些学科资源呢？应该包括问题资源库、方法的资源库（学习方法、研究方法、解题方法）、科学素养（名人轶事、科学技术、趣味物理等视频、动画、录音）、实验与材料资源库、课件与背景音乐以及 PPT 模板、相关教学理论、反面典型实例等。如，教师不仅要熟悉利用身边的物品做实验，还要关注前沿的新技术、新材料发展与应用，如图 1-4.4 所示的演示电表使用什么新材料可以将其粘在黑板上又可以移动且不损毁等。

再如，在传统的初中物理教学中，在讲到温度和温度计时常举出英国哲学家约翰·洛克（John Locke，1632—1704）在 1690 年提出的实验建议："伸出你的右手放入热水中，伸出你的左手放入冷水中。然后把你的两只手同时放入温水中，这时你的右手感觉水是冷的，你的左手感觉水是热的。"以此说明感觉不可靠，凸显使用温度计的必要性。教材常用到的如图 1-4.5 所示的实验引课，事实上并非如此，查阅"质疑用'双手实验'引入温度计——以否定感觉作为引入测量工具的前提有悖科学认识论"，只有博览群书才能居高临下，去科学合理地处理好教材。

图 1-4. 4

图 1-4. 5

反思之三:优秀的教师必须具备一个各有所长的优秀团队

"名师出高徒。"教学既要强调"技术与效果",又要强调"艺术"。因此,设计好教学思路、方法、多媒体资源、实验资源等需要发挥群体的智慧。基于此,作为一个优秀的团队,就必须有方方面面的人才。以"电流的测量"一课为例,将流行的歌曲《小苹果》很有创意地改为《电流表之歌》(见图 1-4.6)效果很好。不难看出,这一个小小的教学环节需要有设计者、演唱者、音频处理、视频制作等各方面人才。

由此可见,一个优秀的教师团队需要由方方面面的人才组成——有创意的设计者、别具一格的有创意的实验高手、技术高超的多媒体设计与处理者、有音乐和表演天赋的杰出人才……还得有名师引领的专家指点。教学既是技术也是艺术,说技术是因为整个课堂活动思维含量决定于教师的整体设计的思路、教学方式的整合以及资源的筛选与开发;说艺术是因为教师既要做导演又要做演员,要求教师既要有扎实的口语表述功底(发音准确、吐字清晰、措辞精当、抑扬顿挫),还要有娴熟的课堂教学技能(例如讲授技能、提问技能、倾听技能、板书技能等)以及良好的体态语和能引起学生情感共鸣的饱满情感(情真意切、平易流畅、真挚感人、生动有趣、富有激情和个性色彩),来彰显教师的个性化智慧。

为此,将有效的讲授、实验展示和媒体"声像俱佳"的表现力以及教学的艺术呈现与科学内容融为一体,最大限度地突破难点、突出重点,凸显学生有序的学习和有意义的建构,强化过程与方法,树立热爱科学的意识和不懈探索的学习态度,能独立思考,勇于质疑,养成尊重事实、大胆想象的科学态度和科学精神。

电流表之歌

创意人：朱翠华

男声独唱

王太利 曲

$1=\flat B$ $\frac{4}{4}$

♩=120 充满活力地

（乐谱）

我有一个电流表，三个直直接线柱，看起来神奇有新鲜，

先来看看分度盘，中间有个字母A，选择 3 A 或0.6 A，

使用此表串联，接入电路记心间，电流正进负出，试触量程在最先，

要想读出电流，大小接入需串联，此歌会让你对物理更加喜欢，

你是我的 电呀电流表，每天唱一遍都不嫌多奇奇
还有一点 特别重要注意

的刻度线长 住在心窝点亮我 奋斗的大 大大大大大
安全的同时要节约环保 读

12 3 2 5 5｜6 6 6 1 6 - ：（乐谱）

完示 数快将电路断掉

完示 数快将电路 断掉

（渐弱渐隐）

图 1-4.6

第五节 "双减"背景下的质量提升行动

"双减"背景下,如何减轻学生过重的学习负担,处理好作业的"质"与"量"? 如何提高初中物理复习效果,促进学生身心发展? 这是摆在每位教师面前的重要课题。笔者在初中物理复习教学中,经过思考、实践,得出"深度备课是减负提质的基础,思维导图是减负提质的出路,方法引领是减负提质的关键,作业设计是减负提质的捷径"的结论。

一、深度备课是减负提质的基础

有的一线教师在复习过程中,只是照本宣科地唤起对教材的回忆,这种做法有三大缺陷:一是缺乏对教材的深度挖掘和广度拓展,且知识呈现前学后忘的碎片化、断续化,应用层面孤陋寡闻;二是教材中的重点、难点、易错点未能高屋建瓴地得以科学处理,导致学习的概念不清、规律不明;三是备课设计随心所欲,教学结构缺乏条理性、层次性、探索性、开放性和逻辑性。

深度备课要注重拓展教材广度,挖掘教材深度,尤其是教材中概念的建立、规律的形成,须从实验入手,从方法引领,围绕重点和难点,深度掌握概念和规律内涵与外延,扫清学生认知障碍,在知识形成过程中建立物理科学观念。

案例1:电功概念的建立。

电功概念建立既要依据教材,又要内化教材。电功概念建立过程,是先从大量的事例中获取感性认知,然后通过分析、概括等抽象思维方法得出电功概念。但概念影射的电功数学表达式很难从实验数据中精准得出,导致认识上囫囵吞枣,效果欠佳,如果从理论层面用演绎推理来加以弥补,既巧妙突破认识的难点,熏陶了思维的积淀历程,又为课后的作业训练减少了强度。

【例1】理论推导电功 W 与电流 I 的定量关系图1-5.1(电压、通电时间相同)

结论1:当电压与通电时间相等时,电流通过导体做的功跟通过导体的电流成正比。

【例2】理论推导电功 W 与电压 U 的定量关系图1-5.2(电流、通电时间相同)

结论2:当电流与通电时间相等时,电流通过导体做的功跟这段导体的电压成正比。

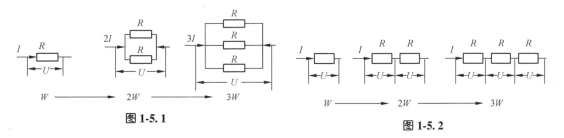

图1-5.1　　　　　　　　　　　　　　　　　图1-5.2

案例2:欧姆定律的形成。

教材中的"电流与电压、电阻的关系"和"欧姆定律"两节课内容,没有对欧姆定律的公式如何得出做好衔接,所以教师备课要做好整合。教材中的欧姆定律适用条件和范围只是停留在语言文字上,并没有从实验上加以验证,导致学生难以对物理规律深层次理解,对知识层面的掌握不能系统和完整。于是,学生课后作业应用常常出错,甚至无从下手。如果从"电流与电压、电阻的关系"数据中,多次观察实验数据,进行归纳推理就不难获取欧姆定律的公式,有效解决教材衔接问题。如果科学地设计实验,从图1-5.3、1-5.4的实验中,通过数据对比和分析(见图1-5.5),既能较好地揭示规律成立的条件,又能深度地体现知识构建形成的过程。

图 1-5.3

图 1-5.4

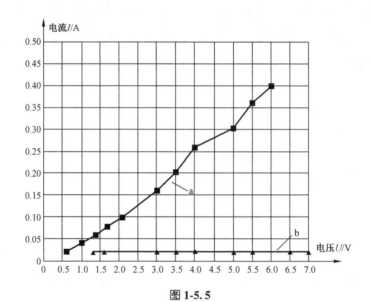

图 1-5.5

评析:深度备课要体现"从物理走向社会,从社会走向物理""关注科技发展"的教学理念,注重教材内容的广度与深度的拓展、挖掘与整合,从学科思维方法和实验创新的角度,着力处理好物理的概念与规律,挖掘概念与规律的内涵与外延,深层次地理解物理概念与规律,减轻学生作业负担。深度备课还要充分了解学生认知的阈度,即"认识特点、思维特点、生理与心理特点及学生的世界观、价值观",努力做到"有的放矢"。深度备课密切联系实际,理顺"提出问题—分析问题—解决问题",强化思维的培养,渗透人类文明的发展史和前沿的科学技术应用,进而传承和树立正确的人生观。

二、思维导图是减负提质的出路

学生在复习过程中,接受的知识具有碎片化和不连续性的特点,常常出现前面学后面忘的现象,且疲于大量的押题训练,导致高耗低效、不堪重负。如果从思维导图角度厘清知识间的逻辑关系,将所学知识进行归类总结,能站在物理观念的角度逐级、分层弄清一级主题、二级主题和三级主题的从属关系;能站在单元或章节的角度将核心知识联系在一起,提炼核心学习内容,形成纵横交错的知识体系,达到将知识伸缩自如、融会贯通,就会学起来"越来越厚",用起来"越来越薄"。

案例3:用思维导图展示电学核心知识结构(见图1-5.6)。

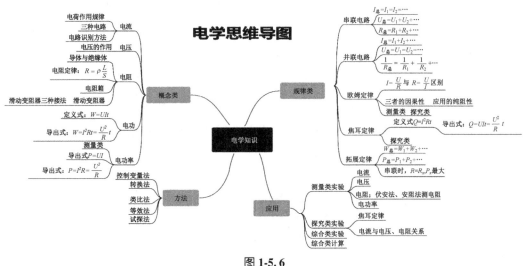

图 1-5.6

评析:思维导图是提升学习效果,避免知识碎片化、断续化,减去过重的记忆负担的有效方法。思维导图在物理教学中能发挥巨大作用:(1)从宏观上居高临下地建构物理观念,厘清知识间一级、二级主题等之间的逻辑关系;(2)从微观上通过思维的联结,厘清不同知识模块的从属和联想、推理过程;(3)从智力开发上使左右脑整合协调,对公式、概念、规律、实验等的思维和动手验证,对知识进行联想、同化、吸收。思维导图整体构建了知识链接的全面性、层次性,将不同层级的知识链接落至实处。

三、方法引领是减负提质的关键

科学思维方法和学科方法指导是课堂教学中永恒的话题。好的方法不仅能快速分析解决问题,转变思维方式,提升思维技巧,也是减轻作业负担、提升物理学习效果的主要途径。因此,要教会学生科学思维的方法,如逻辑思维中的"归纳法""演绎法""类比法""等效法";灵活运用学科方法,如"转换法""控制变量法";不断挖掘、总结学科解题方法,如"极端法""试探法""理想法""分割法";等等。有步骤地渗透和训练这些学科方法,有助于指导学生的学习,培养学生思维,促进思维发展,同时,不断发掘隐性的物理规律等,落实核心素养。

【例3】如图 1-5.7 所示电路,电源电压恒定,$R_1 = 12\ \Omega$,$R_2 = 6\ \Omega$,R_3 是定值电阻。闭合开关 S_1,单刀双掷开关 S_2 接 a 时电流表的示数为 0.6 A,接 b 时电流表的示数可能为(　　)

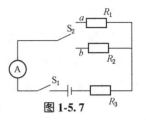

图 1-5.7

A. 0.3 A　　B. 0.6 A

C. 0.9 A　　D. 1.2 A

评析:在习题训练中学会问题归类,如"称量类""图线类""数据处理类""易错习题类"等,在归类中探讨发现有价值、有新意的问题,进而达到触类旁通之效果。如通过习题的条件变换、因果变换等方式,找出变化的规律,挖掘习题规律的共性问题,探索"一题多变""一题多解""一题多问"。通过不同的情境,抓住问题的本质,提炼相同的归因,实现"多解归一"思维创新过程,使更多的知识得到应用。同时,不断地总结、探索、优选最佳解决问题的方法,使得更多的方法得以应用,提升学生求异创新的发散性思维水平,过到减负增效之目的。

案例4:画出图 1-5.8 甲的等效电路图。

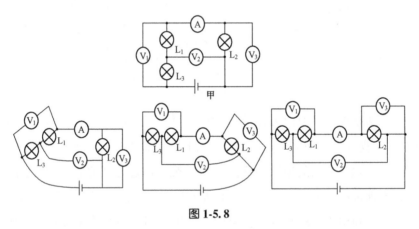

图 1-5.8

识别电路是整个电学学习的基础,也是初中物理教学的难点,有些电路错综复杂,学生不能准确理顺用电器之间或用电器与仪表的串、并联关系,常常感到无从下手。开发总结这些方法,用方法引领学生学习,用动画展示电路变化的过程巧妙破解画出等效电路的难点。

评析:无论从感知学习材料、理解所学知识、掌握学科方法、迁移运用知识、反思学习过程,还是提出问题、分析问题、解决问题、师生互动、生生互动等,其核心活动都是思维。因此,培养和训练学生的物理思维方法是物理学习的基石,是课堂教学的核心。课堂教学中促进学生积极思维、发展思维能力,能有效减轻学生的过重作业负担,发展核心素养。

四、作业设计是减负提质的捷径

当前作业存在的问题是形式单一缺乏系统性,机械重复缺乏趣味性,杂乱无章缺乏针对性,"一锅全烩"缺乏层次性,大量训练缺乏方法性,未能处理好作业"质"与"量"的关系,给学生造成学习压力,导致学生厌学。

哈里斯·库帕的研究表明,初中生作业时间与学习成绩明显相关,在合理的范围内,作业量增加,初中生的学业成绩会随之不断提高,但超过这一限度的作业量不会导致更大的进步。

当然,减轻中小学生过重学业负担,绝不是少学一点、简单一点,而是要点燃学生的求知欲望、学习的激情,在兴趣盎然的状态下学得更多、学得更快、学得更好。

(一)作业设计注重"惑"

【例4】一个实验用的电动机与电流表串联后接在 6 V 的直流电源上,闭合开关后,电动机不转动,这时电流表读数为 5 A,检查发现电动机齿轮被卡住,排除故障后,电动机带动负载转动时,电流表读数为 1 A,此时,电动机的功率是_____ W,电动机所做的机械功率是_____ W。

(二)作业设计注重"趣"

【例5】充电宝内部主要部件是锂电池,充电宝铭牌上标注了锂电池的电压和容量,民航局规定严禁携带额定能量超过 160 W·h 的充电宝乘机,则电压为 3.7 V、容量为下列数值的充电宝可以带上飞机的是( )

A. 10 000 mA·h
B. 40 000 mA·h
C. 50 A·h
D. 30 A·h

(三)作业设计注重"融"

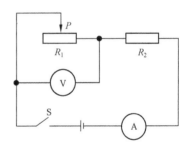

【例6】如图 1-5.9 所示电路,电源电压保持 6 V 不变,滑动变阻器的最大阻值为 15 Ω,定值电阻 R_2 为 5 Ω,电压表示数为 U_1,R_2 的电功率为 P_2,电流表示数为 I,闭合开关后,移动滑片 P,下列图像可能正确的是( )

图 1-5.9

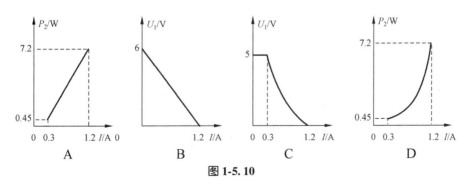

图 1-5.10

（四）作业设计注重"质"

【例7】如图1-5.11所示,电源电压恒为6 V,电流表量程为"0~0.6 A",电压表量程为"0~3 V",滑动变阻器、小灯泡L(灯丝电阻不变)分别标有"20 Ω　1 A""2.5 V　0.5 A"字样。在保证电路安全的情况下,移动滑动变阻器的滑片,下列选项中正确的是(　)

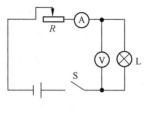

图1-5.11

A. 电流表的示数变化范围是0.24~0.5 A

B. 电压表的示数变化范围是1.2~3 V

C. 滑动变阻器连入电路的阻值变化范围是7~20 Ω

D. 滑动变阻器的最大电功率是1.8 W

【例8】如图1-5.12所示,已知灯泡标有"5 V　2.5 W"的字样,灯泡电阻恒定不变,滑动变阻器标有"30 Ω　1 A"的字样,电源电压为6 V。闭合开关S,在保证电路安全的情况下移动滑片。滑动变阻器的最小功率为_____ W。

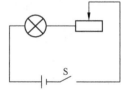

图1-5.12

（五）作业设计注重"活"

【例9】在综合实践活动中,物理兴趣小组的同学们用大豆、花生等食材制作了美味豆浆。为测量豆浆的密度,他们从实验室借来相关实验器材分别设计了如下实验方案:

方案一:

1. 用天平测出空烧杯的质量 m_1;

2. 在烧杯中倒入适量的被测豆浆,测出它们的总质量 m;

3. 将烧杯中的豆浆倒入量筒中,读出豆浆的体积 V;

4. 利用密度公式计算出豆浆的密度。

方案二:

1. 在烧杯中倒入适量的被测豆浆,测出它们的总质量 m;

2. 将烧杯中的部分豆浆倒入量筒中,读出豆浆的体积 V;

3. 测出烧杯和杯中剩余豆浆的质量 m_1;

4. 利用密度公式计算出豆浆的密度。

方案三:

1. 在量筒中倒入适量的被测豆浆,读出豆浆的体积 V;

2. 用天平测出空烧杯的质量 m_1;

3. 将量筒中的豆浆倒入烧杯,测出总质量 m;

4. 利用密度公式计算出豆浆的密度。

分析以上三种方案,请写出你认为合理设计方案中豆浆的密度表达式 $\rho_{豆浆}$_____;你再任选其中一个不合理的设计方案,并分析不合理设计方案的原因:如方案_____,是由于在测量豆浆的_____时会产生较大的误差,使得计算出的豆浆密度值偏_____。

评析:学生基础不同、能力不同,所以分层设计作业,使得作业具有个性化,满足学生的个性需求,如识记性、理解性、应用性、综合性、探究性、创新性。既注重了多样化的作业质量,又强化了思维的培养,把作业当作课堂教学的必要延伸和拓展,明确作业总量并加以适度控制,提高作业设计质量,促进所有学生的基础性发展,真正促进学生全面发展。

总之,作业“量”的适度控制是为了更好地提高作业的“质”。从作业内容上看,既要关注不同学科知识之间的联系,又要重视知识与学生个体生活经验的整合,还要体现学校所学知识与社会整体发展的关联。从作业形式上看,不仅要控制作业总量,还要提高作业设计质量,凸显作业设计的“惑”“趣”“融”“质”“活”,促进学生全面发展。

小 结

立德树人是教育教学的初衷,而教育质量提升的课程改革实践探索则为有效落实责任与态度教育目标,开展校本课程开发行动;为提升教学质量,高屋建瓴地用资源开发、教学设计、教学行为研发创新教育策略;为在实践层面开辟教学质量提升途径,探索教学能力、教育行为提升策略提供了依据。

思 考 题

1. 你认为如何提升中学物理教学质量,其关键点是什么?

2. 在家国情怀理念下怎样开展探究性学习?请设计一则案例。

3. 在教学过程中怎么落实提质与减负的目标?请设计几则不同课型的教学目标。

4. 你认为优秀教师的成长需要哪些必备的品质和条件。

5. 结合具体案例就“讨论即合作”“合作即多赢”谈谈您的看法。

本章推荐参考文献

[1] 吴刚平.校本课程开发[M].成都:四川教育出版社,2002.

[2] 王坦.合作学习的理念与实施[M].北京:中国人事出版社,2002.

[3] 王升.研究性学习的理论和实践[M].北京:教育科学出版社,2002.

[4] 苏鸿.高效课堂:备课、上课、说课、听课、评课[M].上海:华东师范大学出版社,2013.

[5] 郭元祥.综合实践活动课程:设计与实施[M].北京:首都师范大学出版社,2001.

[6] 韩延伦,刘若谷.教育情怀:教师德性自觉与职业坚守[J].教育研究,2018(5):83-92.

[7] 胡定荣.论校本课程开发政策的未来走向[J].课程·教材·教法,2020,40(9):26-33.

[8] 任海宾.教学伦理冲突类型与教师解决能力提升研究[J].课程·教材·教法,2017,37(1):54-61.

[9] 徐宁,郭玉英.国外物理概念转变研究:借鉴与启示[J].课程·教材·教法,2009,29(6):92-96.

[10] 杨小微,张权力.教学质量改进的再理解与再行动[J].课程·教材·教法,2016(7):3.

[11] 廖伯琴,李洪俊,李晓岩.高中物理学科核心素养解读及教学建议[J].全球教育展望,2019,48(9):77-88.

[12] 郭法奇.教育研究力:教师发展的高级能力[J].教师教育研究,2014,26(3):1-6.

[13] 于冰,于海波.我国"物理"概念的源与流[J].物理教师,2016,37(12):83-85.

[14] 蔡铁权,郑瑶.物理观念的内涵、层次和架构——关于物理观念教育的思考[J].物理教学,2019,41(6):2-5,70.

[15] 张冬梅,王陆.认知冲突管理对合作学习质量的影响研究[J].中国电化教育,2021(9):131-136.

[16] 郭金.浅谈教师专业化成长方略[J].教育理论与实践,2014(9):25-28.

[17] 邵泽义.新质量观念下的广义备课——谈提高中学物理课堂教学质量的途径[J].教育科学研究,2001(1):44-48.

[18] Joseph D Novak,D B Cowin. Learning How to Learn [M]. New York and Cambridge,UK:Cambridge University Press,1984.

[19] Klein S P,Kuh G D,Chun M,et al. An Approach to Measuring Cognitive Outcomes across Higher Education Institutions[J]. Research in Higher Education,2005,46(3):251-276.

[20] Stevens R J,Shvin R E,Famish A M. The Effects of Cooperative Learning and Direct Instruction in Reading Comprehension Strategies on Main Idea Identification[J]. Journal of Educa-

tional Psychology,1991,83(1)：4-5.

［21］　Sharan Y,Sharan S. Group Investigation Expends Cooperative Leaming［J］. Educational Leadership,1990,47(4):17.

［22］　Yin Y,Vanides J,Ruiz-Primo M A,et al. Comparison of Two Concept-Mapping Techniques：Implications for Scoring,Interpretation and Use［J］. Journal of Research in Science Teaching,2005,42(2):166-184.

第二章　高质量课堂教学设计研究

"闻道有先后,术业有专攻。"教学设计是实现教学质量最优化的"路线图"。课程标准指出"全面贯彻党的教育方针,遵循教育教学规律,落实立德树人根本任务,发展素质教育"。高质量的教学行为需要将教学设计落地"生根"。本章从立德树人入手,着眼于教师的专业发展,以"情境—问题—思维"三个核心因素为依托,从"信息技术如何到实验说课"、从"教科书栏目的设计、微视频引领的自主探究到问题引领实验驱动的多元化设计"可谋得实操性教学质量的进阶保障。

第一节　基于立德树人的教学设计

党的十八大提出了"立德树人"的教育总要求,《国家中长期教育改革和发展规划纲要(2010—2020年)》把坚持"德育为先,能力为重,全面发展"作为未来教育发展的战略主题,把落实社会主义核心价值观作为当今中小学教育的重要内容。这些战略部署为"立德树人"教育指明了方向,描绘了蓝图。

中共中央、国务院《关于深化教育教学改革全面提高义务教育质量的意见》中的育人目标指出:"坚持以习近平新时代中国特色社会主义思想为指导,全面贯彻党的教育方针,落实立德树人根本任务,遵循教育规律","健全立德树人落实机制,着力在坚定理想信念、厚植爱国主义情怀、加强品德修养、增长知识见识、培养奋斗精神、增强综合素质上下功夫","大力开展理想信念、社会主义核心价值观、中华优秀传统文化、生态文明和心理健康教育","加强品德修养教育,强化学生良好行为习惯和法治意识养成"。

中学生正处于世界观、人生观和价值观形成的关键时期,而教师是人类文明的传承者,承载着传播"知识""思想""真理",塑造"灵魂""生命""新人"的时代重任。"立德"就是坚持德育为先,通过正面教育来引导人、感化人、激励人;"树人",就是坚持以人为本,通过合适的教育来塑造人、改变人、发展人。"立德树人"就是使学生具有高尚的道德责任和健全的人格素养,把个人的发展与振兴中华的伟大目标统一起来,从而树立崇高的理想并为之奋斗终生。

本节结合课堂教学实际,从"思想道德教育""学科本质教育""传统文化教育"三方面入手,将"立德树人"之内容融入课堂教学,通过剖析这些案例,尝试在物理课堂中落实"立德树人"教育。

一、言传身教，根植于思想道德教育

（一）夯实理想信念教育

案例1：在"重力"一节课，提出"假如没有了重力"这一问题，并播放相关视频片段。

播放神舟十号航天员的生活情境片段，聆听配音，极大限度引起学生的情感共鸣。

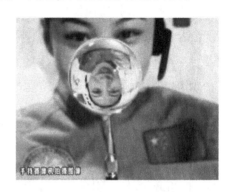

图2-1.1

（根据影像整理）在载人航天工程中（见图2-1.1），中国航天人始终牢记党和人民的重托，为祖国争光，自强不息，顽强拼搏，团结协作，开拓创新，取得了一个又一个辉煌成就，也铸就了"特别能吃苦、特别能战斗、特别能攻关、特别能奉献"的航天精神。这是以爱国主义为核心的伟大民族精神和以改革创新为核心的时代精神的体现，全国人民应认真学习和大力弘扬。"天下兴亡，匹夫有责"，是中华民族传统的爱国精神和责任担当，当今凝心聚力实现中华民族伟大复兴中国梦，仍然需要这种爱国精神的进一步发扬。

评析：教书育人是一名教师的使命，把育人作为课堂教学的价值取向，帮助学生确立正确的信念理想才是教育的本意。在课堂活动的展开中，《假如没有了重力……》这一视频片段的播放，从多种角度（"力""光""热"等）给学生演示了失重的情景，调动了学生积极性，激发了学生对真理追求的愿望，实现共情同感、价值认同、奋斗不懈的信念教育。

在课堂教学中，从"前沿科学技术应用""古今中外的趣味实验"等角度入手，构建集思想性、知识性、趣味性于一体的思想政治教育平台，形成理想信念教育工作合力，弘扬主旋律、传播正能量，激发青年学生实现中华民族伟大复兴的强烈愿望，并自觉树立为共产主义远大理想而奋斗的信念和信心，立志肩负起民族复兴的时代重任。

（二）引领爱国情怀教育

案例2：在"核能"一节课中，播放电影《钱学森》，展示钱学森的爱国情怀。

图2-1.2

（根据影片整理）"我是中国人，我的根在中国。我可以放弃在美国的一切，但不能放弃祖国。"他就是两弹一星的功勋科学家钱学森（见图2-1.2）。他准备返回中国的决定，引起美国有关方面的恐慌。

美国海军的一位领导人曾对美国负责出境的官员说:"我宁可把钱学森枪毙了,也不让他离开美国!""钱学森至少值 5 个师的兵力。"

计划回国的钱学森教授受到美方的严重阻挠。他被囚禁在位于海岛的一个拘留所里,受尽了非人的摧残。每天晚上看守人员隔十分钟进入他的拘留室开关电灯,扰乱他的睡眠,摧残他的精神。同时,监视他与外界的联系,邮件、包裹一律被查禁,诸如这些迫害,不一而足。然而,钱学森挚爱祖国的赤子之心不仅没有消失,反而更加炽热。他顽强斗争,不断地提出严正要求:坚决离开美国,回到中国!

评析:影片剧情曲折动人,主题昂扬积极,场面波澜壮阔,观罢令人心潮澎湃。充分表现了钱学森对祖国的赤诚之爱,同时还展现了钱学森求实严谨的治学精神和不慕名利的风格,还歌颂了他不畏强权、从容镇定、积极乐观的精神。

课堂教学应强化近现代史教育、革命文化教育、中国特色社会主义教育、中国梦主题宣传教育、时事政策教育,引导学生继承革命传统,深刻领会实现中华民族伟大复兴是中华民族近代以来最伟大的梦想。

通过教育播撒爱国的种子,让爱国主义精神在学生心中牢牢扎根。教育引导学生热爱和拥护中国共产党,立志听党话、跟党走、立志扎根人民、奉献国家,拿出行动,努力为祖国的明天作出自己的贡献!

(三)内化身心健康教育

案例 3:"压强"一课的讲授,置于罗盛教舍己救人的情境之中,融朝鲜战争一个共产主义战士的英勇精神于课堂。

那是 1952 年深冬的一个傍晚,罗盛教从训练场回部队驻地,忽听呼救声传来,循声而寻,发现已是寒冰深结的湖面竟有一个黑洞洞的大窟窿。眼见此,深谙水性的罗盛教立刻明白发生了什么。他毫不犹豫脱掉身上的棉袄棉裤,不顾天气的严寒,一头扎进冰冷的湖中。

刺骨的寒冷,昏暗的湖水,罗盛教终于抓住了少年,他竭尽全力把少年推上湖面,然而原本结冰的湖面竟然被压坍塌。如是几次依然如此(见图 2-1.3)。闻讯而来的战友们,终于把落水少年拉上岸,罗盛教却在这冰冷的天地里永远沉到了水底。

图 2-1.3

评析:课堂教学和社会实践中,有很多的"生命教育"与"安全教育"以及"品德教育"的实例。生命教育是教育的最高追求。既要教会学生珍爱生命,关注自身生命,尊重、热爱他人的生命,又要采取自护自救措施,诸如"饮食安全""用火安全""燃气安全""交通安全"等安全教育方面常抓不懈。同时,正确引导学生逐步具备良好的社会美德,如"家庭美德""职业道德""个人品德",成为一名有理想、有道德、有文化的社会主义接班人。

二、追根索源,根植于学科本质教育

(一)渗透知识见识教育

案例 4:在"电动机"一课中,播放纳米电动机在医学中的应用。

(播放录音)比头发丝还要小 300 倍的纳米电动机已经进入了调试阶段,这意味着,以它为动力源泉的微型机器人在不久的将来将会出现,并在医学这个领域大展身手。到那时,心脑病将进入无创治疗的新阶段,患者只要将那微型机器人吞下去,血管疾病的修复治疗就可以完成了。当代的中学生是未来社会的主人,是新时代的创造者,关注科技,热爱科学,是义不容辞的责任。

评析:见识比知识重要。通过不同渠道、不同形式获取信息,如智能化的巡警机械人、航母、航天等,让学生充分体验科技的发展,培养他们处理信息的能力。教育引导学生珍惜学习时光,心无旁骛求知问学,增长见识,丰富学识,激发学生求知欲,培养学生的发散思维,将所学知识灵活地应用到实践中去,沿着求真理、悟道理、明事理的方向前进。

(二)感悟思维和方法教育

案例 5:在"牛顿第一定律"一课中,强化科学方法和科学思维教育。

伽利略理想实验之所以被称为"理想实验",是因为在实际中不可能找到绝对光滑的平面,也不能绝对排除如空气阻力等其他因素的干扰,也就是说,不能找到永远做匀速直线运动的物体。但是,伽利略的理想实验以可靠的实验为基础,抓住决定事物规律的主要矛盾,忽略其次要矛盾,从而得出正确的结论。

评析:方法和思维是核心素养的重要方面,培养人才的一个重要因素在于科学思维。在处理问题时,应该抓住决定发展的主要矛盾。既要广泛联系又要分清主次,这是非常重要的科学研究方法和思维方式。因为单纯地进行知识与技术灌输而没有正确的思维方法予以归纳整理和指导,只能造就头脑僵化、缺乏应变能力和创新能力的人。

学生获得的是知识,体验的是科学探究的乐趣,感悟的是价值理念,进而形成尊重事实、严谨负责的科学研究态度。

（三）体验态度和责任教育

案例6：在"杠杆"一课，展示了一篇不法商贩利用杆秤欺骗顾客的报道。

2014年11月，一篇名为《10公斤秤挂15公斤重秤砣 杆秤藏猫腻骗你没商量》的新闻出现在《南宁晚报》上（见图2-1.4），旨在提请广大市民注意：一些不法商家一杆小秤上藏猫腻，切莫受骗上当。

"最大值只有10公斤的这杆秤，却硬是能挂一个足足15公斤重的秤砣，这毋庸置

图 2-1.4

疑是个有毛病的杆秤。"执法人员指着一个摊位上看上去很正常的杆秤说。此次检查，其主要目的是规范市场的有序性，惩戒不良商贩的弄虚作假，强化诚信经营的理念，维护消费者的合法权益。

评析：物理教师应该充分利用社会公德的实例，如"文明礼貌""助人为乐""爱护公物""保护环境""遵纪守法"等品德修养教育的好材料。在课堂教学中积极融入这些内容，引导学生在思考中进行价值判断，树立正确的价值观念，培养学生积极、豁达、乐观的人生态度和良好的心理品质，引导学生将社会主义核心价值观内化于心、外化于行。

三、博古论今，根植于传统文化教育

（一）践行艰苦奋斗精神

案例7：在"焦耳定律"一课中，播放关于焦耳的录音。

焦耳是英国物理学家，他的父亲是一个酿酒厂老板。焦耳从小体弱多病，不能上学，于是走上一条曲折坎坷的自学道路。16岁的他得到著名化学家道尔顿的指导，此后爱上物理，于是把酿酒厂改成了实验室，在里面做了大量的实验，经过40年无数次的操作，终于发现关于能量转化的焦耳定律。

历经失败挫折的焦耳最终获得大家的认可，他靠的是对科学的热爱和坚韧不拔的精神意志。先贤尚能如此，我辈身康体健，求学研究条件优越，又怎能逊色前辈？牛顿说"我之所以看得远，是因为我站在巨人的肩膀上"，那就让我们先从学好焦耳定律作为起点，开启我们这一时代的科学探究之旅。

评析：关于奋斗的名人轶事，比比皆是，刻苦钻研的墨子、永不言弃的爱迪生、谦虚上进的

牛顿、磨炼自我的欧姆、自学成才的法拉,等等。这些先哲的伟大之处不仅在于他们的发明创造,更在于他们迎难而上、不知退却、坚韧不拔的探求科学的精神,有利于培养学生对科学的热爱和吃苦耐劳精神的养成。

在课堂教学中,教师根据实际情况,有机地融合这些事例,能极大地调动学生学习的积极性,激励他们勇于拼搏、艰苦奋斗。

中华民族从站起来到富起来,每一步都是一代又一代人艰苦奋斗的结果。教育引导学生树立高远志向,敢于担当、不懈奋斗的精神和乐观向上的人生态度,做到刚健有为、自强不息。

（二）体验辛勤劳动精神

案例 8:在"简单机械"一课中,展示传统文化众多人类发明与创造的丰硕成果。

人类文明史就是一部人类的劳动史,人类劳动工具的革新和劳动成果的完成就是人类文明的具体展现。从燧人氏的钻木取火到独具魅力的敦煌壁画,从三过家门而不入的大禹治水到宏伟壮观的南水北调,从久历风霜的秦砖汉瓦到包罗万象的《天工开物》,从举世闻名的四大发明到嫦娥四号飞月,从影响千古的诸子百家到治病救人的《黄帝内经》,从刻苦钻研的凿壁借光到独辟蹊径的曹冲称象……这些文明的成果是人类智慧的展现,这些进步的成就是劳动创造出来的宝贵财富。

评析:现在的教育环境中,中学生越来越远离劳动实践,或者疲于应对考试,或者父母代劳,对劳动的体验是少之又少。因此在物理教学中,渗透这些劳动奋斗的故事既能增强学生对物理学的好奇与热爱,又能使他们感受传统文化的文明成果的辉煌伟大,从而引导教育学生热爱劳动、尊重劳动,体验劳动的辛勤与劳动成果的美好。

教育的终极目标是"育人"。"教书"只是外显的表象,"育人"是内隐的。广大教师应该以以德立身、以德立学、以德施教、以德育德为抓手,坚持教书与育人相统一、言传与身教相统一、潜心问道与关注社会相统一,真正实现教书与育人相统一。这样,才能最终完成党和国家交给的"立德树人"这一根本任务。

第二节　高质量初中物理说课设计

所谓说课,就是依据教学法、教育学和心理学的原理,说出"教什么""怎样教""为什么这样教"的整个教学过程。作为一种教研手段,说课是促进教师成长、提升教师素质的必备环节,也是提高备课质量、提升教学效率的重要途径。说课既要"说得准确""说出特色",又要"说出共性与个性"。

笔者参加了各种场合的公开说课,其中总有些不尽如人意的地方:有的说课设计没能体现设计的理论依据,仅仅是重复叙述教学的过程;有的有依据却没能把过程和依据整合在一起,也就是理论实践两张皮,现有书刊也很难看到标准的、完整的设计范例,笔者在参加特级教师课前说课设计过程中偶有所获,本节主要针对说课过渡语和设计语的规范性作一介绍。

一、实验说课设计

【过渡语】尊敬的各位评委你们好!我今天说课的内容是人教版九年级《物理》第十四章第5节"浮力"。下面我将从教材分析、教学目标、教学策略以及教学过程等环节对本课的设计进行说明。

(一)教材分析

1. 教材内容

本节课的内容我将分为四个知识层框:"浮力的概念""影响浮力大小的因素""浮力的计算""浮力产生的原因"。

2. 教材地位

浮力是在日常生活常见的物理现象。浮力知识综合液体的压强、压力、二力平衡和二力合成等知识内容,所以这一节是本章的重点和关键,为学习"浮力的利用"奠定了基础。

3. 学生分析

(1)学生的认识特点:浮力是学生在生活中比较熟悉的、司空见惯的物理现象。初中学生受生活经验的负迁移和认识的片面性影响,对浮力知识的认识仅仅停留在表面,也渴望掌握浮力的深层次知识。

(2)学生的思维特点:初中生具有强烈的求知欲和探索精神,思维的创造性和批判性日益明显。他们的思维方式逐渐由形象思维向抽象思维过渡,但认识的片面性和表面性依然起着重要的作用。

(3)学生的生理、心理特点:初中生学习物理的兴趣,一是直觉和操作兴趣,其特点是只对物理事物的本身感兴趣;二是间接的因果认识和概括认识兴趣,其特点是不仅对物理现象本身感兴趣,而且对事物的深入探讨更感兴趣。

【过渡语】根据《物理课程标准》的要求和学生的认知特点,让我们来看一下本课的重点、难点部分。

重点:探究浮力的大小。

难点:影响浮力大小的因素、浮力产生的原因。

【设计语】为了突出重点,突破难点,充分调动学生的积极性,提高课堂教学的有效性,我将以学生为主体,以感性认识作为依托,以实验教学为突破口,充分发挥实验的作用,让学生在"做中学""学中做",引导学生共同参与实验方案的设计和探究。在突出重点环节,我采用了"引导—探究"的学习方式,在突破难点环节,我采用"参与—活动"的学习方式,以此来突破认知障碍,积极引导学生应用已掌握的基础知识,让学生从实验中探究、领悟认知的误区,理解和掌握新知识,发展其抽象思维能力。根据以上分析,我确定本课教学目标如下。

(二)教学目标

1. 知识与能力

(1)知道浮力的大小等于什么。

(2)了解浮力是怎样产生的。

2. 过程与方法

(1)通过观察了解浮力的产生。

(2)通过交流了解浮力应用的社会价值。

3. 情感态度与价值观

(1)初步认识科学技术对社会发展的影响。

(2)初步建立应用科学知识的意识。

(3)培养严谨的科学态度和协作精神。

【过渡语】为了有效地达成教学目标,下面让我们再来看一下本次说课的第三部分,即教学策略分析。

(三)教学策略

1. 教学方式

【设计语】以学生为主体,充分发挥学生的自主能力和创新能力,调动学生学习的积极性,这是建构主义教学理论的核心,也是课程标准的要求。本着这个主导思想,在本节课中我将采用"引导—探究""参与—活动"的教学方式,其目的就是在教师指导下,培养学生的科学方法、科学思维、科学态度、科学习惯。

2. 学法指导

【过渡语】在确定了教学方式以后,我还将对学生的学习方法加以指导。下面让我们再来看一下本次说课的学法指导部分。

【设计语】以建构主义理论为指导,以"学生主体、教师主导"为原则,我将指导学生采用自主学习和探究性学习的学习方法。自主学习意在培养学生的探究能力,使其学会认知,学会学习,为其以后的终身学习奠定坚实的基础。探究性学习,指学生选取某个问题作为突破点,通过质疑发现问题,研究问题,最终解决问题的探究学习活动。探究性学习意在培养学生的科学探究能力。

3. 教学手段

以实验为依托,实现设疑与释疑、探究、体验、构建与方法的有效整合。

【设计语】物理实验是物理教学的重要组成部分,也是实现教学目标的最有效的途径之一。《物理课程标准》中特别强调在物理教学中的实验探究教学。实践证明,只有通过训练有素的实验教学,才能使学生在获取物理知识的同时,潜移默化地形成良好的科学素养。为此,我将优化课堂实验教学,以新理念为着眼点,把实验教学与探究能力的培养有机融合,将科学方法贯穿于优化课堂实验教学的始终,让学生在教师引导下,在"做中学""学中做",体验科学探究的过程,激发学生内在的学习动力。这就是我在本课采用的教学策略,这些策略将贯穿于本课的教学活动始终。

【过渡语】整个教学过程安排如下:新课引入 2 分钟,新知识讲授 13 分钟,学生活动 25 分钟,评价与小结 4 分钟,布置作业 1 分钟。

下面我就以"浮力"为主线来讲解本节课的具体过程。首先,我们看一下新课引入环节。

(四)教学过程

1. 创设情境,引入新课

演示实验 1:将石块用线拴好,挂在弹簧测力计的秤钩上,观察弹簧测力计的示数。再将石块浸没在水中观察弹簧测力计的示数有无变化。该实验说明了什么? 同学们想知道关于浮力的哪些知识?

学生活动:学生观察、交流、总结。

2. 浮力

(1) 浮力的概念

板书:第十四章 第 5 节 浮力

学生活动:让学生用手轻轻向上托起物体,思考弹簧测力计的示数变化的原因。大小? 方向?

板书:概念 浸在液体或气体中的物体会受到竖直向上的托力

【设计语】在新课引入环节,即新课学习第一个知识点浮力,从学生认知的误区来设计实验,从实验中引导学生观察、总结浮力的概念。这样创设问题情境有利于学生的知识建构,改变过分强调知识传承的倾向,落实"注重学生发展"的理念,为学生创造一个宽松的学习环境,使学生能主动积极地参与学习过程,体现了"从生活走向物理,从物理走向社会"的教学理念。

(2) 浮力的大小

板书:浮力计算方法一

称重法 $F_{浮} = G - F_{拉}$

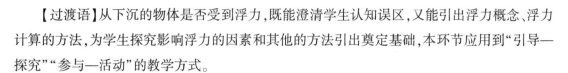

【过渡语】从下沉的物体是否受到浮力,既能澄清学生认知误区,又能引出浮力概念、浮力计算的方法,为学生探究影响浮力的因素和其他的方法引出奠定基础,本环节应用到"引导—探究""参与—活动"的教学方式。

问题提出1:浮力的大小可能与哪些因素有关?并说出猜想的依据。

猜想:

① 浮力的大小可能跟物体的密度有关;

② 浮力的大小可能跟物体的体积有关;

③ 浮力的大小可能跟液体的密度有关;

④ 浮力的大小可能跟物体浸入液体的深度有关;

⑤ 浮力的大小可能跟物体排开液体的体积有关;

⑥ 浮力的大小可能跟物体的形状有关。

学生实验:探究浮力的大小与哪些因素有关。

学生活动:学生观察、思考、讨论、设计实验,集体交流,进而分组进行不同的实验探究。

【设计语】新课学习的第二个知识点,即影响浮力的因素;澄清认识误区是学好本节课的关键。首先让学生利用实验器材,在"做中学""学中做",感受浮力的存在,保持良好心境,获得初步的感性认识。在此基础上提出影响浮力的因素,提出各种猜想,说出猜想的依据。接下来让学生设计实验方案、交流实验的可行性,并进行分组实验,养成良好的、自主的科学探究的习惯——发现问题,提出问题,研究问题。这也是行为主义"刺激-行为理论"意义所在,体现了新课程标准倡导的"注重科学探究,提倡学习方式的多样化"的教学理念。在突破"影响浮力的因素"难点上,采用"引导—探究""参与—活动"的教学方式。

结论:

板书:排开液体的体积、液体的密度

思考:军舰漂在海面上它受到的浮力怎么测出呢?称重法还适用吗?

问题提出2:浮力与排开液体的重力会不会有什么关系呢?

① 设计实验:浮力如何测出?排开液体受到的重力如何测出?

② 浮力通过定义的公式 $F_浮 = G - F_拉$ 需要测出两次弹簧秤的示数以计算得出;让排开的水流到薄壁塑料袋中,测量即可得出排开水的重力。

③ 学生实验:小组成员明确分工后,要列表记录相应的数据,以便下一步的分析与论证。

④ 分析与论证:学生表述。

⑤ 结论:板书"浸在液体里的物体受到向上的浮力,浮力的大小等于它排开的液体所受的重力"。这就是著名的阿基米德原理。

用公式 $F_浮 = G_排$ 表示。

⑥ 使用该公式判断问题时,也常用到它的变形式:

板书:浮力计算方法二　　$F_浮 = m_排 g = \rho_液 V_排 g$

学生实验:探究浮力与排开液体的重力的关系。

播放录音:阿基米德是古希腊伟大的哲学家、物理学家。他从小就喜欢思考问题、争论问题。皇冠的秘密的故事想必大家都知道,正是阿基米德对科学的执着追求,废寝忘食地探索,问题才得以解决。现在我们站在巨人的肩膀上,要学好阿基米德原理,用好阿基米德原理。

学生活动:学生分析讨论、观看。

【设计语】在本环节中,我将利用多媒体的优势表现力与情感教育的整合,极大限度地引起学生的情感共鸣,激励学生勇于探究的科学精神,使之树立科学的世界观、人生观、价值观。

问题提出3:如果液体没有溢出来,液体对物体还有浮力吗? 如果有,你如何理解"排开"的意思呢?

学生活动:学生分析、讨论。

【设计语】在新课学习的第三个知识点,即本课的重点,从影响浮力的两个因素去分析、讨论排开液体的重力和浮力的关系,并介绍实验器材的作用,顺理成章地设计实验方案。在完成该实验时,再次提出:如果液体没有溢出来,你如何理解排开的意思呢? 让学生的思维再次碰撞,始终保持浓厚的学习兴趣和求知欲望,真正成为学习的主人。在这个重点环节上,采用了"参与—活动"的教学方式。

视频播放:中国科学院气象科学考察的氢气球,是怎么升空的呢?

【设计语】在这里插入视频,让学生自己去纠正和补充片面的认识,帮助学生朝有利于意义建构的方向发展,诱导学生自己去发现规律,建构当前所学知识,创设符合教学内容要求的情境和提示新旧知识之间联系的线索。

(3) 浮力产生的原因

演示实验2:一个底部开口的矿泉水瓶倒立,置一乒乓球(见图2-2.1)。一手悬空拿住瓶子,一手往里面快速注入水,乒乓球会怎样?

【过渡语】乒乓球为什么没能浮起来?

问题提出4:乒乓球为什么没能浮起来?

请同学们带着这个问题课下自学课本96页例题,并讨论浮力产生的原因。

图 2-2.1

学生活动:学生观察、思考。

板书:浮力计算方法三　　$F_浮 = F_{向上} - F_{向下}$

【设计语】新课学习的第四个知识点,即"浮力产生的原因",立足于学生的认知特点,利用身边的物品设计物理实验,即将一个底部开口的矿泉水瓶倒立,置一乒乓球于其中(见图2-2.1)。一手悬空拿住瓶子,一手往里面快速注入水,乒乓球会怎样?通过创设问题情境,使学习者在情境中产生矛盾,提出要解决的问题。激发学生的学习兴趣和强烈的学习动机,培养学生独立分析和解决问题的能力,变"要我学习"为"我要学习",这正是认知心理学的核心,也是布鲁纳发现学习的宗旨,这样设计的意图是让学生养成良好的问题意识和科学探究习惯,体现了"注重科学探究,提倡学习方式多样化"的教学理念。

3. 评估、交流与小结

(1) 比较这三种计算浮力方法的优点与不足。

(2) 通过本节课你学到了什么?

(3) 还有哪些不清楚的地方?

(4) 课下相互交流一下实验的设计与操作有哪些优点,哪些需要改进。

【设计语】"构建新的评价体系"是课程标准教学理念之一,在新的评价观念指导下,注重过程评价与结果评价结合,构建多元化、发展性的评价体系,以促进学生素质的全面提高和教师的不断进步。其目的是让学生学会交流、学会反思、学会借鉴,这种方法能够锻炼学生的自我表达能力和自我评价能力,进而检测到本课的教学效果。

4. 布置作业

(1) 讨论乒乓球不能浮起来的原因。

(2) 第97页第3、4题。

板书设计:

第5节　浮力

1. 浮力的概念

(1) 浸在液体或气体里的物体会受到液体或气体对它竖直向上托的力,叫浮力。

(2) 浮力的方向——总是竖直向上的。

2. 浮力的大小

浮力的大小与哪些因素有关?

3. 浮力的计算

(1) 浮力计算方法一　弹簧测力计法　$F_浮 = G - F_拉$

(2) 浮力计算方法二　阿基米德原理　$F_浮 = G_排 = m_排 g = \rho_液 V_排 g$

(3) 浮力计算方法三　浮力产生原因　$F_浮 = F_{向上} - F_{向下}$

【过渡语】以上就是我从这四个部分进行本次说课的全部内容。整个教学过程,我将完成教学目标,达到能力和情感目标。我的说课到此结束。

二、信息技术与课堂教学整合说课设计

【过渡语】我说课的内容是××版×年级物理下册第九章电与磁"电动机"一节。本次说课我将分四部分向大家介绍,它们分别是教材分析、教学目标、教学策略以及教学过程。首先谈教学分析。

(一)教材分析

1. 教材内容

本节课内容我将分为5个知识层框:"通电导体动起来""通电导体转起来""通电导体连续转""自制电动机""生活中的电动机(课后调查)"。

2. 教材地位

电动机是电生磁的核心,也是电生磁的应用和归宿,也为探究磁生电以及高中物理的学习奠定了基础。

3. 学生分析

(1)学生的认识特点:学生对奥斯特实验有了一定的认识,但对通电导体在磁场中是否能够受力以及它们之间的规律还不清楚,非常渴望了解这些知识。

(2)思维方式上的特点:初中生的思维开始逐步以抽象逻辑思维为主导方式,但有时形象思维中片面性和表面性依然起着重要的作用。

(3)学生生理、心理特点:八年级下学期学生从"有趣"向"乐趣""志趣"阶段发展,学生的学习态度、学习兴趣、情感体验、价值观和人生观都处于发展的完善期。

【过渡语】根据《物理课程标准》的要求和学生的认知特点,看一下本课的重点、难点部分。

重点:磁场对电流的作用。

难点:引导探究让线圈转动起来的过程以及换向器的作用。

【设计语】为了突出重点,充分调动学生的积极性,我将利用实物投影,启发学生共同参与实验方案的设计和探究。在突出重点环节,我采用了"引导—探究"的学习方式。为了突破难点,我用动画、视频展示的显微摄影,定格、重放,帮助启发学生突破认知障碍。在突破难点环节,我采用"参与—活动"的学习方式。根据以上两方面分析,我确定本课教学目标如下:

（二）教学目标

1. 知识与能力

（1）了解磁场对通电导线的作用。

（2）了解直流电动机的构造和原理。

2. 过程与方法

经历制作模拟电动机的过程，提高学生的动手能力。

3. 情感态度与价值观

（1）了解物理知识如何转化成实际技术应用，进一步提高学习科学技术的兴趣。

（2）为了有效地达成教学目标，下面让我们再来看一下本次说课的第三部分，即教学策略分析。

（三）教学策略

1. 教学方式

【设计语】以学生为主体，充分发挥学生的自主能力和创新能力，调动学生学习的积极性，这是建构主义教学的宗旨，也是新课程标准的要求。本着这个主导思想，在本节课中我将采用"引导—探究""参与—活动"的教学方式，其目的就是在教师指导下，培养学生的科学方法、科学思维、科学态度、科学习惯。

2. 学法指导

【过渡语】在确定了教学方式以后，我还将对学生的学习方法加以指导，下面让我们再来看一下本次说课的学法指导部分。

【设计语】以建构主义思想为指导，以学生为主体、教师为主导的原则，笔者将指导学生采用自主学习和合作学习两种学习方法。自主学习意在培养学生的探究能力，使其学会认知，学会学习，为其以后的终身学习奠定坚实的基础。合作学习意在培养学生的合作能力及团队意识。

3. 教学手段——信息技术搭桥，多媒体与物理教学的整合

【设计语】实验心理学家赤瑞特拉研究表明：人类获取的信息83%来自视觉，11%来自听觉；而传统的教学手段很难奏效。为了体现实验教学的真实性，充分调动学生的积极性，我将多媒体技术与物理教学进行了合理整合。

（1）多媒体的情境创设与设疑的整合。

（2）多媒体的情境探究与释疑的整合。

（3）多媒体的示范性与过程、方法的整合。

（4）多媒体的优势表现力与情感教育的整合。

通过整合优化了教学过程、提高了教学效果。

以上就是我在本课采用的教学策略,这些策略将贯穿于本课的教学过程之中,目的是帮助学生快速、正确地理解教学内容。

【过渡语】整个教学过程中,安排如下:新课引入,5 分钟;新知识讲授,10 分钟;学生活动,20 分钟;评价与小结,7 分钟;布置作业,3 分钟。

下面我就以通电导体的“动”这个环节为主线来讲解本节课的具体过程。首先,看新课引入环节。

（四）教学过程

1. 新课引入

视频播放①:生活中的电动机及其应用。学生观察。

【设计语】学源于思,思源于疑。在本环节中,我将使用多媒体的情境创设与设疑的整合,刺激学生的感官,设置悬念,引导启发学生共同参与,使学生产生强烈的求知欲和好奇心,调动学生学习的积极性和主动性。

板书课题:第九章 电与磁 第6 节 电动机

问题提出 1:奥斯特实验说明了通电导体周围对磁体能产生力的作用,那么将通电导线放在磁场它是否受到力呢?

问题提出 2:(1) 通电导线在磁场中是否受力? （2) 受力方向与什么有关? 你还想知道什么?

板书:通电导体运动原理

设计实验:(插入动画①)

方案 1:通电直导线,竖直放在磁场中,与磁感线平行。

方案 2:通电直导线,斜着放在磁场中,与磁感线斜交。

方案 3:通电直导线,水平放在磁场中,与磁感线垂直。

方案 4:……

进行实验和实物展示①。

板书:电动机原理 磁场对通电导线的作用

分析论证。

板书:通电导体在磁场中受力的方向,跟电流方向和磁感线方向有关。

左手定则:伸开左手让大拇指与四指垂直,磁感线垂直穿过手心,四指指向电流方向,则大拇指的指向就是通电导体的运动方向。

44

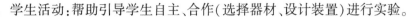

学生活动:帮助引导学生自主、合作(选择器材、设计装置)进行实验。

师、生共同探究演示实验,进一步探究磁场、受力、电流方向三者间关系。

【设计语】在新课引入过后,我们来看一下本课的新知识讲授环节,也是本课的重点部分。

首先,教师提出问题:"通电导线放在磁场,它是否受到力?受力方向与什么有关?"引导学生经过自主、合作,设计实验方案,探究实验过程,利用实物投影演示给大家。在演示过后,进一步探索磁场方向、电流方向、通电导体的运动方向的关系规律,安排学生的课堂活动,并简单板书本部分的规律。通过板书使学生准确地掌握本节课的重点,这样设计能使新知识条理化、清晰化,便于学生接受和学习,加深记忆。

2. 电动机的构造与原理

问题提出3:通电导体动起来了,又怎样使它连续转起来?了解磁场对通电导线的作用。

插入动画②和视频播放②。

引导讲解:工作过程。学生观察、思考、讨论。

【设计语】在第二个知识层框,即"通电导体转起来"这一环节中,我将多媒体的情境创设与设疑、多媒体的情境探究与释疑进行了整合,模拟动画展示转动的可行性,帮助学生理解这一环节,再将显微摄影,定格、回放展示了不能连续转的现实性,再次引发新的矛盾,点燃学生的探究欲望,通过分组讨论,探究实现电动机连续转动的条件。再次用视频展示"通电导体连续转",利用实物投影展示换向器的结构,凸显物理知识如何转化成实际技术应用的认识难点,这也是传统教学手段所不能达到的,在这个环节中采用"自主学习""参与—活动"的学习方式。

3. 自制电动机

视频播放③和实物展示②。

学生观察并动手制作。

【设计语】在第三个知识层框,即"自制电动机"的环节中,我将多媒体的示范性与过程、方法的整合,让学生在观看中学习制作电动机,动手、体验电动机的制作过程。

4. (STS)

录音播放①:世界上最小的纳米电动机已经问世了,它比头发丝的 $\frac{1}{300}$ 还要小。人们用它制作的机器人在不久将会应用于医学上。脑病患者再也不用"开头颅、洒热血"了,患者只需将小小的机器人吃下,即可修复血管疾病。家事、国事、天下事,事事关心,关注科技发展,热爱科学致力于科学探究,是当代中学生义不容辞、责无旁贷的职责。

【设计语】关注科技的发展是课程标准之一,在学生经历自制电动机的环节之后,我将利用多媒体的优势表现力与情感教育的整合,极大限度地引起学生的情感共鸣,激励学生勇于探究的科学精神,使之树立科学的世界观、人生观、价值观。

5. 评估、交流与小结

(1) 通过本节课的学习你学到了什么?

(2) 还有哪些不清楚的地方?

(3) 课下相互交流一下实验的设计与操作有哪些优点,还有哪些需要改进的。

学生交流、教师引导、补充。

【设计语】课堂实践过后,我将进行评价与小结,安排学生总结。通过这种方法能够锻炼学生的自我表达能力和自我评价能力,进而检测到本课的教学效果。在最后我将在板书的基础上,再一次强调红色字体部分是本节课的难点。

6. 布置作业

【设计语】最后,为了能够让学生巩固本堂课的学习内容,我将布置作业使学生不仅要面向现实生活而且要有学无止境意识。

作业 1:调查生活中的电动机构造。

作业 2:课下继续探究自制电动机转动的速度与方向由什么决定。

板书设计:

电动机
一、磁场对通电导线的作用
1. 通电导体在磁场中受到力的作用
2. 通电导体在磁场中受力的方向,跟电流方向和磁感线方向有关
二、电动机的基本构造
磁极 线圈 换向器

【设计语】以上就是我本次说课的全部内容。

第三节　现代化微视频导学设计

著名的教育学家夸美纽斯在他的《大教学论》中有这样的表述:"找出一种教育方法,使教师因此可以少教,而学生却可以多学……"课程改革的核心任务就是转变学生的思维方式,更加注重自主发展、合作参与、创新实践,从而更好地发展学生的核心素养。那么在教学中就必须做到三个转变:"以教定学"转为"以学定教";"以教师的教为中心"转为"以学生的学为中心";"以知识为中心"转为"以素养为中心"。

　　为此,微视频课脱颖而出,破解了单靠知识堆积的学案导学的低效性的难题。由"被动学、机械学"进而转为"主动学、学会学",使学生在情境问题的引领和实验探究的驱动下,获取知识、分享知识、运用知识。

　　所谓微视频,是指限定在20分钟以内的视频。它内容广泛,形态多样。教师按照课程标准的要求,将知识内容按照学科逻辑与学生的认知特点划分为若干较小知识模块,运用现代信息技术手段,整合图、文、声、像等要素,制作成便于学生学习的视频资源。有些微视频可以以微课形式来运用。"微课"是指为使学习者自主学习获得最佳效果,经过精心的信息化教学设计,以流媒体形式展示的围绕某个知识点或教学环节开展的简短、完整的教学活动。微课程只讲述一个教学知识点,这个知识点是供学生自主学习时,必须要教师讲述才能理解的内容,是学习的重点、难点、易错点。微课程中包含着微课,微课包含微视频,两者紧密相关。笔者以"大气压强"微视频引领下的导学为例,具体阐述设计及其效果。学生观看微视频(根据上海市江宁学校赵佳珺老师微视频的内容整理)。

案例:大气压强

　　新课引入:今天学习的内容和老师接下来所做的实验有关,请同学们仔细看、认真想,把鸡蛋放在集气瓶上,鸡蛋不会掉下去,现在将纸团放入集气瓶中,并将它点燃,你观察到什么现象?鸡蛋被吞入了瓶中,请你想一想,这是什么原因呢?原来是大气把鸡蛋压入了瓶中,今天我们学习的内容是大气压强。

　　小组合作:请大家利用身边的器材比如玻璃板、面板、饮料罐、吸盘等,设计一个小实验证明大气压强的存在,按下暂停,马上行动,回来继续。

　　问题1:大气压强究竟有多大呢?

　　相信聪明的你已经用实验证明了大气压强的存在,那么大气压强究竟有多大呢?探究这个问题我们要从1640年开始说起了,在古代人们就制造了活塞式抽水机用来抽水,1640年意大利的佛罗伦萨城的市民想用抽水机抽出深矿中的水,却发现无论如何改进抽水机水都只能提升约10 m,于是人们向物理学家伽利略请教,但年迈多病的伽利略已经没有精力仔细研究这个问题了,伽利略去世后他的学生托里拆利开始研究这个问题,接下来请同学们观看托里拆利实验的视频。

一、微视频引领下的观中学

　　实验回放:意大利科学家托里拆利首先通过实验测量了大气压强,取一根长约1 m、一端封闭的玻璃管向里面灌满水银。用手指将管口堵住,然后倒插在水银槽中放开手指,管内水银液面下降,我们可以看到水银柱的液面下降到一定的高度时就不再下降了。用刻度尺来测量一下水银柱的高度,这时管内外水银面高度差约为 76 cm,管内水银液面上方是真空,大气压强能够支持这个高度的水银柱,我们把玻璃试管稍稍倾斜。请同学们注意观察玻璃管内的水银液面与水银槽中液面的高度差,有没有发生变化,现在换成细些的玻璃管,再做一次这个实验。从实验结果可以看出,玻璃管的粗细不影响水银柱的高度,通常人们把支持高度为 760 mm 水银柱的大气压,称为标准大气压,760 mm 水银柱产生的压强为 $1.01×10^5$ Pa。

问题 2:为什么水银柱下降到 76 cm 后便不再下降了呢?

设想取一个叶片与管外水银面相平。由于作用在水银槽上方的大气压,能够大小不变地在水银内向各个方向传递,于是,该叶片下方受到向上的大气压强;另一方面,液面上方是 76 cm 高的水银柱,叶片受到水银柱向下的压强。我们以叶片作为研究对象,当水银柱下降到 76 cm 时,此叶片静止不动,它处于平衡状态,现在它受到几个力呢?一个是水银柱对它向下的压力,另一个是大气对它向上的大气压力,二力平衡,两个力的大小相同,根据之前所说的 $F=pS$,可得 $p_0 S = p_{水银} S$。由于是同一个叶片,所以大气压强就等于 76 cm 水银柱产生的压强,因此,托里拆利测定了大气压强的值为 $1.01×10^5$ Pa,你们明白了吗?请同学们小组讨论完成活动单上的两道思考题。

(1)如果在 1 m 长的试管中灌满水,倒扣在盛水的水槽中,水柱是否降落?请说明理由。

(2)在第(1)题中,如果试管顶部不小心打破了,将会观察到什么现象?产生相关现象的原因是什么?

二、微视频引领下的做中学

(一)课前学习活动卡

1. 小组合作,利用身边的器材,设计 1~2 个能证明大气压强存在的实验。

实验一

实验器材:＿＿＿＿＿＿＿＿＿＿＿＿

实验现象:＿＿＿＿＿＿＿＿＿＿＿＿

实验结论:＿＿＿＿＿＿＿＿＿＿＿＿

实验二

实验器材:＿＿＿＿＿＿＿＿＿＿＿＿

实验现象:＿＿＿＿＿＿＿＿＿＿＿＿

实验结论:＿＿＿＿＿＿＿＿＿＿＿＿

2. 思考:大气为什么会对其中的物体产生压强? 请阅读教科书第 27 页,找一找原因。

3. 观看托里拆利实验视频,结合液体内部压强知识,分析、思考实验原理。

实验原理分析:_____

4. 思考:活动单上的两道思考题。

(二) 课中探究活动

活动Ⅰ:学生展示

学生展示课前设计的证明大气压强存在的小实验。

情景Ⅰ:演示实验 1

通过模拟马德堡半球悬挂大水桶实验以及马德堡半球实验的历史故事,感受大气压强不仅存在而且很大。

情景Ⅱ:演示实验 2

将 1 m 长的双通管一头堵住,注满水倒扣在水槽中,观察现象;然后模拟托里拆利实验中玻璃管顶端打破后,运用托里拆利实验原理解释观察到的现象。

活动Ⅱ:学生实验

利用给定的实验器材,设计实验方案;通过相互评价,完善实验方案,粗略测量大气压强的值。

活动Ⅲ:应用

利用当天教室中大气压强值,计算在模拟马德堡半球悬挂大水桶实验中拉开两块薄板所需要的力。

情景Ⅲ:演示实验 3

利用压强传感器和自制实验教具,演示气球压入盒中的实验。

(三) 课堂学习活动卡

学生实验:大气压强值的测定

(1) 实验目的:测定大气压强的值。

(2) 实验器材:(请在你选用的实验器材名称后打"√")

器材	大号(cm^2)	中号(cm^2)	小号(cm^2)
吸盘	50.2	12.6	5
注射器	3	1.8	0.64

弹簧测力计(　)、弹簧秤(　)、水(　)、小桶(　)、玻璃板(　)、DIS 力传感器(　)

(3) 实验原理:_____

（4）实验步骤：①＿＿＿＿＿＿＿；②＿＿＿＿＿＿＿；③＿＿＿＿＿＿＿。

（5）数据记录表：

物理量 小组			

（四）课后活动思考卡

1. 比较你们小组测得的大气压的值 $p_测$ 与压强测量仪测得的大气压的值 p。

（1）$p_测$＿＿＿＿＿p（选填"大于""等于"或"小于"）

（2）如果两者有差异，请分析产生差异的原因。

（3）你的实验还可以作哪些改进？

2. 找一找有关大气压强在生活和生产中应用的事例。

三、反思

（一）微视频对思维的促进

问题是思维的源泉，更是思维的动力。这种以微视频引领的导学注重了科学探究的过程，又重视了学习方式多样化的学习理念，问题设计思维含量高，避开了模仿、复制，机械的搬抄、知识堆积，纯记忆下的学案导学，强化了创新能力，凸显了思维批判性。

（二）微视频对建构主义理论教学法的发展

建构主义认为，知识不是通过教师传授获得的，而是学习者在一定情境下通过意义建构的方式获得的。布鲁姆认为："最好的学习动因是学生对所学材料有内在的兴趣。"为此，微视频较好地联系生活实际，把问题融合在情境之中，并将知识主线设计融合在科学探究之中，以情境问题引领学生"学中做、做中思"，凸显了学生知识构建的过程，体验了实验驱动的科学探究过程。改变低效的知识堆积的学案导学，彰显了物理学科的核心素养，微视频从科学探究第一个环节，即大气压强究竟有多大的问题入手，到托里拆利实验证据获取，再到抽水机抽出深矿中的水，却发现无论如何改进抽水机，水都只能提升约 10 m 的解释，最后至拓展应用，环环相扣，层层递进，给学生以完整的探究情境。

（三）微视频的科学创新性

微视频从科学思维入手，建构液片模型，经历科学推理与论证，从理论上给出了科学结论；从更换玻璃管的粗细质疑液柱高度是否变化的问题，再到试管中灌满水，倒扣在盛水的水

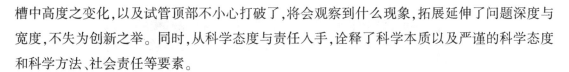

槽中高度之变化,以及试管顶部不小心打破了,将会观察到什么现象,拓展延伸了问题深度与宽度,不失为创新之举。同时,从科学态度与责任入手,诠释了科学本质以及严谨的科学态度和科学方法、社会责任等要素。

(四) 对教学条件的要求

微视频的应用给老师提出了更高的要求,提供什么学习材料、创设什么样的真实情境、设计什么样的探究实验、提出什么问题等,对于学科资源缺失、师资水平低、办学条件简陋的学校难以实施。

综上所述,科学探究不仅是一种科学学习的主要方式,也是形成物理核心素养的主要途径。导学有法,但无定法,微视频的课前介入给各位同人提供了一个好的开端,为发展学生的学科核心素养奠定了基础,为打造真正的有效的自主学习指明了方向。同时,情境问题引领、实验探究驱动的微视频介入给教师提出了更高的要求,需要不断地探索,遴选学生感兴趣的学习材料,摸索创设适合学生学习的、联系实际的、真实的情境,科学设置有思维含量的问题并与之有机融合。怎样在科学探究中体验更趋合理的科学思维与方法,仍需要一线教师在实践中完善、改进,永无止境地探索。

第四节　内涵式教与学方式设计

林崇德指出,落实核心素养,思维教学是首要问题。因此,思维教学借助于思维型教学模式和多样化的教学方式、学习方式,突出课堂教学中"双主"思维活动过程,注重培养思维的严谨性、全面性和深刻性。思维始于问题,问题是思维的载体,解决问题必须依靠思维。因此,思维型课堂教学既要科学设计问题,形成科学的问题链,还要注重问题设计的角度、精度、宽度、深度和难度,又要突出问题链的条理性、层次性、探索性、开放性和挑战性。以问题为导向的思维过程,强化问题解决的交流、反思与评价,通过思维来解决问题,凸显知识意义建构的过程。

本节以"牛顿第一定律"教学设计为例对思维性课堂教学作一具体分析。

案例:牛顿第一定律

一、情境激趣是诱发思维的源泉

激疑:(视频播放见图 2-4.1)人从运动的船上竖直向上跳起来,最终又落到原来的位置,这是为什么?

图 2-4.1

评析:通过创设真情境,引起新的认知冲突,进而根据教材的知识和学生的认识特点,分析问题、解决问题,依据"问题→证据→解释→交流"的探究程序,由浅入深展开对运动和力关系的探索,促进学生积极主动的思维,为引导学生主动建构有意义的知识过程奠定基础。

二、问题探究是唤起思维的动力

设疑:当人从运动的船上竖直向上跳起来,在向上运动的同时,也在向前运动。物体运动需要力维持吗?

(一)名人观点在质疑中得以创新

探疑:伽利略如何证明"维持运动不需要力"这一观点?

证据1:

(1)用力推小车,小车向前运动,停止用力,小车就停下来了。

(2)马拉车,车向前运动,停止用力车就停下来了。

结论1:由证据(1)、(2)分析归纳得出,物体的运动需要力来维持。这正是古希腊伟大的哲学家和教育家亚里士多德的观点,也就是说力是维持物体运动状态的原因。

证据2:

(3)用力踢足球,足球就运动起来,当足球离开脚以后,足球还会继续在空中运动。

(4)离开手的标枪和在空中飞行的炮弹,在空中没有受到向前的力。

结论2:由证据(3)、(4)分析归纳得出"维持运动不需要力",这是意大利数学家、物理学家、天文学家、科学革命的先驱伽利略的观点。这对亚里士多德的观点作出了颠覆性的挑战。

质疑:维持运动究竟需不需要力?

评析:在教学中引导学生基于事实证据和归纳推理,对观点或结论提出质疑与批判,经过分析、推理、论证等环节,推导出相悖的观点或结论,从而引发对观点的深层次检验和科学修正。这一环节首先激发了学生对错误观点的质疑能力,探究论证过程中培养了学生的科学思维、创新能力,敢于修正错误观点得出正确结论,又树立了严谨的治学态度和勇于攀登的勇气和责任。

证据3：伽利略从观察单摆摆动的"等高性"中获得灵感,继而构想出"理想斜面实验",运用逻辑(见图2-4.2 丁)推理得出结论2。

释疑(结论)：如果没有阻力(理想模型),物体将沿直线永远地运动(科学推理),即伽利略的观点,"物体的运动不需要力来维持"。

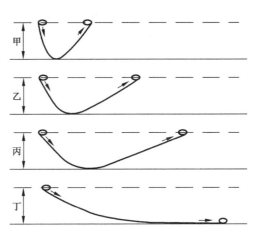

图 2-4.2

(二) 学者观点在质疑中得以完善

质疑：伽利略证明了"物体的运动不需要力来维持"即"小球将永远运动下去",那么"永远运动下去的小球"速度和方向变化吗?

释疑(结论)：法国科学家笛卡儿,进一步研究发现、完善了这一结论,如果运动中的物体没有受到力的作用,它将继续以同一速度、沿同一直线运动,既不停下来,也不偏离原来的方向。

评析：科学探究总是历经坎坷,在质疑中产生思维碰撞,在深入思辨中受到启发,在实验中建立了"理想模型"并不断修正、补充、完善,在反思论证中得以推进,最终得出较为科学的结论。以问题为导向的思维教学,通过师生对话参与式的"双主"教学活动,引导学生不断发现新问题,用证据进行分析论证,进一步完善、加深对已有知识的深度理解,提升学生运用知识解决问题的能力,形成良好的科学素养,树立对科学执着追求的永恒精神。

(三) 伟人观点在质疑中得以提升

探疑：阻力对物体水平运动距离的影响。

设疑1：物体在水平方向沿直线运动的距离受哪些因素的影响?

猜想假设：

1. 由于物体在不同材料平面上的运动距离不同,所以猜想阻力可能会影响物体运动的距离。

2. 同一物体速度不同,其物体运动距离不相同,猜想物体运动的初速度可能会影响其运动距离。

设计实验：如图2-4.3所示,控制小车在斜面的初始速度不变,让小车分别在毛巾、棉布、木板三种不同材料的平面上运动,研究阻力是否对物体的运动有

图 2-4.3

影响。

设疑2:让小车充当物体在同一高度滑下,分别在毛巾、棉布、木板表面滑行,小车滑行的距离不同,说明什么问题?

设疑3:让小车从同一高度滑下的目的是什么?为什么要多次重复实验?

探究活动:略

<table>
<tr><td colspan="4" align="center">探究阻力对物体水平运动距离的影响</td></tr>
<tr><td>实验次数</td><td>表面材料</td><td>阻力大小</td><td>运动距离</td></tr>
<tr><td>1</td><td>毛巾</td><td>大</td><td>短</td></tr>
<tr><td>2</td><td>棉布</td><td>较大</td><td>较长</td></tr>
<tr><td>3</td><td>木板</td><td>小</td><td>长</td></tr>
</table>

实验推理:

设疑4:如果让小车在阻力越来越小的平面上运动,能运动的距离会有什么变化?

理想推理探索物理规律:分析比较表中内容可知,在其他条件相同时,接触面越光滑,小车运动的距离就越远,假如接触表面是绝对光滑的(理想),接触表面无限长(推理),小车将会做匀速直线运动,再次表明物体的运动不需要力来维持。

质疑:"运动物体不需要力来维持",但是静止在水平地面上的桌子,不受外力的作用,桌子处于静止状态。物体不受外力时,究竟处于静止还是匀速直线运动状态呢?

释疑(结论):英国物理学家牛顿,进一步完善并提出了新的观点:一切物体在没有受到力的作用时,总保持静止或匀速直线运动状态(牛顿第一定律)。

设疑5:大家思考牛顿第一定律的条件、研究的对象和结论是什么?物体不受外力所处于的状态取决于哪些因素?

设疑6:这个实验可验证吗?

评析:问题的引领是情感互动的基础,是行为互动的表现,是思维互动的核心。围绕三种不同的观点,科学精准地设计问题链,突出问题链的条理性、层次性、探索性、开放性和挑战性。以问题链为导向思维教学,采用启发式、讨论式、探究式、参与式等多元化的教学方式,凸显知识形成的过程。用"问题—质疑—证据"的思维过程,凸显科学探究的思维方法,感受当年科学家科学探索的艰辛过程,形成科学探究的思维品质。

(四)科学观点在拓展中得以应用

探疑:观察下列现象有什么特点?

演示实验1:快速击打烧杯上的塑料板,鸡蛋并未随塑料板一起飞出去,而是落入杯中

(见图 2-4.4)……

演示实验 2:快速击打叠放在一起的某一个棋子,其上面的棋子并没有一起飞出,而是落到下面棋子上(图 2-4.5)……

图 2-4.4

图 2-4.5

演示实验 3:锤头和锤柄一起向下运动,锤柄遇到障碍物停止运动了,但锤头依旧向下运动,所以锤头会套紧锤柄。

视频播放 1:人在匀速行驶的火车车厢竖直向上抛出一个苹果,苹果依旧落回手中。

视频播放 2:用手抖动衣服上的水珠,衣服虽然已停止,但水珠脱离衣服后继续向前运动……

分析归纳结论 1:

实验 1、2 说明不受力作用的物体、静止的物体仍然处于静止状态。

分析归纳结论 2:

实验 3、视频播放 1、2 说明不受力作用的物体、运动的物体继续保持运动状态。

类比推理惯性概念:质量是物质固有的一种性质,它不随位置、形状、状态的变化而变化,在上述结论中有另外一种不变的性质,即"原来静止的依旧保持静止,原来运动的依旧保持运动"性质,这种性质类似于通常所说的本性或习惯,因此把不受外力时物体保持静止状态或匀速直线运动状态不变的性质称为惯性。

释疑:当人从运动的船上竖直向上跳起来时,由于惯性,人在向上运动的同时,也在以与船相同的水平速度向前运动,因此,人依然会落回到船上原来的位置。

设疑 1:汽车的安全带有什么作用? 安全带的使用是利用惯性还是防止惯性带来的危害?

设疑 2:同一物体,运动得越快,越难阻止其运动,是否意味着物体的速度越大其惯性越大? 抛出去的标枪在空中依靠惯性能继续运动,惯性是力吗?

设疑 3:惯性和惯性规律是一回事吗?

学生交流。

教师进行总结(见图 2-4.6)。

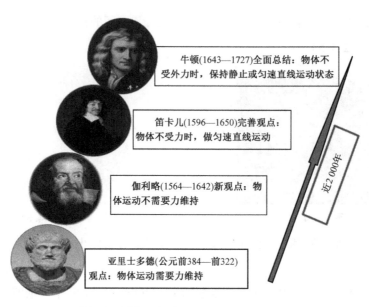

牛顿(1643—1727)全面总结：物体不受外力时，保持静止或匀速直线运动状态

笛卡儿(1596—1650)完善观点：物体不受力时，做匀速直线运动

伽利略(1564—1642)新观点：物体运动不需要力维持

亚里士多德(公元前384—前322)观点：物体运动需要力维持

近2 000年

惯性→影响惯性因素→解释现象

图 2-4.6

评析：科学探究是一个发现问题、提出猜想、设计实验加以验证猜想的过程，需要科学思维、方法、证据、质疑与创新的思辨过程。通过对大量实验现象进行分析、归纳得出科学结论，不受力作用的物体、运动的物体继续保持运动状态。运用三段论进行演绎推理，概括抽象出惯性的概念，避免了学生思维的片面性，分类归纳、概括抽象、深入探究矫正了学生思维的表面性，引领学生掌握逻辑思维方法和科学论证过程。在知识形成的过程中，澄清惯性与力、惯性与速度的易错知识点，从本质上区分惯性概念和惯性规律，促进对概念与规律、内涵与外延的深度理解。在互动过程中强化思维方法的渗透，在交流中掌握解释惯性现象的步骤。

围绕思维型教学模式将多元化的教学方式、学习方式与教学方法融为一体，以问题启迪学生自主探索，培养学生发现问题、提出问题、探究问题、解决问题的思维习惯，为其终身学习奠定基础。

三、评价反思是内化思维的措施

爱因斯坦曾评价伽利略："伽利略的发现以及他所用的科学方法是人类思想史上最伟大的成就之一，而且标志着物理学真正的开端。"

学生小结：请同学们从物理观念、科学思维、科学探究、科学态度与责任四个维度总结自己的收获。有什么样的经验教训？

评析:思维性课堂教学注重反思与评价,引导学生养成善于总结、善于反思的好习惯,通过问题的解决,积累思维方法,在反思、交流中强化知识的来龙去脉,形成科学认知架构。课堂反思与评价能够锻炼学生的表达能力和自我评价能力,检测本课的教学效果,较好地体现了"构建新的评价体系"课程理念。

四、迁移应用是夯实思维的归宿

(1)(视频播放图 2-4.7、图 2-4.8)了解载人太空舱的片段。

(2)解释图 2-4.9 飞机空投和图 2-4.10 汽车处于什么状态的惯性现象。

评析:关注科技发展是课标理念之一。通过视频播放激发学生爱国的自信心,树立热爱科学、为科学献身的精神,落实立德树人的愿景目标。通过联系实际、学以致用,学会将所学的知识迁移应用到现实生活中,实现将知识应用和培养思维融为一体,启发学生将科学技术转化为实际生产力。培养学生良好的学习习惯和思维品质是课堂教学的要义,是教学之于学生最有意义的所在。

图 2-4.7

图 2-4.8

图 2-4.9

图 2-4.10

总之,思维性课堂教学,应当选取合理的思维教学模式,采取多元化的教学方法与教学方式、学习方式,凸显问题链设计的知识主线以及概念建立与规律得出过程,注重师生思维互动、反思、迁移的过程,转变学生的思维方式,进而培养学生的物理学科核心素养。

第五节 "情境—问题"整合设计

一、情境创设与问题有效性的意义

所谓的"情境"是一种以形象为主体的、具有很强感情色彩的、能引起师生一定的情感、态度体验的场景和氛围。

而"问题"则是教学过程中激趣引疑、促思引探的必备方式。本节首先探究情境创设及问题有效性的意义,其次针对低效情境与无效问题的形式现状展开分析,找寻其产生的根本原因,并提出以四种不同的物理情境为基础,贯穿融入有效问题设置,以完善"情景—问题"的整合设计,达到提升教学质量的要求。

好的问题借助于好的情境(如迷人魔术情境、趣味实验情境、播放影视情境、图画再现情境、音乐渲染情境、表演体会情境、物理趣闻情境、民间艺术情境、语言描述情境、模拟矛盾场景),好的情境能有效地引发学生思考问题、探索问题的兴趣,极大地激发知识的趣味性和学生的学习动机,引起师生情感共鸣,创造态度体验的良好氛围。由此可见,情境和问题在教学过程中的重要性。

如果说情境创设是基础,那么问题的提出才是课堂教学的核心。问题是打开思维的钥匙,是展开合作交流的导火索,有问题才有自主、创造、发现、体验。问题为实现教学目标服务,其切入点是多层次、多角度的,因此,问题要有价值性、层次性,体现情境性、启发性、艺术性。也就是教师的提问要问得关键,问得得法,问得有价值。

教学中有哪些常见的无效情境和无效问题呢?

二、低效情境与无效问题的现状

(一)低效情境形式

情境创设低效,不能考虑学生实际、教学内容、班级特点和教师的教学风格,故弄玄虚,牵强附会,更没有构建问题的意识,问题情境的创设有名无实,科学探究意识荡然无存;片面追求教学手段的"新"与"奇",为了运用而运用,忽视和学生情感的交流和沟通,忽视对学生情感、态度和价值观的培养,本末倒置;情境创设信息呈现方式单一,有形无声视频刺激效果低下,而教师没有进行同步解说,学生观看索然寡味;以多媒体代替必要的实验,势必会削弱学生的操作技能,淡化物理实验学科的科学探究过程。

（二）无效问题现状

1. 问题提出本末倒置

案例1：有一位教师在教授"地球上的水资源"这部分时，首先要求学生对着课本回答下列几个问题："地球上的水，海洋水占多少？淡水占多少？""冰川水占淡水资源多少？""人类可直接利用的淡水资源主要有哪些？占淡水资源的多少？"当学生把答案找出来以后，教师又提问："你们说水资源是否宝贵？"

评析：这样的教学设计，本意是以问题来引导学生从数据上理解"日常生活中为什么要珍惜水资源"，这是一个很好的构思。但是，由于问题的答案都是教材中现成的，学生毫不费劲就可以找到结论，问题根本没有思考的价值，也就丧失了借以锻炼学生思维能力的作用。

这部分内容的教学，从锻炼学生思维能力的角度来看，可要求学生自己先看教材，然后请学生再论证回答"日常生活中为什么要珍惜水资源？"或者回答"地球上的水资源为什么非常宝贵？"之类的问题。

这样设计问题，就具有了思维性。

2. 问题提出指向不明

案例2："豪克"号为什么会撞向"奥林匹克"号呢？蕴含着怎样的物理原理？让我们进入本节课的学习。

评析：这些指向不明的问题，在学生的认知过程中，极有可能认为驾驶的技术不好或者无证驾驶或者犯困等造成的相撞。如果改成这样的问题，指向明了，学生也就不会胡猜乱答，取而代之的是主动思考和探究：为什么并列快速行进的船会不由自主地撞在一起呢？通过本节课的学习和探究，我们就会解开这个谜。

3. 问题提出仅是判断

案例3：我们经常听到这样"答案只有两个'是或不是、对或不对、好或不好'几乎没有思维的价值"属于单纯性判断的提问，甚至有的已成了口头禅如"是不是呀""对不对呀"，教师问这样的问句时并不需要学生回答，只是习惯性的口头禅。这类问题多了，学生就会感到单调乏味，失去学习的兴趣，对学生的理解没有任何帮助。

4. 问题提出缺乏内涵

案例4："今天呢我们一起来分享一幅图片，这是一张……"学生（看着图片与文字）说："彩虹！""这是一张奇异的……"学生（看着图片与文字）说："海市蜃楼！""这是一只通过玻璃砖看铅笔，铅笔好像……"学生（看着图片与文字）说："错位了！""在晴朗的夜空中，看到星星在一闪一闪的……"学生（看着图片与文字）说："眨眼睛！""这是露珠中的……"学生（看着图片与文字）说："花朵！""那么接下来我们也做一个亲身的体验……"

可以看出教师只是喜欢学生的迎合,好似学生读一下 PPT 上的文字,学生的思维就活跃了,互动了……这种没有问题的对答对学生的思维也是一种干扰。

5. 问题提出没有拓展

案例5:在教学中对这些"型异质同"或"型近质同"的问题进行归类分析,抓住共同本质特征,就能达到触类旁通的教学效果,从而摆脱"题海"的束缚。如以下几种物理现象,所涉及的均为"光的折射"这一规律。很多物理问题,虽然题型各异,研究对象不同,但问题实质相同。所以在课堂教学中多题归一的训练,也是培养收敛性思维能力的重要途径。

现象一:插入水中的筷子向上弯折了(见图 2-5.1)。

现象二:在烧杯中注水后,硬币向上抬高了(见图 2-5.2)。

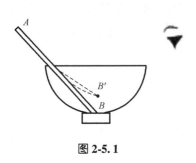

图 2-5.1

图 2-5.2

现象三:打鱼的人总是朝着看到鱼的下方插去(见图 2-5.3)。

现象四:在烧杯中注水后,看上去水变浅了。

评析:掌握问题情境的创设,必须符合青少年的心理发育特点、认知规律和水平,教师应站在学生的视角,去设计和创设问题情境。这样创设出的情境才能充分引起学生的认知冲突和学习兴趣,内化出主动思考的心理倾向,促使学生积极参与探索活动。

图 2-5.3

如何创设有效的情境,科学提出有效的问题呢?通常教学情境有哪几种?笔者结合多年的实践探索和近几年全国的赛课得到一些启示。

三、情境创设与问题有效性的形式

(一)真实的物理情境

所谓真实的物理情境就是通过教师演示趣味实验、表演迷人的魔术,或者通过学生参与一些趣味活动等形式所形成的一种现实场景,促进学生从中发现并提出问题。

案例6:河南郑丹丹"电动机"课例:首先我们做一个有趣的实验,把铜线放在圆柱体上,你能使铜线转起来吗?哪位同学来试一下?某同学用嘴吹气使其转动……用嘴吹可以使铜线转了起来,但其实我只需给铜线注入些魔力,它就能自动转起来,见证奇迹的时刻到了,同学们注意观察,铜线自动转了起来,为什么铜线能自动转起来呢?这个实验中到底蕴含着什么样的奥秘呢?大家想知道吗?……今天我们就来学习"电动机",学过这节课你就知道其中的科学道理了(见图2-5.4)。

评析:课程标准提出应提倡师生利用身边的物品、器具、材料等进行物理实验。利用日常物品做实验,不但具有简便、直观等优点,而且有利于学生动手能力和创新意识的培养。

案例6中的情境性问题首先立足于学生现有的认知水平提出:"你能使铜线转起来吗?"其次在学生最近发展区提出问题:"为什么铜线能自动转起来呢?这个实验中到底蕴含着什么样的奥秘呢?大家想知道吗?"由浅入深,充分利用物理学科的优势,开发和利用课程资源,唤起学生对实验的好奇心和神秘感。可见,精心筛选设计一些趣味实验,是切实提高物理教学质量的有效手段。

案例7:大连二十三中泉宁"磁现象"课例:今天在学习新课之前,老师要给大家表演一个小魔术,下面我要让开心果通过玻璃杯的底部,穿到玻璃杯中去。见证奇迹的时刻到了。好,一起倒数——5、4、3、2、1,开心果是怎么穿杯而入的呢?(见图2-5.5)

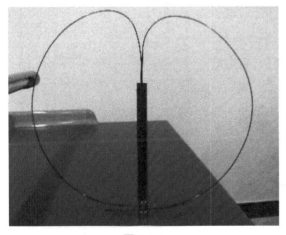

图2-5.4　　　　　　　　　　　　图2-5.5

评析:精心筛选和设计一些与教学内容相关的小魔术,并借助情境自然而然地提出问题,设计一些悬念,能极大地吸引学生的注意力,激发学生的兴趣和求知欲。通过实验搭建的问题可以使学生在头脑中建立起有利于认知过程的物理世界。无论是小实验还是小魔术,都需要不断地改进、演变、拓展、延伸,使其永远保持"新颖""奇特""有效"。

案例8：郑州外国语学校王亚莉"压强"课例：谁想来试一下呢？由于空间所限，我们请两位同学。挑战的第一关是看谁能把气球踩破。第二关，站在气球上而不把气球踩破。这里有4个气球，敢不敢试一下？非常好，掌声鼓励一下。很厉害。非常好，留下了精彩的瞬间。留下两个气球敢不敢试一下？哦。非常棒。掌声送给这两位同学。做这样一个游戏你最意外的是什么？气球为什么没有被踩破？让我们带着这样的疑问一起走进第九章第1节"压强"（见图2-5.6）。

评析：现代教学强调学生的经历、经验和体验，尤其是引导和帮助学生获得成功的积极情感体验，这有利于促进学生良好个性的发展，实现认知与情感、逻辑思维与形象思维的统一。有惊无险的情境载着这样的问题，会收到出奇制胜的效果，从而为学生创造良好的学习环境或心理状态，使他们产生强烈的求知欲望和情感共鸣。

图 2-5.6

（二）准真实的物理情境

所谓准真实的物理情境就是通过截取记录真实情境的声音、电影、电视片段；或者通过录像资料记录因受条件限制而不能现场操作的情境，使学生从中发现并提出问题。

案例9：成都树德实验中学曾海燕"认识声现象"课例：请同学们一起来观赏一段影像。在刚才的视频中，大家听到了各种各样的声音，正是因为有了这样种类繁多的声音，让我们生活的这个世界变得丰富多彩，今天我们一起走进声音的世界。来学习第三章第1节"认识声现象"。我们一起来看一下今天的学习目标：第一，声音是如何产生的？第二，声音是如何传播的？第三，声速以及人耳的听声能力。好，我们就进入第一个环节，声音是如何产生的。

同学们可以看到，在你们的桌上或者身边有一些物体，请让它们发出声音。在发出声音的同时，请你观察、体验、总结这些物体是如何发出声音的。（见图2-5.7）

图 2-5.7

评析：人类获取的信息83%来自视觉，11%来自听觉。为了体现实验教学的真实性，充分调动学生的各种感官，同时，为了避免枯燥乏味的阅读或灌输，拓展学生的视野，强化学生的理解，本课利用现代化教学手段将视频、音频资源和教学内容进行了整合，充分调动了学生的积极性。

情境创设因教材内容、教学环境、教师素养来决定呈现的方式,对于新颖独特、富有创意的新课引入,会一下子把学生的注意力吸引到课堂学习的情境中来,并能引起学生求知的欲望和激发学习的兴趣,为下面进一步的学习作好充分的思想准备。

案例10:河南省济源市济水一中石云燕"摩擦力"课例:播放潘长江主演的《举起手来》影片中一个片段。提出问题:你能从中发现老太太的做法用到了什么样的物理知识吗?通过本节课的学习,我们就会明白其中的道理(图2-5.8)。

评析:研究表明幽默能够使记忆保持率从15%提高到50%。笑的时候,更多血液输入大脑,同时带来更多的氧。而中学生很喜欢小品、相声以及幽默、风趣、搞笑的视频资料,适当地选取这些影视类的片段,不仅能在欢快的气氛中"乐中思""乐中疑""乐中学",而且体现了从生活走向物理的理念。

案例11:冬日里我们最渴望的就是阳光,然而,在挪威的小镇——尤卡,由于四周环山终日不见阳光,那么小镇的居民是如何解决这一问题呢? 我们来看视频(见图2-5.9)。

每当秋冬北欧国家都会陷入漫长的黑夜,每天的日照时间只有几个小时,而挪威小镇尤卡,由于地处深山每年都有长达5个月的时间见不到阳光。但是昨天小镇上,放设了3幅巨型的反光镜,为的就是把阳光请进家门,尽管室外温度只有7 ℃,还是有1 000多名青年聚集在广场上,他们开着音乐会,晒着日光浴……尤卡的秋天从来没有这样欢乐过,这都是因为镇上多了一个新式"武器"——巨型反光镜,这个大家伙被竖立在峡谷的最高处,由电脑控制自动调整镜面追踪太阳,我们就来模拟一下一天之中的3个时空……

图2-5.8

图2-5.9

评析:这个情境设置渗入了科学技术社会的观念,体现了"从生活走向物理,从物理走向社会"和"关注科技的发展"的课程理念。在物理教学中,渗透一些尖端科学技术的动向,会收到出奇制胜的效果,激励学生勇于探究的科学精神,使之树立科学的世界观、人生观、价值观。

（三）模拟的物理情境

所谓模拟的物理情境就是利用多媒体技术,使得一些不能在课堂上做的真实实验,通过"模拟"的手段生动形象地展示出来,不仅可以实现局部的凸显,而且可以大大增强视觉效果。

案例12:我们首先玩一个电子游戏,请看下面的场景。我方轰炸机正在追击逃离的一艘敌人的军舰,通过鼠标点击投弹按钮可以控制炮弹的发射,下面请同学们在自己的电脑上玩这个游戏,看看谁能击中敌舰。大家想一想,如何才能击中敌舰呢?

评价:课上让学生亲自操作课件,可以增加身临其境的感受,使学生在"玩中思""玩中疑""玩中学",进一步激发了学生学习的积极性。

（四）借助语言创设物理情境

对于物理学史上的一些事件,或者不能做实验又不便于模拟的事件,或者学生较为熟悉的事件等,教师可以通过具有启发性的语言,使学生构思出一个语言表述的情境,从中发现并提出要探究的问题。

案例13:同学们,上课前,老师先给大家讲个故事《北极惊魂》。一支探险队正在北极的科考中,大家有说有笑。突然,冰层断了,大家来不及有任何反应,纷纷掉进了冰冷的海水中。等爬上来才发现,行李全都沉入了海底,随身携带的物品都湿了,天寒地冻,没有东西可以取火。大家相互围坐,相互取暖。可随着时间的推移,大家感到死亡的恐惧,这时候一个聪明的探险队员,利用所学的物理知识,找了一块大小合适的冰,用体温慢慢把它磨成了一个特殊的形状,然后把这块特殊形状的冰正对着太阳,调整到了一个合适的位置,利用太阳的能量获取了火种。这个探险队员将冰磨成了怎样的形状? 又将它放到了一个怎样的位置? 居然可以利用通过冰块的太阳光,来获取火种呢? 今天我们来学习透镜的内容之后,相信大家就会明白其中的道理。关于透镜,同学们都知道些什么?

评价:由于初中生的年龄特点,他们对一些寓意深刻的名人轶事、新奇神秘的物理故事、科学家小传以及与教材有关的传说、成语及自编故事都非常感兴趣。因此教师可以适当地结合一些故事创设问题情境,这样便于激发学生的学习积极性,让学生在短时间内快速集中注意力。

借助惊奇的历史故事让学生在"心理安全"和"心理自由"的条件下,获得最优的表现与发展。

创设情境是建构主义理论的四大要素之一,课堂教学中创设适宜的物理情境不仅可以激发学生的学习动机,还可以加深学生对知识的理解和建构。本节结合课堂教学中的案例说明了情境创设与问题有效性的意义,分析了情境创设与问题有效性的四种形式,希望对大家在

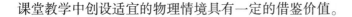

课堂教学中创设适宜的物理情境具有一定的借鉴价值。

小　结

　　教学设计是课堂教学质量的保障,多样化的教学设计使课堂变得五彩缤纷:立足于发展学生核心素养的顶层设计,着眼于实践层面的立德树人案例设计,围绕教师专业成长的高质量物理说课设计,践行"生本"教学改革的高效性导学案的设计,现代化微视频导学设计,内涵式教与学方式设计,塑造生态化创新型课堂,发展学生核心素养,深入研究"情境—问题"的整合设计。

思　考　题

　　1. 自行设计一节"情境问题引领,学生主体参与"的教学设计。

　　2. 自主设计系列微视频导学案例,尽量体现时代性、思想性、价值性、生活性。

　　3. 结合立德树人理念,设计单元教学的说课。

　　4. 情境与问题是教学设计的重要维度之一,请你设计"内能"这节课的情境与问题。

本章推荐参考文献

　　[1]　郭玉英.中学物理教学设计[M].北京:高等教育出版社,2016.

　　[2]　郑金洲.说课的变革[M].北京:教育科学出版社,2007.

　　[3]　冯卫东,王亦晴.情境教学策略[M].北京:北京师范大学出版社,2010.

　　[4]　李寒梅.大中小学思政课一体化建设的课程逻辑与实践理路[J].课程·教材·教法,2021(3):55-61.

　　[5]　余宏亮.说课技能微课程设计的实施路径[J].课程·教材·教法,2014(11):28-32,22.

　　[6]　彭前程.物理学科核心素养的理解与践行——以人教版高中物理教材为例[J].物理教学,2020,42(2):6-12.

　　[7]　王艳德.论"微视频"在高中物理教学中的应用研究[J].物理教学,2016,38(6):22-26.

　　[8]　赵振宇.物理教学中"导学案"的设计及使用分析[J].物理教学,2016,38(8):11-12,19.

　　[9]　黄全安,郭洋.核心素养视阈下课程思政在高中物理教学中的融合探究[J].物理教学,2021,43(8):25-30.

［10］ 裴姗姗,袁勇.基于科学建模的物理概念教学设计与实践——以"电容器的电容"一节为例［J］.物理教师,2021,42(8):31-37.

［11］ 戴大勇.在课堂互动中培育核心素养的策略探讨——以"机械能守恒定律"教学设计为例［J］.物理教师,2021,42(10):13-16,19.

［12］ 凌瑞初.基于"导学案"设计的探索与实践［J］.物理教师,2012,33(5):13-15.

［13］ 葛元钟.从真实素材到真实情境:教学情境的设计策略［J］.物理教师,2021,42(4):40-43.

［14］ 尹庆丰."课程思政"融入高中物理课堂教学的设计［J］.物理教师,2020,41(6):69-72.

［15］ 姜玉梅.曹芝翎.生活情景创设物理课堂——以"光的折射"教学片段设计为例［J］.物理教师,2019,40(3):18-19.

［16］ 李健华.基于核心素养下的说课实践——以"力的分解"为例［J］.物理教师,2019,40(7):18-20,24.

［17］ 江耀基.实验为主线的高效物理课堂教学设计［J］.物理教师,2017(9):39-41.

［18］ 孔大海.呈现真实情景,落实复习课中物理核心素养的设计［J］.物理教师,2020,41(5):32-36.

［19］ 薛钰康.运用知识图谱指向核心素养的物理复习课教学设计——以初中物理力学综合复习教学为例［J］.物理教师,2020,41(2):41-43.

［20］ 赵学昌.把核心素养内化于课堂设计［J］.教育理论与实践,2016,36(32):51-53.

第三章　初中物理高质量课堂构建

"行是知之始,知是行之成。"课堂是展示教学设计的"主战地",教学主线设计就成了教学设计的主体工程,决定着教学目标能否达成,通过"知识主线""活动主线""学史主线""方法主线"等几种教学主线的设计与比较,熟悉中学物理常见的几种教学主线设计的思路与方法,为有效课堂教学提供借鉴。通过创新实验的变通性、求异性、针对性、改进性、廉价性等,掌握创新实验的思路与方法,借鉴创新实验的策略与技巧持续聚焦"生本",实现线上、线下混合式教学的有效化。目的在于以"知行合一"的真知灼见,着力建构"生本化—生态化"课堂。

第一节　学生为本教学主线之发展课堂

教学主线是衡量课堂教学的思路是否清晰、条理是否清楚的重要标志。恰当、科学的教学主线能给人以赏心悦目、耳目一新的感觉,能够起到激发探究、启迪思维的效果。可见,教学主线设计是教学设计的主体工程,决定着教学目标能否达成。因此,掌握教学主线设计方法,选择和设计恰当的教学主线,不仅对提升课堂教学质量进而促进学生发展有重要的现实意义,而且对教师专业发展有重要作用。中学物理教学主线设计有哪些类型,其设计策略如何,是一线教师最为关注的问题。笔者通过几个案例来介绍几种常见教学主线的设计方法,并通过比较分析各自优劣,以便打开中学物理教师的思路,并为其教学主线设计提供参考借鉴,以实现学生为本教学主线的发展课堂。

传统的教学主线主要有三种,即显性知识主线、隐性认知主线和方法主线。面对不同的教师风格,不同的教学对象,不同的教学环境,不同的教学内容,要灵活选取不同的教学主线。现代教学理论反对设计单一、僵化的教学主线,倡导多种教学主线共存,体现独特、新颖、开放的教学思想。依据现代教学思想,基于初中学生的认知特点和学习兴趣,通过对以知识、活动、物理学史、方法等为主线的四种案例的分析,总结了其各自特点及其优缺点,以便扬长避短。

一、以知识为主线的设计

案例1:摩擦力

教学主线设计如图3-1.1所示。

评析:以知识为主线的教学设计,可以"晓之以理",让学生举一反三、循序渐进(严谨性)地接纳新知识。这种设计思路由来已久,因其易于调控而被多数教师所采纳,其特点是凸显了知识的重要性,结构严谨,条理清晰,省时高效,有利于学生认知结构的形成,有利于提升考试分数,但却剥夺了学生的亲身体验,禁锢了学生的思维,不利于激发学生的学习兴趣和发展学生的核心素养。以知识为主线的设计,适合于以构建知识为主,探究内容较少且具有认知,观察、体验频繁交替的随堂实验新授课。

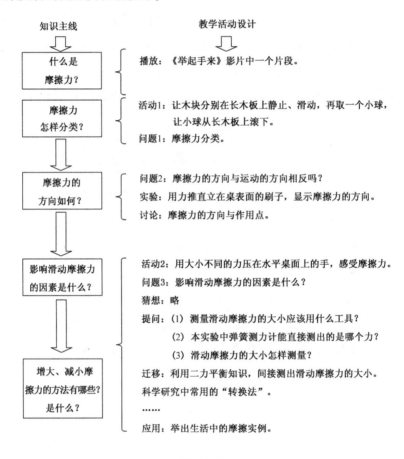

图 3-1.1

二、以物理学史为主线的设计

案例2:温度

教学主线设计如图 3-1.2 所示。

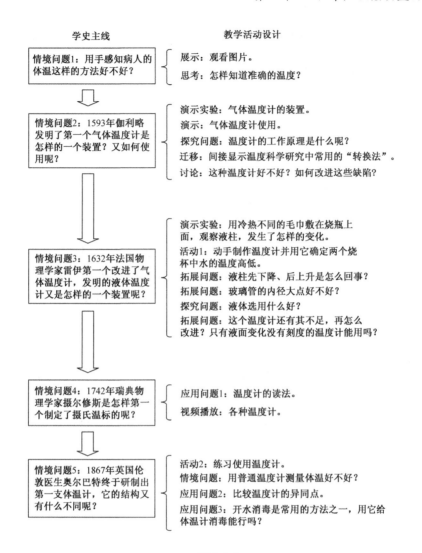

学史主线　　　　　　　教学活动设计

情境问题1：用手感知病人的体温这样的方法好不好？
　展示：观看图片。
　思考：怎样知道准确的温度？

情境问题2：1593年伽利略发明了第一个气体温度计是怎样的一个装置？又如何使用呢？
　演示实验：气体温度计的装置。
　演示：气体温度计使用。
　探究问题：温度计的工作原理是什么呢？
　迁移：间接显示温度科学研究中常用的"转换法"。
　讨论：这种温度计好不好？如何改进这些缺陷？

情境问题3：1632年法国物理学家雷伊第一个改进了气体温度计，发明的液体温度计又是怎样的一个装置呢？
　演示实验：用冷热不同的毛巾敷在烧瓶上面，观察液柱，发生了怎样的变化。
　活动1：动手制作温度计并用它确定两个烧杯中水的温度高低。
　拓展问题：液柱先下降、后上升是怎么回事？
　拓展问题：玻璃管的内径大点好不好？
　探究问题：液体选用什么好？
　拓展问题：这个温度计还有其不足，再怎么改进？只有液面变化没有刻度的温度计能用吗？

情境问题4：1742年瑞典物理学家摄尔修斯是怎样第一个制定了摄氏温标的呢？
　应用问题1：温度计的读法。
　视频播放：各种温度计。

情境问题5：1867年英国伦敦医生奥尔巴特终于研制出第一支体温计，它的结构又有什么不同呢？
　活动2：练习使用温度计。
　情境问题：用普通温度计测量体温好不好？
　应用问题2：比较温度计的异同点。
　应用问题3：开水消毒是常用的方法之一，用它给体温计消毒能行吗？

图 3-1.2

评析：以物理学史为主线的教学设计，可以"动之以情"，让学生置身于历史的长河中，"体验""感悟"（艺术性）物理学家不畏艰难、勇于解决问题的科学精神，通过喜闻乐见的历史情节，使学生了解科学发展史每一次思维与情感的交融，进而学会想象，开阔眼界。显然，该种教学主线较知识主线有很大的改进，整个设计将知识线归隐于历史事件中，不仅有利于学生的知识构建和方法掌握，而且有利于学生的情感体验。其不足之处在于学生的动手能力和开放性思维依旧得不到较好的发展与提升。以物理学史为主线的设计，适合于探究内容较少且具有教材内容、具有物理学史情节的，认识型、观察型、体验型的新授课。

三、以活动为主线的设计

案例3:串并联电路

教学主线设计如图3-1.3所示。

活动主线　　　　　　　　　教学活动设计

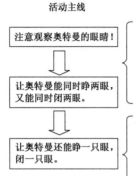

情境问题1:只用一个开关,使两个小灯泡能同时发光,又能同时熄灭。

学生活动1:两个电路中,两个小灯泡的连接方式有什么不同?

应用问题1:马路旁边的路灯,灯与灯之间是怎样连接的呢?

学生活动2:使两个小灯泡能分别单独发光,选择串联电路,还是并联电路?

学生活动3:准备使用几个开关?分别连接在哪里?它们的控制作用是什么?

学生活动4:干路开关和支路开关对小灯泡的控制作用有什么不同?

应用问题2:电灯和电脑是怎样连接的?你能说出开关的控制作用吗?你知道家庭电路中干路开关安装在哪里吗?

图 3-1.3

评析:以探究性活动为主线的教学设计,可以让学生通过实验设计、动手操作等活动"探究"(操作性)物理现象及其规律,教师着重于"导之以行"。立足于学生兴趣、乐趣、志趣和动手实践能力培养,丰富了学生的知识视野,有利于学生的发展和思维的转变。虽然呈现的知识不系统,学生在知识考试中也不占优势,但综合能力得到了提升,情感得到了陶冶。以活动为主线的设计,适合于以发展学生能力、探究体验为主或验证型的分组实验新授课。

四、以方法为主线的设计

案例4:等效替代法

教学主线设计如图3-1.4所示。

评析:以方法为教学主线的教学设计,教师在教学中"传之以神",通过"画龙点睛",引领学生"合作交流"(交往性),体会现象本质,领悟物理学研究方法。立足于合作学习,转变学习方式,分享学习成果,在方法上得到点拨,有利于学生长远的发展,这类主线设计对教师提出了更高的要求,知识跨度大,课堂调控难以把握。以方法为主线的设计有利于知识建构和方法掌握,适用于高屋建瓴的复习课或专题课。

综上所述,教学主线设计形式灵活多样,每种教学主线都有其优缺点,教师只有立足于课堂教学,以学生为中心,着眼于学生长远发展,不断追问教学设计的合理性、有效性,才能真正

提高学生能力,提高教师专业化水平。

方法主线　　　　　　　　　　　　　教学活动设计

方法1：测量密度的方法有什么？直接法：密度计，间接法：$\rho=m/V$,不适合测量血液的密度。

活动1：利用所给的器材测量血液的密度(悬浮法：$\rho_{血}=\rho_{硫酸铜}$)。

方法2：什么是等效的？如何进行替代？

活动2：利用所给的器材测量液体的密度。

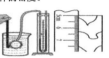

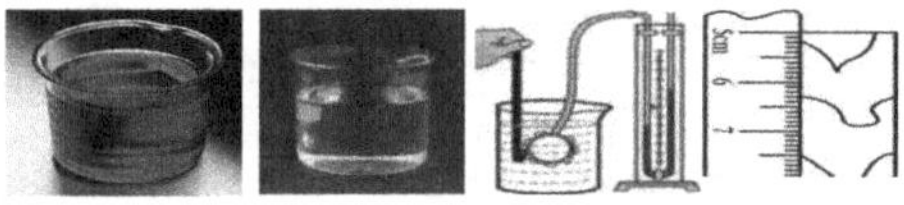

等效替代法：等效是指不同的物理现象、模型、过程等在物理意义、作用效果或物理规律方面是相同的。它们之间可以相互替代，而保证结论不变。

实验小结1：这里的等效是指__相同，此时我们可以用_____等效替代_____。

拓展1：用蜡烛来替代平面镜所成的虚像。

拓展2：同学们能否用实验的方法测量电阻R_1和R_2的并联阻值是多少？

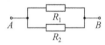

实验小结2：这里的等效是指__相同，我们可以用____等效替代_____。

拓展：用合力替代各个分力，力替代液体对物体的各个方向的压力，物体的重心等应用了等效替代法吗？

拓展3：公安人员侦破案件时，观测犯罪嫌疑人的脚印。

拓展4："曹冲称象"中，曹冲是如何称出大象质量的？

活动3：校医务室有一台测体重的台秤，一只排球，一张白纸，一盆清水。请设计一个实验方法，粗略测出排球击打地面时对地的冲击力。

图 3-1.4

第二节　实验创新深度思考之高效课堂

同课异构是指同一课程同一教学内容由于教师教学风格习惯、授课环境条件等不同所导致的课堂进程结构、师生活动空间、授课方式效果等方面存在差异的课堂教学活动。

笔者观察了大量的初中物理教学同课异构课例,从中梳理总结出实验教学的若干创新点。那么,实验教学该如何创新? 应新在哪里?

"新"要耳目一新、与众不同,让学生欲罢不能,起到激励学生奇思妙想之功效;"新"要推陈出新、有针对性,利用创新实验创设情景,突出重点,突破难点;"新"要立异标新、有拓展性,创新实验要能调动学生积极性,引发学生思考,培养学生创新意识、创新能力、创新态度和创新精神,并能正确地应用实验得出的规律解决问题。

笔者结合大量课例探究出几种创新实验的方法和途径:实验的变通性,实验的求异性,实验的针对性,实验的改进性,实验的廉价性,以此来实现实验创新、深度思考的高效课堂。下面将结合实例逐一作出阐释。

一、实验的变通性是创新之本

案例1:"流速与压强"一课

实验情境1:请看小实验(见图3-2.1),我们用嘴吹漏斗里的乒乓球,猜! 会把乒乓球吹出去吗? 再用力去吹,变着方向去吹,咦,怎么没有吹掉呢?

实验情境2:请看小实验(见图3-2.2),我们用嘴吹圆珠笔杆下端,看着上端出气口的乒乓球,会脱落吗? 咦,怎么没有吹掉,球还在正上方旋转呢?

实验情境3:用橡胶管将上下两个漏斗连起来(见图3-2.3),当我们把吹风机的开关闭合,下端漏斗里的乒乓球会怎样呢? 咦,怎么没掉下来?

 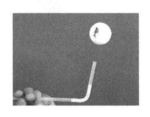 

图 3-2.1　　　　　　图 3-2.2　　　　　　图 3-2.3

实验情境4:用橡胶管将上下两个漏斗连起来(见图3-2.4),在上边的漏斗里灌水,下端漏斗里的乒乓球会冲下来吗? 管中的水产生的液体压强怎么没有把乒乓球冲下来呢?

实验情境5：我们沿着纸杯上方用力吹气（见图3-2.5），会看到什么呢？呀！乒乓球从纸杯中一跃而起，跳到最后一个纸杯了。

实验情境6：把一根塑料管子置于桌面上（见图3-2.6），且在管子底部放一乒乓球，用嘴在管子上口用力一吹，呀！乒乓球居然从管子里跳出来了，是什么力使得乒乓球向上"跳"起来呢？

图3-2.4　　　　　　图3-2.5　　　　　　图3-2.6

通过比较以上几种实验方案，可以看到实验创新在于变通，变通实验器材、变通操作方式等。这些实验极大地引发了教师和学生探求真知的欲望，给师生留下越变越新、越变越奇的感觉。教师应当发挥个人聪明才智，汲取集体智慧的力量源泉，不断地反思、改进、搜集素材，关注人与人之间的思想融合。实验的变通性能促进教师专业成长，激发教师教学热情，让教师能研究、会研究、愿意研究，并能自觉参与，积极实践，解决教学实际问题。

二、实验的求异性是创新之魂

案例2："流速与压强"一课

实验情境1：将两端开口的软管一端靠近碎纸屑（见图3-2.7），另一端用手摇转软管，我们会看到什么呢？

实验情境2：将软管一端靠近两块薄木板（见图3-2.8），软管另一端接抽气机，我们会看到软管口竟然依次、先后吸起了两块薄木板，这是为什么呢？

案例3："眼睛和眼镜"一课

眼睛这个神奇的凸透镜是如何将远处和近处的物体看清楚的呢？它是怎样实现调节的呢？

实验情境1：用图3-2.9装置通过更换不同的透镜来显示近、远视眼的形成和矫正。

实验情境2：用图3-2.10装置通过调节水透镜的水的多少，通过调节透镜的厚度（折射的强弱）来显示近、远视眼的形成和矫正。

  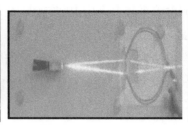 

图 3-2.7   图 3-2.8   图 3-2.9   图 3-2.10

物理实验教学大都停留在"做教材实验"的层面上,缺乏自制教具和实验创新意识,实验教学变成了应试教学。以上四则情境实验,以课本为基础,大胆创新,标新立异,在"求异"的过程中,发展了学生的思维,促进了学生的创新意识。

如果我们针对这些概念与规律,开发设计一些基于教材的、脱离陈旧俗套的实验,让人感到神秘的"新"与"异"的实验,极易唤起学生的直接兴趣,而且也极易突破认知难点。

三、实验的针对性是创新之重

案例4:"摩擦力"一课

摩擦力方向是学生学习的难点之一,如何突破这一难点呢?

实验情境1:擦黑板时,摩擦力的方向如何呢?毛刷受到黑板摩擦力的方向与刷子运动方向有什么关系?(见图3-2.11)

实验情境2:做"筷子提米"实验。把一根筷子插入装满米的杯子中,竟能将杯子和米提起来。想一想这是为什么呢?说明了摩擦力的方向是向哪个方向的呢?

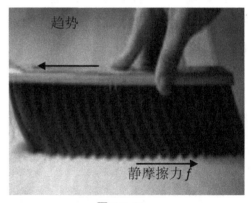

图 3-2.11

实验情境3:水平传送带上的米袋受到摩擦力的方向如何?

物理难学难教主要原因之一就是学科的抽象性。如何突出重点,怎样突破难点,如何破解难以理解的物理现象,最有效的办法是用实验显性展示。但不同学生认知的障碍点有所不同,单靠教材提供的实验就会众口难调,不便于全体学生透彻理解,这就要求教师深入了解、分析学生实际,对实验内容进行深入研究、准确判断,有针对性地设计实验。

上述实验设计能够准确破解、显示摩擦力的方向。开发这些有针对性的实验,有助于突破教材的难点,扫除学生的认知障碍。

四、实验的改进性是创新之道

案例5:"摩擦力"一课

摩擦力测定是探究实验的重点和难点之一,在操作时由于很难使其匀速直线运动,所以导致测量示数不稳定,指针有跳动的现象发生,知其原因后,我们怎样改进这个实验,从而突破教材难点呢?

实验情境1:用弹簧测力计匀速拉动放在长木板上的小木块,观察并读其示数。

实验情境2:将弹簧测力计的一端用细线固定在竖直壁上,另一端用细线与小木块相连,匀速拉动小木块下的长木板,观察并读其示数。与上述实验1比较,体验实验方案的优劣。

实验情境3:把上述实验2装置中的弹簧测力计改装为数字感应器,拉动长木板,观察其图像并读其示数大小。与实验2比较,进一步体验实验方案的优劣。

教材中的实验大都非常优秀,但我们不能简单地采取"拿来主义",机械地给学生演示操作,而应当在进行实验的过程中发现问题并寻求解决途径,对实验设计不断改进,使之日趋完善。

改进实验时,要结合学生实际,因地制宜。对于实验探究,不必拘泥于教材,可以大胆创新。难以操作、误差较大的实验,可以从方案设计、操作程序角度加以改进。器材传统、陈旧老化、可见度小的实验,可以利用现代科学、数字技术的介入加以改进,努力促使实验效应最大化。

五、实验的低廉性是创新之旨

案例6:低成本实验器材走进课堂,产生奇效

实验情境1:"找重心"(见图3-2.12),一块形状不规则的薄木板,如何找到它的重心呢?仅用一条细线、一枚图钉、一根铅笔即可解决问题(物理"悬挂法"找出重力的作用点)。

实验情境2:"自制电动机"(见图3-2.13),如何利用一节电池的电能,让物体转动起来呢?仅用一节5号电池、一块圆磁铁、一根铜导线即可完成自制电动机的实验。

实验情境3:"物体的浮沉条件及应用"的新课引入环节,把乒乓球投入玻璃容器中,猜乒乓球会怎样?(学生说"上浮",实际却沉入桶底)。把第二枚乒乓球投入桶中,会怎样?(这次学生说"下沉"或"上浮"。实际却悬浮其中。学生总是猜错)……原来是教师在课前已将乒乓球做了手脚,内部注入了不同量的盐水。

设计实验过程中不仅要考虑学生的观察效果,还应该力求使实验仪器的结构简单,费用低廉。以上几组实验的自制教具结构简单,成本低廉,制作简单,做到了就地取材、因陋就简、

操作简单、保管方便。

图 3-2.12

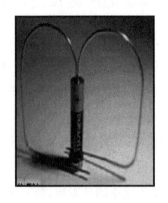

图 3-2.13

鼓励教师进行低成本实验的设计和开发,引导教师在开展物理实验教学时,要充分鼓励学生积极参与到实验过程中来,有意识地培养他们的探索能力和动手能力,鼓励他们运用自己所掌握的现有知识解决实验中面临的种种问题。

鼓励学生做好课外小实验、小制作,使之具有科学性、实用性、趣味性等特点,促进学生对教学内容的学习。

总之,作为一线教师,必须具备实验教学的创新意识,必须在合作中取长补短,变通一些实验使之"新颖";开发一些创新实验使之"奇特";研发针对性破解难点的一些实验使之"激疑";改进效果不明显的实验以及应用科学技术手段使之常"有效";挖掘成本低的实验使之"有趣"。

第三节　线上教学资源整合之有效课堂

"互联网+"打破了权威对知识的垄断,让教育从封闭走向开放。然而,互联网的"在线教育"彰显其时空优势的同时,也暴露了诸多缺陷。认真剖析这些缺陷并查找其产生的根源,以期扬长避短,践行"问题导向""翻转课堂""混合式教学"等多种学习方式,从而提高线上教育教学的有效性。这些多元化的教学为新时代的线上"教"与"学"带来了深刻变革。以下基于线上教学现状及存在的问题,提出了教学平台功能及遴选策略、教学资源的整合策略、教学课堂设计的策略、教学学习模式的策略及教学测评软件的策略,以实现混合教学整合资源的有效性课堂。

一、线上教学现状及存在的问题

"线上教学"优势显著,诸如信息广泛、资源丰富、获取方便、时空自由、传递便捷、交互性

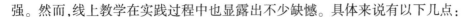

强。然而,线上教学在实践过程中也显露出不少缺憾。具体来说有以下几点:

(1)从技术层面看,相关软件功能不完善、网络信号未覆盖等导致的卡顿现象。

(2)从资源层面看,偏远地区教师资源匮乏,教学素材不丰富。

(3)从操作层面看,一些教师平台操作不熟练,手足无措,教学无序,从而弱化了教师对课堂的把控,"假学习""抄作业""传答案"的现象屡有发生。

(4)从方法层面看,线上授课的教学方法单一,照本宣科,某些教师甚至简单认为线上教学就是将线下教学机械地进行录播或是直播,导致线上教学没有完全达到教学目的。

(5)从情感层面看,师生情感交流缺失,没有肢体语言,缺乏同学间的良性竞争。

(6)从互动层面看,难以激发学生学习的动力,学生互动不及时,学情反馈滞后,在学习遇到困难时不能及时向教师反馈,教学效果大打折扣。

(7)从实验层面看,虚拟现实技术还不够完善,某些物理实验还无法完全模拟,教师仅通过播放实验教学视频的方式开展教学,甚至出现实验教学由讲授替代。

(8)从评价层面看,学生线上反馈不及时,课堂评价滞后。基于此,破解上述弊端,提高线上教学有效性是课题组迫在眉睫的重要任务。

二、线上教学平台功能及遴选策略

线上平台软件较多,了解、学习、比较各种软件使用过程中的优、缺点,遴选出适合教师线上使用的平台软件,哪些适合不同教师需求?哪些使用的效果较好?这就需要管理方提前调查。为此,笔者走访了解、阅览文献,将一些平台软件优缺点作一综合介绍(见表3-3.1和表3-3.2),便于一线教师使用时参考。

表3-3.1

项目	互动形式	优点	缺点
钉钉直播	聊天对话	直播、录播、回放方便快捷,实时共享屏幕,在线文档共享、语音、视频,主打直播功能(免费、收费均有)	没有资源,没有测评软件,无法及时获得学生的反馈。"连麦"时整个直播间嘈杂,出现画面卡顿
腾讯会议	聊天对话	直播、录播方便快捷,实时共享屏幕,在线文档共享、语音、视频,主打直播功能(免费、收费均有)	没有资源,没有测评软件,无法及时获得学生的反馈
腾讯课堂	留言	提供系统的各种优质课程视频资源,辅助上课平台,可以清楚地看到学生的学习情况(免费、收费均有)	一般不用作与学生的直播授课

不同的软件具有不同的特点、不同的优势,也有自身的缺点。深层次地了解软件的优势和缺陷,熟悉操作的流程,针对不同的群体、学习环境,结合实际需求如"互动和监控""资源匮

乏""自动测评"等,遴选不同的软件平台,针对性解决问题,提高线上学习的有效性。

表 3-3.2

项目	互动形式	测评环节	优点	缺点
雨课堂	聊天对话。分发试题,统计学情,随机选人,限时答题,弹幕互动	有随堂测验。主客观题、投票题,拍照上传、语音回复,满足不同作业需求。测评试卷需要教师编制发送给学生	1. 可以直播,可以录播; 2. 教学视频资源可嵌入在 PPT 里(六个月免费); 3. 课前(灵活的课前学习,丰富的教学资源轻松插入幻灯片,随时随地推送到学生微信)、课中(弹幕、投稿、课堂红包、随机点名,大班教学也能人人都发言)、课后(完善的作业题型,主客观题、投票题,拍照上传、语音回复,满足不同作业需求),操作简单,功能比较贴近教学	有些资源收费,中小学不让学生长时间用手机,互动功能受限
互动在线教室(ClassIn)软件	聊天对话,举手功能。随机选人,抢答器,分组讨论,答题器,小黑板,分发试题。及时收到学生的反馈,还可以邀请学生"上台"交流,让全班学生都能看到"上台"学生的视频画面。学生还可以在交流区提出问题,然后大家共同交流、解决问题	有测评。测评试卷需要教师编制发送给学生	1. 可以直播、录播; 2. 个别课程资源系统,有化学实验、物理实验等,功能较多,比较全面(免费收费均有); 3. 播放流畅,功能丰富,互动较多,资源和直播比较好,全面,ClassIn 的贴心功能比较多也比较细化,在仅教学工具一项里就有 20 种小功能,例如,定时、计时、骰子、随机选人、抢答、物理实验、化学实验、答题器等实用性很强,在上课时方便教师。整体是其他软件有的小功能它有,别家没有的它也有。适用于线下和线上混合式教学场景,支持大屏触控黑板设备	有些资源收费,中小学不让学生长时间用手机,互动功能受限

三、线上教学资源的整合策略

丰富的教学资源是线上有效发挥自主学习的源泉保障。然而,各校的教学资源极不平衡,而且对优质资源的来源、资源的类型、资源的获取等并不清楚,因此,一些教师不管资源的优与劣,不管是否符合学生认知特点,直接"拿来主义",线上使用,甚至偏远的农村中学把自身的劣质教学资源灌输于学生。

教学资源有国家资源(如"一师一优课""教研网""国家中小学网络云平台")、区域资源(如"慕课""教育在线网络教学资源")、校本资源、教师独创资源等。这些资源需要教师结合学生的认知能力,结合自己的教学需求进行截取、合理加工、整合与设计,立足于学生的发展和核心素养的提升,遴选整合使用。

四、线上教学课堂设计的策略

线上教学基本采用"直播+资源包"和"录播+答疑"的形式。辅导教师全程参与线上教学,能够更好地进行线上答疑、互动反馈、评价,深入了解学生学习状况。

(一)优化问题设计,促进学生学习

问题的设计既"精"又"准",首先设置大问题、核心问题,在此基础上,设计出连续的情境与问题链。用问题驱动学生的思维,激活学生创新,调动学生学习的主观能动性,运用所学知识进行实证,形成学科必备的品格和素养。

(二)优化教学环节,做到有的放矢

课前制订学习目标,布置学习任务,上传预习资料,学生通过预习后再进入课堂,其思维、认知的深度和广度都有所提升。课中注重情境创设,激发学生的学习积极性,注重互动过程,设计适当的学生互动环节,凸显教学的实效性、生成性。提高主体学习的有效性;注重微课、视频、图片穿插,促进学生主体学习、个性化学习。提高学生的注意力,注重提问与解疑。课后通过作业、测试等检验学习效果。

五、线上教学学习模式的策略

单一方式的线上教学容易使学生产生视觉疲劳,因此,直播课堂要更好地采用启发式、探究式、体验式等混合式教学方式,以提高学生学习兴趣,提升线上教学的有效性。

(一)问题导向的学习方式

线上教学中应该发挥导学案的优势,通过导学案呈现给学生清晰的学习目标、学习任务

以及学习的重难点,进行课前设计,通过观看"直播"回放或将微课与教学目标、教学重难点相结合,发挥微课在课堂教学中的真正作用,启发学生在教师的指导下,自主学习、自主探究、自主创新,完成学案导学的自主学习。

(二)循环多反馈在线教学模式

为了保障学生充分的课堂参与,教师应该运用提问技巧,运用问题实现学生的主体参与,创设丰富多彩的教学情境,激活初中生的敏感性,让他们积极参与到情境中来,发挥自身的主观能动性,提高自我意识,展现自我提升能力,并在情境中与教师产生情感共鸣,实现情感的有效交流,从而提高学生的学习能力、思维能力。

(三)翻转课堂教学

翻转课堂教学是学生先自学,之后由教师组织交流讨论学习的一种教学新模式。开启翻转课堂的优势:一是教师退居幕后,留给学生更加宽广的舞台,让学生掌握学习的主动权,学生在自学的过程中,锻炼独立解决问题的能力,逐渐由被动接受知识者转变为主动获取知识的学习者;二是培养学生独立思考的习惯,学生可以通过自己的能力解决一些问题,在学生无法解决时,教师再有针对性地加以引导。

(四)混合式教学方式

混合式教学就是改变单一僵化的教学模式,按照需求将多种教学模式融为一体,各取所长,克其所短,将讨论式教学、启发式教学、探究式教学、参与式教学等多元化教学方式灵活地应用,提高学生主体学习的参与效果,使得在课前、课中和课后的教学环节得到优化,整体设计优化、丰富的教学资源使得教学效能得以提升。

六、线上教学测评软件的策略

线上教学由于平台不同、教师不同、学生不同,教学效果亦参差不齐。如何有效评价线上教学,让教师更灵活教学,学生更方便学习,就需要有相应的评价机制。线上教学的测评主要着眼以下几点:教学准备看教学平台是否流畅、互动软件使用是否合理以及考勤系统是否精准;教学过程看资源使用能否及时地穿插、调整、改进内容,问题导向、思维培养、参与程度能否提出自己的问题,增加教师和学生的交流,及时沟通得到反馈;教学结果看是否做到精准、有效,学生更容易接受、加工和内化教师所教授的知识;学习效率看是否能够合理应用测评系统,限时答题,随机抽查学生的学习,及时地了解每个学生的学习情况;智能作业批改看是否能够及时反馈学生学习的情况;考试系统看是否能够一键试题导入、试题管理、智能组卷、现场考务、完善的题库资源、人脸识别、数据保护、自动判卷、考核成绩导出、智能统计分析;考务后台看是否能够实时监控考生动态现场情况,再由系统进行大数据收集和分析;疑难辅导看是否能够及时利用平台,处理同学在课堂上遗留的问题等。由此提高教学质量。

信息技术的飞速发展给教育教学提供了一个新的机遇,使传统意义上的教学具有了突破时空限制的张力,但同时也对教育教学提出了更高的要求。在如今数字化新时代,从信息技术与物理教学融合的类型来看,可分为微信息技术学习(例如在线学习、混合学习、移动学习)、轻量级智慧教学(例如人工智能+教育、VR/AR+教育、5G 云直播+教育);从信息技术与物理课堂教学融合途径来看,可分为线上线下混合式课堂建设(例如空中课堂、智慧教室)、信息技术开展教学数据分析(例如适应性学习分析系统、大数据获取学生学习情况)、智能化构建全新学习环境(例如教学资源云共享平台、虚拟仿真模拟实验系统)。信息技术与物理课堂教学的融合为物理教学过程注入了新的活力,灵活多样的学习模式为学生学习抽象物理概念打下了坚实基础,物理学作为自然科学的带头学科,应紧跟时代步伐,寻找适合物理学科的信息技术课堂融合模式,不断提高物理课堂教学的情境创设技能。

第四节　基于习题活动方案之思维课堂

德国诺贝尔物理学奖获得者马克斯·冯·劳厄曾说过:"教育给予人们的无非是当一切已学过的东西都忘记后所剩下来的东西。"这所剩下的东西就是素养,它不是具体的物理概念和物理规律,也不是具体的物理学方法和技巧,而是植入学生骨髓的价值观、科学思维和科学精神。这些素养的形成,与具体学科的课堂教学有着千丝万缕的关系,所以若想脱离课堂教学培养学生的核心素养,势必会陷入"竹篮打水"的尴尬境地。基于此,笔者探索出应用"习题活动课程教学"培养学生物理学科思维的方法,现与同行分享,以供参考。

一、利用多解归一活动方案,实现知识与方法的融合

以往的活动课程教学,侧重于活动探索的"新"与"奇",强化碎片化知识的学习,甚至反复进行一些碎片化刷题的训练,因此难以形成物理观念。物理观念是学生对物理的基本认识,是物理概念和规律在头脑中的提炼和升华,是让学生把握知识的整体构架,并形成对事物的完整认识。因此这就要求物理教师必须从独特的视角高屋建瓴地对教材进行系统整合,并采取专题式或单元式复习的活动方式,同时通过思维导图来强化学习结果,以期实现知识的横向联系,帮助学生形成正确的物理观念,并以此解释自然现象和解决实际问题。

案例1:测量物质的密度(见图3-4.1)

案例1：测量物质的密度

(一)直接法测液体密度

活动1：利用密度计测量液体的密度。

活动2：利用所给的器材测量血液的密度(悬浮法：$\rho_{血}=\rho_{硫酸铜}$)

拓展1：直接测定液体密度的装置：100 mL的烧杯、弹簧秤、细线、水、待测液体。利用所给的器材测量液体的密度。

(二)间接法测液体密度

拓展2：利用所给的器材(筷子、铅丝、刻度尺)自制密度计测量液体的密度。

活动3：利用天平、玻璃瓶、水测量液体密度。

活动4：利用天平、量筒、烧杯测量液体密度。

【问题Ⅰ】：怎样测量能够减小误差？

拓展3：利用两端开口的玻璃管、刻度尺、质量不计的塑料片测量液体密度。

【问题Ⅱ】：这种测量方法的原理是什么？

活动5：利用U形管、水、刻度尺测量液体密度。

【问题Ⅲ】：这种测量方法的局限是什么？

拓展4：利用弹簧秤、烧瓶、已知密度的岩石测定液体密度。

拓展5：利用天平、烧瓶、已知密度的岩石测定液体密度。

拓展6：利用杠杆原理测液体密度。利用刻度尺和已知密度的岩石测定液体密度。

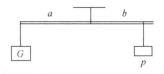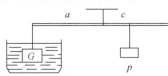

【问题Ⅳ】：上述测量方法的原理是什么？用到哪些知识？各自的优缺点是什么？

【问题Ⅴ】：间接法测量固体密度的方法有哪些呢？原理是什么？用到哪些知识？各自的优缺点是什么？

(三)间接法测定固体密度

拓展7：利用天平、水、玻璃瓶测金属颗粒的密度。

拓展8：利用天平、量筒、水、细铁丝测蜡块的密度。

拓展9：利用两个量筒、水、一根细铁丝测蜡块的密度。

拓展10：利用量筒、水、玻璃杯测金属球的密度。

拓展11：利用两个烧杯、水、一根细铁丝和细长橡皮滴管测蜡块密度。

拓展12：你能设计几种实验方案测出小石块或盐水（自配）的密度？

细线　溢水杯　小桶　弹簧测力计　足够的水　食盐　小石块

图 3-4.1

问题1：测量密度的方法有哪些？直接法：密度计，间接法：$r=m/V$

⬇

方法1：直接法测密度

问题2：直接法不适合测量血液的密度，应采用什么方法？

⬇

方法2：间接法测密度有几种形式？

问题3：测量固体密度的方法有哪些呢？其原理是什么？

评析：密度是初中物理教学的重点和难点，融合了“物质”与“相互作用”两个物理观念，综合性极强，因此学生很难从整体上对其进行把握，而且初中生虽然对密度的测量有了一定的认识，但仍不能形成纵横交错的知识体系。因此要让学生依据不同物理原理，设计多种实验方案进行探究，并在综合地带和边缘地带进行知识综合，最终以此帮助学生构建起知识间的相互联系，同时体验并感悟测量液体密度的不同方法，进而拓展延伸到固体密度的测量。这种以认知建构的手段进行重组问题、重组内容的方式，不仅能从方法上让课堂知识得到拓展，还能从整体上促进“物质”与“相互作用”观念的形成。然后再将不同的实验原理和方案以思维导图的形式进行展示，以刺激学生的感官，从而使知识间的联系更为有效。这种主题式的教学，可以激活学生的思维，也有利于物理观念的形成。

二、利用一题多变活动方案，实现思维与技能的创新

如何培养学生的创新能力和创新思维是摆在一线教师面前的严峻问题，它要求教师既能归纳综合，又能演绎分析，即运用科学探究的聚合性思维、发散性思维对感性认识材料进行加工处理，以此建构知识体系。一题多变是进行思维创新与减负增效的有效措施，下面通过一个案例来探讨如何利用一题多变的活动方案，实现思维与技能的创新。

案例 2：伏安法测电阻

问题：请设计伏安法测电阻的电路图（见图 3-4.2），并说出其原理。

问题迁移 1：在伏安法测电阻的基础上，假如用另外一个电压表取代电流表，你能设计出几种电路并说明其原理（见图 3-4.3）。

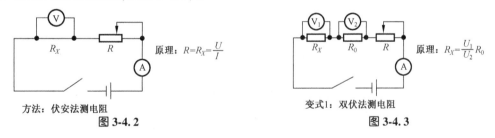

V
R_X
R
A
原理：$R=R_X=\frac{U}{I}$

方法：伏安法测电阻

图 3-4.2

V_1
V_2
R_X
R_0
R
A
原理：$R_X=\frac{U_1}{U_2}R_0$

变式1：双伏法测电阻

图 3-4.3

问题迁移 2：在伏安法测电阻的基础上，假如用另外一个电流表取代电压表，你能设计出几种电路并说明其原理（见图 3-4.4、图 3-4.5）。

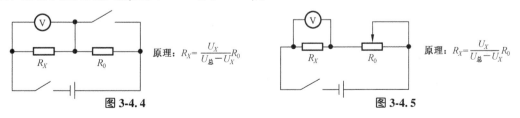

V
R_X
R_0
原理：$R_X=\frac{U_X}{U_{总}-U_X}R_0$

图 3-4.4

V
R_X
R_0
原理：$R_X=\frac{U_X}{U_{总}-U_X}R_0$

图 3-4.5

问题迁移3:在伏安法测电阻的基础上,假如去掉一个电流表,增加一个开关或滑动变阻器,你能设计出几种电路并说出其原理(见图3-4.6、图3-4.7)。

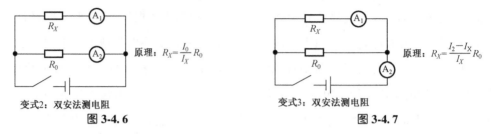

变式2:双安法测电阻　　　　　　　变式3:双安法测电阻
图3-4.6　　　　　　　　　　　　　图3-4.7

问题迁移4:在伏安法测电阻的基础上,假如去掉一个电压表,增加一个开关,你能设计几种电路并说出其原理(见图3-4.8、图3-4.9、图3-4.10)。

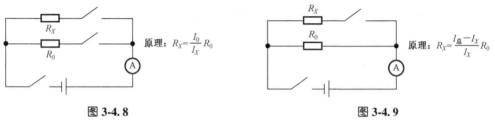

图3-4.8　　　　　　　　　　　　　图3-4.9

评析:一题多变是实现思维与技能创新的捷径,也是减轻学生负担的方法。为此,在物理教学过程中,要变换条件并启发诱导学生不断挖掘、总结相应的知识变式。同时还要注意运用科学方法和思维,

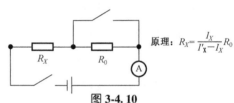

图3-4.10

创设真实、有趣的问题情境,以此剖析问题、简化问题、建立物理模型,最终运用适当的方法解决问题。这就要求教师必须养成勤于思考、勤于探究的习惯,并能够将研究的成果运用到课堂教学活动之中,以此引导学生养成科学的思维和习惯。

三、利用一法多用的活动方案,实现探究与应用的提升

初中物理教学并非向学生灌输知识,而是引导学生体验科学探究的过程,领悟进行科学探究的方法,培养学生进行科学探究的能力。科学探究作为物理教学中的一种重要形式,其目的是建立物理概念,掌握物理规律,并由此最终解决生产、生活中的实际物理问题。而作为物理教师只有具备扎实的专业知识,熟练研究教学方法、物理方法和解题方法,才能深入浅出地讲解、信手拈来地指导学生的学习活动。

评析:通过主题式的一法多用的活动方案,不仅能更好地激发学生的好奇心和求知欲,促进学生积极主动地与他人合作,还能使学生进一步理解科学、技术、社会、环境的关系,进而使

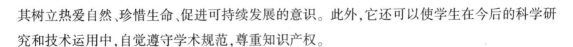

其树立热爱自然、珍惜生命、促进可持续发展的意识。此外,它还可以使学生在今后的科学研究和技术运用中,自觉遵守学术规范,尊重知识产权。

四、利用一题多解的活动方案,实现思维与规律的变通

一般来说,纯化的、理想化的物理问题学生比较容易解决,真实情境下的物理问题学生感到无从下手,因此难以靠自身解决。这是因为学生在解决理想化的物理问题时,不需要去伪存真,只需要简单地应用物理公式就可解决,这只属于记忆层次。而在解决真实情境下的物理问题时,则需要分析复杂情境中的主要因素,这属于综合运用层次。基于此,我们在课堂上应该注重一题多解,并通过引导和启发突破学生心理的防线,以此巩固学生所学知识和方法,训练学生思维的灵活性和发散性。

案例3:额定功率为2 W的小灯泡与一个阻值为4 Ω的电阻串联后,接在6 V的直流电源上,恰能正常发光,请问你能从哪些角度构造方程,求小灯泡电阻和额定电压的可能值,并讨论哪组值更好。

解:设小灯泡的额定电压为U_L。

方法一:从串联电路的电流相等的物理规律出发构建方程如下:

$$2/U_L = (6-U_L)/4$$

方法二:从串联电路的总电压等于各导体两端电压之和的物理规律出发构建方程如下:

$$6 = U_L + \frac{2}{U_L} \times 4$$

方法三:从串联电路中总电阻等于各分电阻之和的物理规律出发构建方程如下:

$$\frac{U_L^2}{2} + 4 = \frac{6}{2/U_L}$$

方法四:从串联电路的电功率规律出发构建方程如下:

$$6 \times \frac{2}{U_L} = 2 + \left(\frac{2}{U_L}\right)^2 \times 4$$

方法五:从小灯泡的功率公式出发构建方程如下:

$$2 = U_L \left(\frac{6-U_L}{4}\right)$$

解以上方程可得,$U_L = 4$ V或$U_L = 2$ V,显然当U_L取4 V时,电阻消耗的电能较少,故此值较好,而此时小灯泡的电阻值为8 Ω。

评析:一题多解是激活学生思维、开阔学生视野、使学生自主探索物理规律、减轻学生学

习负担的重要举措,同时也是一线教师必备的专业素养。因此需要我们加强该方法的学习,以此提高我们的教学质量。

落实核心素养,一方面要遵循知识内在的逻辑规律进行有效的学习,以此构建起知识体系和能力体系。另一方面还要遵循学习者的认知规律,贯彻"从生活走向物理,从物理走向社会"的基本理念,以此帮助学生在学习和实践中形成良好的品质和健全人格,进而让学习者真正形成适应终身发展和社会发展的必备品格和关键能力。

第五节　基于实际问题解决之真实课堂

笔者在观摩活动中发现实验探究课存在很多不尽如人意的地方:从设计层面来看,多数没有情境创设,仅仅停留在教材层面上,不利于学生进行系统性的知识构建,埋没了学生设疑、释疑和质疑意识;从操作层面来看,停留在仅仅是教师讲实验、学生重复验证实验的低效层面,忽视了学生科学探究的主体性和主动性,阻滞了学生的创新能力和动手能力拓展与延伸,课堂效果不容乐观;从评价层面来看,对相关知识点的考查比重过多,而对学生综合实验能力(包括根据现象提出问题,进行科学猜想,制订实验计划,实验操作能力等)的考查及引导关注不够;实验报告的形式比较单一,没有将学生的积极性充分调动到实验后的数据处理和实验反思步骤中来。

新课程倡导"以生为本,以学促教",因此,以情境创设为依托,以问题解决为切入点,以活动形式为主线的探究式课堂教学不失为有效的学习形式。下面将以"凸透镜成像规律"说课为例,谈一下具体操作内容。

一、教材分析

教材内容:本节课共有 7 个探究实验,即凸透镜成像的特点,实验器材的组装,凸透镜成放大的虚像、放大的实像、缩小的实像的条件,2 个特殊点以及物距变化引起像距变化的规律。

教材地位和作用:探究凸透镜成像是本章的核心也是科学探究的初始端倪,是"透镜"知识的延伸和升华,同时又是学习"照相机与眼睛""望远镜与显微镜"的理论基础,体现了课标"从生活走向物理,从物理走向社会"的思想,在教材中起着承上启下的重要作用。

学生分析:

1. 学生的认识特点:学生对透镜成像以及对光线的作用有了一定的认识基础,但对凸透镜成像规律还不清楚,他们也非常渴望知道这些物理知识。

2. 思维方式上的特点 :初中生的思维开始逐步以抽象逻辑思维为主导方式,但有时形象思维中片面性和表面性依然起着重要的作用。

3. 学生生理、心理特点:初中学生不仅对直接操作的物理现象感兴趣,对间接概括的认识更感兴趣,学生的学习态度、学习兴趣、情感体验、价值观和人生观都处于发展的完善期。

重点:探究凸透镜成像规律。

难点:初步了解科学探究的方法。

二、教学目标

知识目标与技能:

1. 能在探究实践中,初步获得提出问题的能力;

2. 通过探究活动,体验科学探究的全过程和方法。

过程与方法:

1. 理解凸透镜的成像规律;

2. 知道凸透镜所成像的虚实、倒正、大小与发光体位置的关系;

3. 学习从物理现象中归纳科学规律的方法。

情感态度与价值观:

1. 具有对科学的求知欲,乐于探索自然现象和日常生活中的物理学道理,勇于探究日常用品中的物理学原理;

2. 乐于参与观察、实验、制作等科学实践。

教具与媒体:多媒体、教师和学生用光具座、凸透镜、蜡烛、光屏、火柴。

三、教学过程

(一)创设情境,引入新课

请同学们观看老师自制的照相机,它的镜头就是我们熟悉的凸透镜。我们观察一下它所成的像有什么特点。它成像的规律是什么呢?

图 3-5.1

这就是本节课我们要探究的问题(板书课题)。

设计依据:学源于思,思源于疑。在新课引入环节,利用生活中的物品,展示照相机所成的倒立的实像的特点,拉近了与学生的距离。刺激学生的感官,使学生产生强烈的求知欲和好奇心,极大地调动了学生学习的积极性,从而提出问题:凸透镜所成的倒立缩小的实像与什么有关呢?

（二）进入新课，科学探究

活动 1：利用口径较大的凸透镜、光屏来承接 F 形光源所成的像。

设计依据：在新课学习的第一个活动中，把实验教学与探究能力的培养有机融合，将科学方法贯穿于优化课堂实验教学的始终，在教师引导下，利用口径较大的凸透镜、光屏，引导学生寻找 F 形光源成像之规律，强调凸透镜颠倒时成像

图 3-5.2

的特点，即 F 形的光源所成的像为图 3-5.2 中的哪一个？体验探究 F 形光源可以成大小不同的实像的过程，激发学生内在的学习动力。并在此过程中介绍物距和像距以及"像"的概念，为探究透镜成像规律奠定认识基础，铺垫相应的操作方法。在这个活动中采用了"引导—探究""参与—活动"的教学方式。

活动 2：组装实验装置。

教师介绍实验器材：F 形光源、焦距为 10 cm 的凸透镜、光屏，并将它们依次插入光具座上。

问题：请同学们观看，老师在实验中光屏中的像没能呈现在光屏的中央，怎样调整呢？

（进一步介绍物距 u 和像距 v，以及刻度尺的用处）

设计依据：在新课学习的第二个活动中，将信息技术直观性与虚拟实验模仿融合，安排如图 3-5.3 所示的小实验，其目的是强化凸透镜成像的特点，不仅有利于培养学生的推理和操作能力，更重要的是强化了探究的组装的方法。

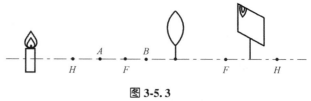

图 3-5.3

活动 3：怎样利用装置找一张与照相机一样的缩小的像？（探究凸透镜成缩小的实像）

设计依据：在新课学习的第三个活动中，即探究凸透镜成缩小的实像，让学生"做中学""学中悟"，将信

图 3-5.4

息技术直观性与虚拟实验模仿融合。保持凸透镜的位置不动，移动 F 形光源和调节光屏位置，找到最清晰的像，让学生观察、比较像与物的大小，感受实像的存在，获得初步的感性认识；在此基础上提出缩小实像与什么有关，提出各种猜想，说出猜想的依据；接下来让学生动手实验、交流实验，并进一步总结物距、像距与焦距的数据关系；让学生了解这种成像在照相机和摄像机等方面的应用。

活动4:用照相机如何拍摄成图3-5.5、图3-5.6的效果?

图3-5.5　　　　　　　　　　　　　　　　图3-5.6

设计依据:学以致用,联系实际是物理学的归宿。为此,在新课学习的第四个活动中,我将信息技术回放性与虚拟实验模仿融合,再次提出:把F形光源远离凸透镜时,像又在如何变化呢? 实时总结成像时变化的规律——"物远像近像变小或物近像远像变大"。在这个环节中采用了"引导—探究""参与—活动"的教学方式。

活动5:怎样利用装置找到一张与放映机一样的放大的像(见图3-5.7)? (探究凸透镜成放大的实像)

图3-5.7

设计依据:在新课学习的第五个活动中,我将信息技术示范性与激发学习兴趣融合,即保持凸透镜的位置不动,调节F形光源和光屏位置,找到放大的最清晰的像,让学生在做中发现和探索问题,让学生观察、比较像与物的大小,在此基础上总结物距、像距与焦距的数据关系。

问题1:放映机影片怎么放置?

问题2:凸透镜可以成放大的实像,也可以成缩小的实像,能不能成等大的像呢?

问题3:实验中,若用不透明的硬纸板挡住凸透镜的上半部分,则光屏上的像(　　)。

A. 只出现烛焰像的上半部分　　　B. 只出现烛焰像的下半部分

C. 出现烛焰完整的像,但像更小了　　D. 像仍然是完整的,且大小不变,只是变暗了

……

活动6:利用器材怎样把字体放大一些? (见图3-5.8)(探究凸透镜成放大的虚像)

问题1:怎样把字体放得更大一些?

问题2:2倍焦距点是放大和缩小的分界点,那么1倍焦距点该成什么像?

图3-5.8

视频播放：用动画模拟成像的规律。

设计依据：在新课学习的第六个活动中，将信息技术与实验资源相融合，提出凸透镜有放大镜的效果，怎样找到这样的像？让学生在实验中寻找、探究，在此基础上总结物距、像距与焦距的数据关系。我将信息技术回放性与虚拟实验模仿的融合（时空限制、危险实验、微观实验、耗时较多）用动画展示其成像过程与规律，达成物理实验教学融合。

（三）评价与小结

课堂实践过后，利用实验评价的信息反馈和交流，安排学生从实验步骤、实验的数据处理、实验改进与方法等方面进行反思总结。通过这种方法能够锻炼学生的自我表达能力和自我评价能力，进而检测到本课的教学效果，体现了"构建新的评价体系"的课程理念，在最后我将在板书的基础上，再一次强调数据表格部分是本节课的难点。

第六节　基于学案导学践行之生本课堂

高效课堂教学是指班级授课教与学的效率实现教学效果的最优、教学效益的最好，以教师和学生健康、稳定、持续发展为本，实现"轻负担、高质量；低耗时、高效益"。从课程改革的角度讲，高效课堂教学在班级授课中要实现新课程三维目标——知识与技能、过程与方法、情感态度与价值观落实的最优化。

从低效到有效，从有效到高效，古今中外，每次改革大都围绕教师的教来进行，而这次有着深远意义的改革与众不同，就是变教为学，变教为导。笔者比较、研究了各种高效课堂的模式，其核心都是辩证、准确地结合教师的教学素质、教学环境、学生实际、学科特点来转变教与学的关系，借鉴、吸收先进的教学思想、教学理念。当然，农村的学校与城乡接合学校以及市内重点中学的学生水平、教学设施、教师素养、学科特点等各不相同，用统一的模式去效仿显然不妥。我们借鉴各种模式的长处和优点，目的是在课堂中践行，在实践中探索、改进。笔者结合古今中外的模式和学科、学生特点践行新课学习的有效方式，针对课改的科学性作一介绍，以期达到抛砖引玉的目的。

一、情景导入，明确目标

此节课学习"升华和凝华"。回忆前两节课内容，在黑板上自上而下写出气态、液态、固态。让学生回忆前面学过的固态和液态的相互转化、液态和气态的相互转化，并由学生在黑板上填写物态变化的名称及吸热、放热的过程，然后让学生猜测：固态和气态之间物态是否可以相互转化呢？

知识与技能目标：

1.学生通过自主学习后,应能背诵升华和凝华的概念。

2.通过讨论或借助工具书流畅地举例说明生活中的升华和凝华现象及其特点。

过程与方法:能结合具体情境发现并提出物理问题;能收集、选择、处理信息,并作出合理的推断或大胆的猜测。

情感态度与价值观:在独立思考的基础上,积极参与对物理问题的讨论,敢于发表自己的观点,并尊重与理解他人的见解。

评析:目标具体化是学生自主学习和知识构建的有效保证,也是有效教学的关键所在,这样设计是为了让学生在三维目标的导航下,形成一个良好的学习习惯。

二、学案导学,合作交流

请同学们通过自学解答以下问题,根据现象在横线上填写适当的物态名称。

1.（1）冬天玻璃上结有冰花_____。

（2）冬天冰冻的衣服晾干_____。

（3）用久了的灯泡壁上发黑_____。

（4）深秋晚间下"霜"_____。

（5）卫生球过一段消失_____。

2.刚从冰箱内拿出的冰棒表面有层"霜",这是_____形成的。夏天剥开冰棒包装纸后常常会看到冰棒在冒"白气",这是_____现象。冰棒放入玻璃杯中一段时间后,杯内会出现水,这是_____现象;杯的外壁会"流汗"这是_____现象。干冰会直接变成二氧化碳气体,这是_____现象。上述现象中需要吸热是_____。

三、思维展示,点拨提升

1.在自主学习、互助交流的基础上,让小组派代表发言,展示出在学习中遇到的问题以及解决问题的思路,说出本小组有没有仍然没解决的问题。也可让学生自由发言,说出自己在学习中遇到的问题。

2.教师对学生提出的疑难问题进行点拨和解析,帮助学生解决那些通过自主学习和互助学习仍不能解决的问题。

3.有些问题虽然学生没有提出疑义,但学生有可能出现错误的认识而自己没有发现。教师对这样的问题也应作必要的讲解。

评析:主动地发现知识,而不是被动地接受知识,树立以学生为本的教学思想,改变传统教学中教师"一言堂"和"填鸭式"的教学方式,就要使主体进行尝试、探索、自学。

一节课所要学习的知识,30%学生通过自主学习自己解决,30%通过组内讨论交流共同解决,30%学生展示师生共同探究解决,10%由教师集中精辟讲解来解决。另外,及时反馈是高效课堂必须要考虑的一个策略,作为高效课堂教学,尝试、探索、自学成为课堂教学的主旋律,教师应成为学生学习的指导者、促进者。

课中探究:

1. 问题的提出

你想了解哪些方面的知识?

(1) 问题 1:它们由固态变成气态时真的没有经过液态吗?

(2) 问题 2:_____?

(3) 问题 3:_____?

今天讨论的问题是_____。

2. 猜想与假设:可能真的没经过,也可能经过了,我们没有发现。要说明一下自己的理由。衣柜里的樟脑丸也没发现它的表面有湿漉漉的样子,所以没有经过液态。

3. 实验的设计

我们怎样用实验的方法证明这种升华现象呢?

(1) 实验方案参考:_____。

(2) 我选择的实验器材:_____。

4. 进行实验

我们取碘来做这个实验,因为碘是紫色的,我们容易观察,边加热边摇动,听声音还是固体与烧杯碰撞的声音,但此时却看到大量紫色的碘蒸气冒了出来。

实验心得或问题摘录:_____。

5. 分析、论证、评估

(1) 我的实验结论

① 物质升华时没有经过液态;

② 升华时需要吸收热量,在没有热源的情况下,吸收自己本身的热量,使自己的温度降低,所以容易升华的物质可以当作制冷剂,使周围的温度降低;

③ 物体的温度越高,升华得越快。

(2) 我学到的研究物理问题的方法是:_____。

(3) 实验设计有没有不合理的地方?操作中有无失误?测量结果是否可靠?

(4) 在探究过程中,你遇到什么困难?解决了没有?怎样解决?

(5) 你在实验中是否发现了新的问题?你认为这个新的问题可能有哪些答案?

评析:课堂上尝试、探索、自学等方式是学生课堂高效率学习的重要手段,这样做就是为学生终身学习与发展、获得良好的学习方法和养成良好的学习习惯奠定扎实的基础,会进一步促进课堂教学的高效率。学生的自主性学习提高需要自己的内省和反思,更需要教师的纠正和反馈,教师应该通过检测,及时了解学生学习的状况,将易错点、易混点、易漏点以及正确的信息及时地反馈给学生,帮助学生更好地纠正学习行为。

四、达标检测,反馈矫正

1. 俗话说:"霜前冷,雪后寒",从物理学的角度来分析,这句话的意思是(　　)

A. 霜形成之前的气温一定比下雪后的气温低

B. 霜形成的温度比雪形成的温度低

C. 霜后的气温一定比霜形成前高,雪后的气温一定比雪落到地面之前低

D. 霜是在地面附近形成的,气温必然在 0 ℃以下;雪是在高空中形成的,雪后融化时要吸收大量的热,使地面附近气温下降幅度较大

2. 对于自然界的云、雾、雨的形成原因,下列说法中正确的是(　　)

A. 云是由水蒸气在高空遇冷时液化成的小水珠和凝结成的小冰晶组成的

B. 雾是地面附近水蒸气液化成的小水珠悬浮在地面附近而形成的

C. 雨是空气中的小冰晶融化成水滴和水蒸气液化成的小水滴一起从天上落下而形成的

D. 露是空气中水蒸气液化成的水珠附在草木、叶片上形成的

3. 炒菜时,碘盐不宜与油同时加热,这是因为碘在高温下很容易(　　)

A. 凝华　B. 汽化　C. 升华　D. 熔化

4. 有一种"固体粮虫净",放在粮仓里能预防粮食生虫,"固体粮虫净"过一段时间会变小,在这个过程中所发生的物态变化是(　　)

A. 凝华　B. 升华　C. 融化　D. 汽化

5. 严冬的早晨在窗玻璃上会出现冰花。冰花主要是_____(填物态变化)形成的,出现在窗玻璃的_____侧,在这个过程中水蒸气会_____热量(选填"吸收"或"放出")。

6. 液态的露和固态的霜都是水蒸气凝结成的,水蒸气有时候会凝结成露,有时候会凝结成霜。

(1) 是什么因素影响水蒸气凝结成露还是霜？请提出你的一个猜想。

(2) 请设计一个实验检验你的猜想(写出主要的实验步骤)。

评析:心理学研究表明,让学生及时地了解自己学习的结果,会产生相当大的激励作用。渗透 STS 内容,体现从物理走向社会的教学理念,拓展了学生的知识面。培养学生的创新能

力是高效课堂不容忽视的重中之重,建立一个多层次的练习题组体系,按时间顺序先易后难展开,通过一题多解、多解归一、多题归一等来促进学生综合解题能力的提升,促进知识与技能稳步落实,对调动学生的学习兴趣、激发学生创新思维有明显的意义。

五、课堂总结,形成网络

1. 本节课学到了什么？还有那些不清楚的？

2. 板书与小结。

评析:"构建新的评价体系"是课程标准教学理念之一,在新的评价观念指导下,注重过程评价与结果评价结合,构建多元化、发展性的评价体系,以促进学生素质的全面提高和教师的不断进步。在课堂小结这个环节中,安排学生总结,其目的是让学生学会交流、学会反思、学会借鉴,通过这种方法能够锻炼学生的自我表达能力和自我评价能力,进而检测到本课的教学效果。

小　　结

高质量课堂就是要以学生发展为本。它应从物化课堂走向人文课堂,以展现课堂教学的生命性;从"录像式"课堂走向"直播式"课堂,以映射课堂教学的即时性;从表象互动走向理性互动,以真正体现课堂教学的交互性;从线性课堂走向混沌课堂,以凸显课堂教学的博弈性。为此,应紧紧抓住"生本"教学之主线,着力探索实验之创新,以实验撬动思维之灵动,研究混合式多资源之交互,践行核心素养之提升,解决实际问题之困境。

思　考　题

1. 结合实例谈一谈实验与多媒体的融合。

2. 设计一节以方法为主线的活动课程。

3. 谈谈你对实验创新的看法,并设计几则创新演示实验。

4. 怎样通过虚拟仿真实验弥补传统实验教学的不足？请设计两个虚拟仿真教学实验。

5. 请设计一节初中物理混合式教学。

本章推荐参考文献

[1]　邢红军.初中物理高端备课[M].北京:中国科学技术出版社,2014.

[2]　余文森.核心素养导向的课堂教学[M].上海:上海教育出版社,2017.

[3]　阎金铎,郭玉英.中学物理教学概论[M].3版.北京:高等教育出版社,2009.

［4］　杨鑫,解月光.智慧教学能力:智慧教育时代的教师能力向度[J].教育研究,2019（8）:150-159.

［5］　罗莹,谢晓雨,董少彦.初中物理精准教学课堂的构建及实践[J].中国电化教育,2019（1）:48-53.

［6］　蒋彬.高中物理单元复习课有效教学策略的建构与实践——评《高中物理情景归类复习》[J].中国教育学刊,2020（7）:110.

［7］　陈珍国,邓志文,于广瀛,等.基于 FIAS 分析模型的翻转课堂师生互动行为研究——以中学物理课堂为例[J].全球教育展望,2014,43（9）:21-33.

［8］　王牧华,靳玉乐.论促进教师教学方式转变的课堂环境建设策略[J].课程·教材·教法,2011,31（5）:22-26,81.

［9］　李正福,谷雅慧.论物理核心素养视野下的科学思维教育内容[J].课程·教材·教法,2018,38（2）:97-102.

［10］　贾瑜,宋乃庆.素质教育背景下的课堂教学文化:意蕴、价值与外在表征[J].课程·教材·教法,2018,38（1）:42-48.

［11］　邢红军,童大振.聚焦课堂教学:学生发展核心素养的生命之源——以物理高端备课的研究为例[J].教育科学研究,2019（9）:61-66,72.

［12］　任炜东,卢慕稚,续佩君.感悟与同行:中学物理教学的有效途径[J].课程·教材·教法,2015,35（12）:96-100.

［13］　邓靖武.基于学习视角的物理课堂构建策略[J].课程·教材·教法,2019,39（8）:112-117.

［14］　万飞.信息化环境下初中物理智慧课堂教学模式探究[J].现代教育技术,2018,28（8）:52-57.

［15］　陈清梅,张璐,颜素容.从习题到原始问题:物理问题表征研究的生态化历程[J].教育科学研究,2011（12）:56-59.

［16］　关亚琴.中学物理深度学习的研究进展述评[J].物理教师,2021,42（5）:2-6.

［17］　律智赢,马勇军.近十年我国中学物理教育研究范式的回顾与展望——基于人大复印报刊资料的内容分析[J].物理教师,2020,41（6）:2-6,10.

［18］　顾健.陆建隆.基于问题解决的初中物理深度学习的思考与实践——以"物质的密度"为例[J].物理教师,2019,40（12）:40-42.

［19］　郭梦婷,张学军,李平.基于 ITIAS 和 S-T 的物理课堂交互及教学模式分析——以全国中学物理青年教师教学技能大赛为例[J].物理教师,2015,36（7）:65-68,71.

[20]　余雪妹, 于海波. 新课程背景下高三物理复习课变式教学的实践与反思[J]. 物理教师, 2009, 30(12): 43-46.

[21]　王太军. 指向核心素养的生活化创新物理实验研究[J]. 物理教师, 2020, 41(3): 32-36.

[22]　向奎, 熊卫. 对物理演示实验改进创新的实践与思考——以探究空气浮力为例[J]. 物理教学, 2020, 42(2): 37-39.

第四章　初中物理高质量教学案例

"教师之为教,不在全盘授予,而在相机诱导。"教学是高质量课堂体现的"主渠道"。教学实践是各类教学理论的最终目的与归宿。本章立足于物理学科核心素养,着眼于思维的培养,围绕思维教学的核心因素,主体参与、问题导向、主体参与课堂教学是以发展学生核心素养为中心,以转变学生思维方式为归宿,通过教师的主导和学生的主体参与,采用沟通、对话、互动等民主形式,融合多元化教学方式和学习方式,实现课堂教学效率最优化的教学模式。问题导向教学可以有效培养学生的科学思维。问题是思维的起点,问题是思维的材料,问题是思维的指引,问题解决是思维的归宿。通过"激疑—设疑—生疑—探疑—质疑—解疑"逐步展开的教学过程,旨在提高学生发现问题、提出问题和解决问题的能力,进而培养学生的科学思维。本节通过典型的高质量教学案例进行研究。

第一节　基于深度备课的教学案例

深度备课是在充分了解学生已有的知识储备,准确把握学生认知、思维、心理和生理等特点的基础上,深入研究课标与教材,最大限度地开发、遴选、优化教学资源,拓展教学内容的广度,挖掘教材内容的深度,通过问题导向预设课堂教学环节的教学准备过程。深度备课要围绕课程目标和学生的认知特点,全面、清晰地把握课程内容,防止教学碎片化、断裂化,保持教学内容具备知识的整体性和逻辑性,使教学目标与教学内容的设定尽可能地合理化、科学化。

下面以"电流与电压、电阻的关系""欧姆定律"单元式教学为例,从八个方面诠释问题导向深度备课的有效性。

一、解读教材的精度

多数一线教师在教学"电流与电压、电阻的关系"和"欧姆定律"时,只是按部就班地"教教材",分别讲授两节的课程内容,极易将教材内容碎片化、断裂化。然而,对这两节教材内容作精度解读后,不难发现,前者是后者的基础,后者是前者的高度概括,两部分内容紧密联系、一脉相承,将课时内容合二为一转化为单元式教学,使内容浑然一体、一气呵成,岂不更好?

在学习"电流与电压、电阻的关系"一节时,在数据分析的基础上得出,电阻一定时,导体中的电流与电压成正比。

电阻 $R=5\ \Omega$			
电压 U/V	0.5	1	1.5
电流 I/A	0.1	0.2	0.3

在数据分析的基础上得出,电压一定时,导体中的电流与电阻成反比。

电压 $U=2\ V$			
电阻 R/Ω	5	10	20
电流 I/A	0.4	0.2	0.1

至于 I、U、R 三者之间的定量关系,或避而不谈或关系不准 $\left(I=\dfrac{U}{R}\ 与\ R=\dfrac{U}{I}\right)$,最后导致前后知识难以衔接,且欧姆定律的规律适用范围未能从实验中揭示。教师只有对教材进行精准解读,深度备课,才能准确揭示电流、电压、电阻三者的关系,厘清欧姆定律的适用范围。

评析:《国家基础教育课程改革指导纲要》明确提出了"用教材教"而不是"教教材"的全新观念,提倡教师依据课程标准灵活地创造性地使用教材。教师教学仅仅停留在教材编写的层面远远不够,还应在备课过程中对教材作精度解读——广度上要灵活拓展、整合教材;深度上要探索条件、揭示规律;内容上要层层递进、前后关联。

二、了解学生的阈度

由于受数学学科交叉干扰的影响,学生对物理量的因果关系和物理表达式,不能从物理学的角度理解,将数学知识和物理知识混为一谈,物理规律成立条件未能从实验中得以验证与揭示。

学生在学习欧姆定律后,通常出现的误区有如下三个方面:一是不能准确理解、辨析"电流与电压、电阻"的因果关系,误认为"电压与电流成正比""电阻与电流成反比"的表述是正确的;二是误认为公式 $I=\dfrac{U}{R}$ 与 $R=\dfrac{U}{I}$ 没有区别,两式都是欧姆定律的表达式且物理意义等同;三是不清楚、不理解欧姆定律适用的范围。

究其原因,是教师在备课环节缺乏深度的学情了解,忽视数学对物理知识的干扰,未能对物理规律成立的条件进行探究,因而造成学生对欧姆定律理解上的种种困扰。笔者从不同年份的"电流与电压、电阻的关系"和"欧姆定律"全国顶级赛课中,也发现了上述问题。可见,了解学生阈度对深度备课将产生深远影响。

评析:了解学生的阈度是深度备课的前提。通常情况下,了解学生应从学生的认识基础、认识特点、生理特点、心理特点、兴趣爱好、世界观与价值观等方面入手,既要有的放矢对症下药,又要联系实际全盘考虑。

三、把握问题的准度

问题导向的深度备课,就是将教材内容设计为清晰条理的问题链,凸显问题导向的条理性、层次性、逻辑性、探索性、开放性和挑战性,突出问题设计的角度、精度、宽度、深度和难度,即问题的"准度"。深度备课既要拓展教材资源的宽度,又要挖掘教材内容的深度。

设计实验:利用小灯泡、开关、干电池、滑动变阻器和导线等实验器材组装电路,改变灯泡的亮度。

问题1:通过改变电压(即干电池的数目),来改变灯泡的亮度,探究电流与电压的关系(见图4-1.1、图4-1.2),这种方案可行吗? 理由是什么?

问题2:用电压表去测定图4-1.1、图4-1.2中干电池的电压,是不是确定的1.5 V和3 V呢? 当灯泡两端的电压变大时,灯泡亮度和电阻怎样变化?

问题3:将上述实验中的小灯泡改为定值电阻,改进后的方案可行吗?

问题4:用图4-1.3、图4-1.4方案,改变电池的节数来改变电压,这样的方案可行吗?

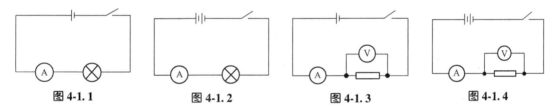

图4-1.1　　　图4-1.2　　　图4-1.3　　　图4-1.4

问题5:图4-1.5中的方案通过更换右侧电阻达到改变左侧定值电阻两端电压。图4-1.6方案通过改变滑动变阻器达到实验目的。上述方案中有没有更好的方案? 理由是什么?

图4-1.5　　　　　　图4-1.6

评析:课标强调"突出问题导向,注重科学探究,倡导物理教学方式多样化"。科学探究,注重学生思维的培养,擦出思维碰撞的火花,展示知识形成的过程。深度备课中,问题的设计力求准确、简明、环环相扣、层层递进,形成清晰、科学、系统的问题链,以问题导向的科学探究,能够引导学生在思考中感悟学习,在学习中不断探究,在探究中反思创新,最终落实物理学科核心素养。

四、突出方法的角度

科学思维是物理学科素养的核心,科学方法是科学思维的灵魂。物理学的核心物理规律,是在观察实验获得大量实验数据的基础上,进行分析与综合、比较与推理、演绎与归纳以及模型建构等多角度的思维方法,并总结实验数据的共同点和不同点得出。

活动1:请设计电路和实验步骤以及数据表格,探究电流与电压的关系。

问题1:观察图4-1.7中的数据和图像表格,分析三组实验数据,得出电流 I 与电压 U 的关系是什么?

问题2:图4-1.7a、b、c三图中直线倾斜角度不同说明了什么?据此能得出什么结论?

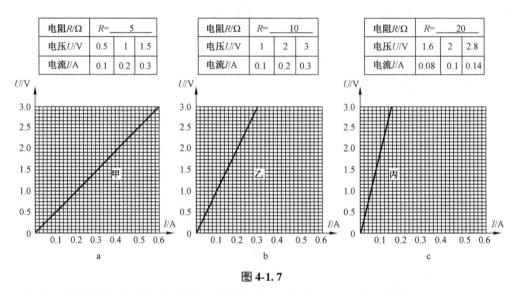

图4-1.7

活动2:请设计电路和实验步骤以及数据表格,探究电流与电阻的关系。

问题3:观察图4-1.8表格中的三组数据有何规律?图c、d中的图像又分别说明了什么?

问题4:从图4-1.8的信息可知,控制哪个数据更好?为什么?

问题5:仔细观察图4-1.8、4-1.9表格数据,你发现了 I 与 R、U 存在什么关系?

问题6:在研究"电流与电阻的关系"时,使用的定值电阻分别为5 Ω、10 Ω、20 Ω,电源电为3 V,滑动变阻器型号"15 Ω 1 A"。控制电压表示数为1.5 V,当接入某定值电阻,发现电压表示数始终无法达到1.5 V,其原因可能是哪些?

设计实验:应用上述实验装置,将定值电阻换成小灯泡,改变滑动变阻器电阻,搜集通过小灯泡的电流和加在灯泡两端的电压图像(见图4-1.9)。

问题7:图像为什么不是直线?

电压U/V	$U=$	2	
电阻R/Ω	5	10	20
电流I/A	0.4	0.2	0.1

电压U/V	$U=$	4	
电阻R/Ω	5	10	20
电流I/A	0.8	0.4	0.2

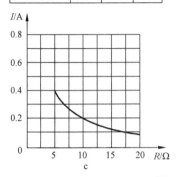
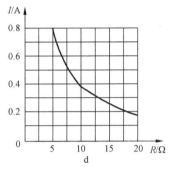

图 4-1.8

小灯泡(2.5 V　0.3 A)U-I关系图像

电压 U/V	0.13	0.19	0.23	0.26	0.40	0.51	0.82	1.13	1.35	1.68
电流 I/A	0.06	0.07	0.08	0.11	0.16	0.17	0.20	0.22	0.23	0.225
电压 U/V	1.90	2.10	2.44	2.88	3.08	3.21	3.34	3.55	3.78	
电流 I/A	0.26	0.28	0.31	0.33	0.34	0.35	0.37	0.38	0.39	

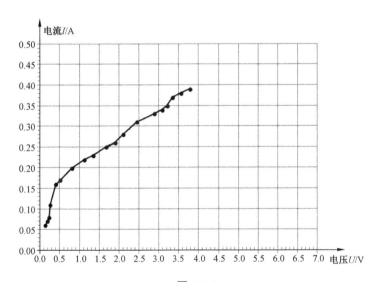

图 4-1.9

　　评析:教育的主要目的在于启智,启智重在思维方法的训练。通过对物理现象与数据观察、信息识别与加工,突出思维方法的应用角度,科学运用分析、综合、归纳、抽象、概括、推理的基本思维方法,建构物理规律的数学模型,通过比较不同数学模型,科学推理得出结论。恰恰体现了现识形成的逻辑性和方法性,助推学生深度学习和思维的深刻性和灵活性,为进一步深度理解欧姆定律奠定基础。

五、挖掘规律的深度

挖掘物理规律是建立、理解和应用规律的过程。每个定量的物理规律都有其特定的适用范围,围绕物理规律这一难点,通过实验探究深度挖掘规律的适用范围,有利于突破认知难点,减轻学习负担,促进能力的提升,落实核心素养。

问题1:导体两端电压与导体中的电流成正比,导体的电阻与导体中的电流成反比,这种说法是否正确?

问题2:根据欧姆定律公式 $I = \dfrac{U}{R}$,及其变形得到 $R = \dfrac{U}{I}$。对此,请发表你对两式的理解。

设计实验:用伏安法分别测量通过拆解后的线圈、转动的电动机、手制动后的电动机三种情况下(见图4-1.10~图4-1.12)电动机的电流与线圈两端的电压,并调节滑动变阻器的阻值多次测量,将测量数据分别记录,依次将测量的数据连线,得出对应图像 a、b、c(见图4-1.13)。

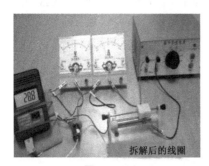

拆解后的线圈

图4-1.10

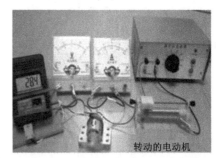

转动的电动机

图4-1.11

问题3:观察分析图像得出什么结论? 思考使用欧姆定律的适用条件是什么。

评析:物理学的核心是概念和规律,因此,物理学要搞清概念是如何建立的,规律是如何形成的,规律成立的条件是什么,如何突破规律成立的条件等,这是学好物理知识的重中之重,也是深度备课的基本要求。科学巧妙地设计实验,深度探索物理规律适用范围,唯有这样才能将源于教材的内容,作出高于教材

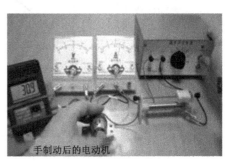

手制动后的电动机

图4-1.12

内容的深度挖掘,居高临下灵活地突破认知障碍,弥补避重就轻的浅层备课,减轻大量作业训练的课堂负担。

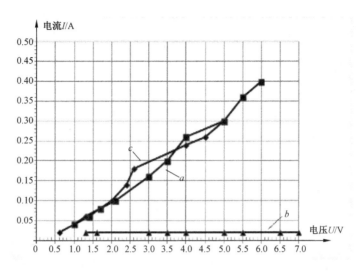

图 4-1.13

六、弘扬育人的温度

"德育为先,能力为重,全面发展"是未来教育发展的战略主题,"落实社会主义核心价值观"是当今中小学教育的重要内容。

如何把"立德树人"融入教育目标,把传授知识的课堂融入"育人的温度",培养中学生正确的世界观、人生观和价值观,是广大一线教师所关注的话题。

播放视频:乔治·西蒙·欧姆出生于德国的一个普通家庭,欧姆的父母从未受过正规教育,他 10 岁时就失去了挚爱的母亲;16 岁时考入埃尔朗根大学,后因家庭困难被迫退学;17 岁取得了数学教师的职务。此后长期担任中学教师,他一边忙于教学工作,一边深入科学研究,虽然条件艰苦、经济困难,但他仍然坚持不懈,在孤独与困难的环境中进行科学研究,在经历了长达 20 年的不懈努力后,终于发现了电学上的一个重要定律——欧姆定律。

问题导向:通过观看视频,了解前辈呕心沥血、不畏艰难险阻对科学的执着追求,从中学到了什么? 得到什么启示?

评析:立德树人是教育的首要问题。物理课堂不仅要传授科学知识、引导学生深度探究,也要弘扬科学精神、教育学生学习先贤永攀科学高峰,还要提升"育人温度"、激发学生产生情感共鸣,从而树立正确的世界观、人生观、价值观。

七、反思评价的高度

问题导向的深度备课,还要注重教学中的反思与评价。通过问题设置、探究、解决,形成思维方法;通过引导学生总结、反思、评价,达成认知高度;通过教师评价、小组评价、学生互评,锻炼学生表达能力和自我评价能力,充分体现"构建新的评价体系"的课程理念。

请同学们从物理观念、科学思维、科学探究、科学态度与责任四个维度总结交流自己有哪些收获?有什么样的经验教训?

评析:深度备课注重在交流中反思,在反思中评价,让学生养成及时总结、善于反思的好习惯,在反思交流中强化知识的形成过程,积累思维方法,在交流与评价中锤炼表达能力和评价能力。

八、拓展应用的新度

问题导向的深度备课还要注重课后作业的设计。皮亚杰的认知发展理论,强调将所学知识迁移到日常生活中,运用书本知识解决生活实际问题的物理方法。

哈里斯·库帕的研究表明,作业时间与学习成绩密切相关:在一定范围内增加作业量,可以提升学习成绩;但超过某一限度的作业量,反而导致成绩降低。因此,深度备课要控制作业"量度",提高作业"新度",促进学生全面发展。

作业设计:请利用电源(电压为 12 V)、气敏电阻(其阻值随呼气酒精浓度 K 的变化关系如图 4-1.14 所示)、滑动变阻器设计一个酒精检测仪。检测前对检测仪进行"调零",即调节滑动变阻器使电流表的示数为 0.1 A,调零后变阻器滑片位置保持不变。查阅到相关资料如图 4-1.15 所示。

假如某次检测电流表示数为 0.16 A,依据信息窗资料,请判断该司机属于非酒驾、酒驾还是醉驾?

评析:作业设计新颖独特,激发学生学以致用的兴趣,提高学生拓展应用的能力,充分体现"从生活走向物理,从物理走向社会"的课程标准理念。同时,作业要联系实际、层次分明、形式多样,努力提高作业设计质量。从作业中诊断、收集学生学习情况,为改进教学提供依据,真正促进学生全面发展。

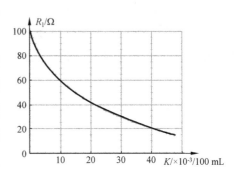

图 4-1.14

信息窗
➤ 血液酒精浓度 M=呼气酒精浓度 K×2 200
➤ 非酒驾(M<20 mg/100 mL)
酒驾(20 mg/100 mL≤M≤80 mg/100 mL)
醉驾(M>80 mg/100 mL)

图 4-1.15

总之，以问题引领的深度备课，旨在读准吃透教材，深入了解学生；以"问题链"串联课程内容，渗透思维方法，探索科学规律；强调"立德树人"，着眼反思评价，着力迁移应用，从而在课堂上引导学生在不断探索中解决物理问题，促进学生主动学习、综合学习、深度学习。在探究中潜移默化地引领学生"做中学""用中学""创中学"，以此发展物理课程核心素养。

第二节　基于思维培养的教学案例

胡卫平教授指出："要培养孩子的核心素养，先决条件是培养孩子的思维。"顾明远教授也强调："教育的本质是培养思维，培养思维的最好场所是课堂。"所以初中物理教学活动的核心是通过概念建立、规律探究、知识迁移、方法引领形成严谨的逻辑思维，进而提升学生的物理学科核心素养。

中学生正处于由直观形象思维向抽象逻辑思维过渡阶段，其思维的显著特点是思维的片面性和表面性。虽然其抽象逻辑思维开始进入关键期，但逻辑思维尚处于经验阶段，仍需直观形象的感性经验的支持，缺乏严谨的全面性及深刻性。

如何在物理教学中渗透"思维教学"意识、推进"思维教学"活动，是物理课堂教学必须解决的问题。本节以案例的形式，围绕科学思维的培养，从问题设计、搜索证据、论证实验、知识迁移、知识建构等方面加以阐述，来探讨思维教学在物理课堂教学中的有效应用。

一、设计有效问题，培养学生思维品质的深刻性

爱因斯坦说过，提出一个问题比解决一个问题更重要。解决问题是技能，提出问题则需要创造力和想象力，所以问题是科学探究的起点，也是培养学生思维品质的基础。

问题设计要搞清楚哪些问题用来情境创设激趣，哪些问题作为承上启下过渡性的引领，哪些问题作为探究研讨，围绕教学内容设计哪些问题链，使学生从具体形象思维发展到抽象逻辑思维，培养学生思维品质的深刻性。

案例1："平面镜成像"教学设计

"平面镜成像"这节课共有三个知识层框：一是平面镜成像的规律，二是虚像概念的建立，三是平面镜的拓展应用。本节课的难点：一是镜中的像的大小是否变化？二是实物与镜中的像是否左右颠倒？三是虚像概念的建立。为此，围绕思维设计如下的问题。

情境问题：播放魔术秀，画面中的人是如何腾空而起、悬浮空中的呢？学习了这节课我们将揭晓谜底。（见图 4-2.1）

图 4-2.1

学生提出问题：

（1）物与像的大小是否相同？

（2）物与像到平面镜的距离是否相等？

（3）平面镜的成像与小孔成像有什么区别？

……

评析：情境设计既要联系生活实际，接近真实情境，又要紧扣教学内容，符合最近发展区的要求；既能激发学生的内在动机，使学生产生认知冲突，激发学生积极思维，又能在情境中产生疑问、提出问题，诱发浓厚的学习兴趣，形成身临其境的体验学习场。

活动 1：请同学们在平面镜前观察自己的像，再调整不同距离，观察一下像的大小是否变化？像、物到平面镜的距离是怎样的关系？

教师设计问题 1：怎样测量穿衣镜中的像到平面镜的距离？怎样比较镜中的像与物的大小关系？

教师设计问题 2：为什么刚才走近时会感觉像变大，走远时像变小呢？

教师设计问题 3：如果实物是一只点燃的蜡烛，实验时有什么优点和缺点？怎么解决其缺点？

活动 2：请同学们利用电子蜡烛、薄厚均匀的平面透明玻璃板、白纸、笔、支架等器材，探究平面镜前物与像的大小关系。

活动 3：请同学们利用电子蜡烛、平面镜、白纸、笔、支架等器材，探究平面镜像与物的位置关系。

活动 4：请两位同学分别充当物体和像，在平面镜前演示，充当物体的同学举起左手，那么充当像的同学举起哪个手？（见图 4-2.2）

教师设计问题 4：试着将物和像的对应点连线，探究连线与平面镜的关系。

教师设计问题 5：小轿车挡风玻璃为什么设计成倾斜的？

图4-2.2

教师设计问题6：在玻璃板后面放白色的光屏能承接到像吗？

……

评析：思维教学是以探究问题为目的，以思维训练为核心，激发学生学习的主动性和创造性，推进学生深度学习的课堂教学。思维教学能使学生提出的探究性问题和教师提出的问题以及课堂活动设计有一定的方向性，能使探究性问题既依据猜想指出可能与哪些因素有关，又遵循就近发展区原则，避开低效的现有发展区和难以达到的未来发展区。

课堂教学中让学生观察像的大小变化、人与像到平面镜前的距离，比较两名同学在穿衣镜前的远和近等，从而获得一些对人与像关系的初步感性认知；再让学生通过动手实验，观察物与像的大小、测量其距离、研究其连线与镜面的角度关系，从而由感性认知上升到逻辑思维和科学研究的理性认知。

教学活动过程中，教师设计出层层深入的问题链，不断引导学生发现问题、提出问题、解决问题，逐步诱导学生从具体形象思维深入到抽象逻辑思维，培养学生思维品质的深刻性。

二、探索问题证据，培养学生质疑证据的严谨性

物理科学探究的证据，可以通过视觉、听觉、知觉等感性认知获得，也可以通过物理量等效替代、间接转化、控制变量等科学方法获得。用后者探索的问题证据，一定要准确、严谨。实验教学中，教师通过启发、诱导的方式，让学生探究问题证据的可信度，发现并剔除证据背后所隐藏的外界干扰因素，使之知其然，且知其所以然，培养学生科学思维的严谨性。

案例2："声音的产生"教学设计

活动1：利用桌子上的直尺、橡皮筋、盛水的小盆、音叉、小铜锣，让桌子上的物体发声。

问题1：你是通过什么方法看到发声体在振动？

证据：观察、触摸……

问题2:敲击音叉发声时,能看到音叉的振动吗?怎么证明发声的音叉在振动?

证据:分别将发声的音叉与水面和乒乓球接触。

活动2:观察发声的扬声器前蜡烛的烛焰随声音的大小跳动的幅度随之变化(见图4-2.3)。

图 4-2.3

结论:扬声器在振动。

质疑:扬声器纸盆振动可能带来风的流动,所以不可靠。

证据改进:将小纸屑放在发声的扬声器上,小纸屑的跳动能说明扬声器振动(见图4-2.4)。

问题3:敲击桌子发声,但看不到桌面振动怎么办?

证据:振动的桌面上放置平面镜,激光笔光束射向镜面,观察反射后墙面上光斑的跳动,准确获得桌面振动的证据。

图 4-2.4

评析:亚里士多德说过:"思维从疑问和惊奇开始。"教师单纯设计思考问题,只能使学生被动思考,其实质是教师的思维课堂。只有通过实验设计创设疑问、产生惊奇,引领学生学会"模仿—比较—质疑—解决",才是思维课堂的本质。

实验教学中,教师引导学生探究,观察烛焰跳动所获得的声音振动的证据不够严谨,有外界干扰因素(比如"风"),然后用纸屑替代就可以排除干扰因素,获得科学证据。沿着"问题—证据—解释—交流"的科学探究程序,用大量的数据分析、归纳、推理,得出结论,交流实验心得。用思维驱动解决问题,用质疑的眼光去审视问题证据和实验的过程,让学生科学评价证据的准确性,进而培养学生思维的批判性和严谨性。

三、论证实验过程,培养学生逻辑推理的灵活性

爱因斯坦说过:"我们所创造的这个世界,是我们思维的产物,不改变我们的思维,就不可能改变我们的世界。"

2017版《普通高中物理课程标准》(以下简称《标准》)指出:具有设计探究方案和获取证据的能力,能正确实施探究方案,使用不同方法和手段分析、处理信息,描述并解释探究结果和变化趋势;具有交流的意愿与能力,能准确表述、评估和反思探究过程与结果。

而实验教学中仍存在弊端,一些物理规律的定量探究误差较大,效果一般,更有甚者,教师将定性的结论直接灌输给学生,缺乏必要的逻辑推理,导致学生一头雾水。

案例3:"焦耳定律"教学设计

问题1:电热与哪些因素有关? 它们之间的关系是什么呢?

实验证据:从图4-2.5、图4-2.6中能较好地探究出物理规律定性的关系,但 Q 与 I 的关系难以得出。

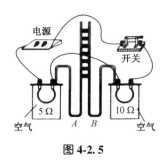

图 4-2.5

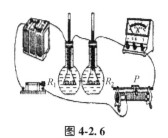

图 4-2.6

证据改进:我们将实验改为如图4-2.7所示体积较小、保温效果好的装置,插入温度采集器用数字显示数据结果,分析搜集数据,效果明显。(数据来源于第十三届全国中学物理青年教师教学大赛,四川南充高级中学王超)

评析:核心素养中的"学科素养"充分体现了创新思维和批判性思维的要求,它包括独立思考、敢于质疑、科学思维、实证精神、逻辑推理、信息识别与加工等核心要素。

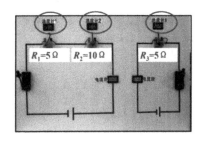

图 4-2.7

实验教学中,学生通过观察图4-2.5或图4-2.6的装置实验数据,分析、归纳、推理得到了定量结果,即"焦耳定律"。但这个实验结果误差较大,实验装置仍不理想,这就需要改进实验装置。改进后的实验数据(见图4-2.8)更为精确,学生经过分析与综合、推理与判断得出较为理想的实验结论。虽然实验误差较小,但依旧存在,这就需要教师进一步另辟蹊径,用演绎推理加以论证。

推理证据:

《标准》指出:能运用科学思维方法,从定性和定量两个方面对相关问题进行科学推理,找出规律,形成结论。

传统实验虽然客观真实,深受学生喜欢,但误差的存在成为一大缺憾。教师如果另辟蹊径,从理论角度推导其定量关系,是破解这一难点的最好处理方式,修正物理实验存在客观误差的弊端,使之有理有据,也为学生今后科学探究奠定坚实的基础,从思路和方法上得到引领。

ΔT-I定量关系演示实验表格

I/A	0.2	0.3	0.4	0.5	0.6
ΔT/℃	0.4	1.1	1.6	2.5	3.5

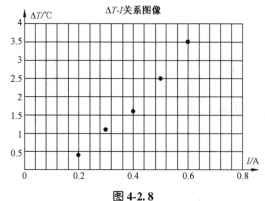

图 4-2.8

【例1】理论推导电热 Q 与电阻 R 的定量关系图4-2.9(电流、通电时间相同)

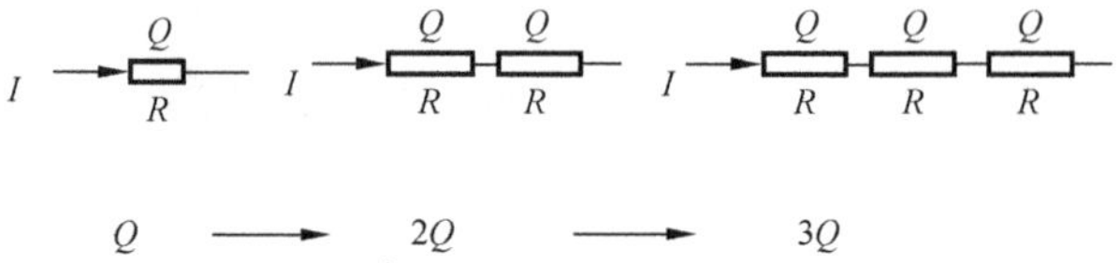

图 4-2.9

结论1：当电流与通电时间相等时,电流通过导体产生的热量跟导体电阻成正比。

【例2】理论推导电热 Q 与电流 I 的定量关系图4-2.10、图4-2.11(电阻、通电时间相同)

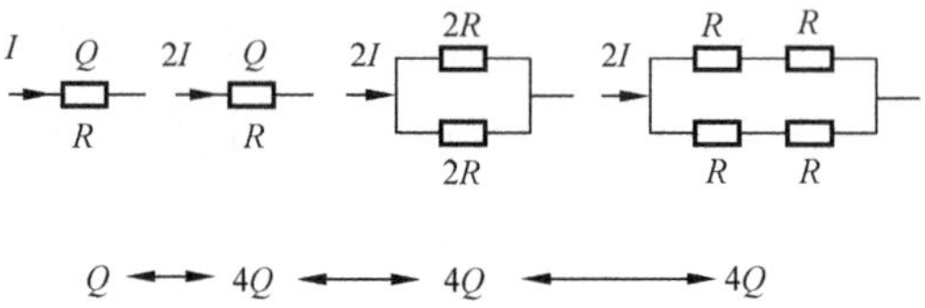

图 4-2.10

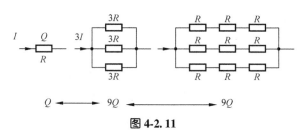

图 4-2.11

结论2：当电阻与通电时间相等时,电流通过导体产生的热量跟电流的平方成正比。

评析:教育的主要目的在于启智,启智重在思维训练。上述实验论证,既有信息识别与加工,又有演绎推理的科学思维,从理论上消除了实验误差。这体现了思维的逻辑方法、物理学法,有助于推进学生深度学习,有助于培养学生思维的深刻性和灵活性,全面提高课堂效率和教学质量。

四、迁移知识应用,体验创新思维解决问题的方法性

《标准》指出:注重培养学生核心素养,更加强调提高学生综合运用知识解决实际问题的能力。

《教育部关于加强初中学业水平考试命题工作的意见》指出:试题命制既要考查基础知识、基本技能,还要注重考查思维过程、创新意识和分析问题、解决问题的能力。

案例4:"等效替代法"教学设计

问题1:公安人员在勘查某一案发现场时,提取到犯罪嫌疑人在较为平整松软的土地上留下的站立时的脚印,每只脚与地面的接触面积约是 210 cm²,由此可确定该犯罪嫌疑人的质量约是多少 kg?($g = 10$ N/kg)

问题迁移:人的身高大概是脚长的 7 倍,犯罪嫌疑人脚长 25 cm,由此确定该犯罪嫌疑人的身高是多少? 能否判断其胖瘦?

当压强相等时,公安人员使用的小物块产生的压强等效替代犯罪嫌疑人产生的压强,从而求出犯罪嫌疑人的质量。

问题2:校医务室有一台测体重的台秤、一只排球、一张白纸、一盆清水,请设计一个实验方法,粗略测出排球击打地面时对地的冲击力。

将白纸平放在地面上,将排球放入盛水的盆中弄湿,让球拍击在白纸上,并留下水印。再将有水印的纸放在台秤上,将球放在水印中心,用力慢慢压球,当球发生形变刚好与水印吻合时,台秤的读数即为冲击力的大小。

思考1:这个案例中的等效和替代分别指什么?

思考2:生活中还有哪些用到了这种等效的方法?

等效替代法的物理思维方法是在保证某种效果(特性和关系)相同的前提下,将实际的、陌生的、复杂的物理问题和物理过程用等效的、简单的、易于研究的物理问题和物理过程代替来研究和处理。

评析:皮亚杰的认知发展理论和维果斯基的社会文化理论,都强调师生的积极思维、互动、反思、迁移。上述教学设计密切联系实际,教会学生将所学知识迁移到日常生活中,运用书本知识解决生活实际问题的物理方法。从知识教学走向思维教学,为学生思维发展而教,

体现"从生活走向物理,从物理走向社会"的教学理念。培养学生的科学思维能力和学科核心素养,培养学生一题多变、一题多解、一题多问、多题归一的能力,教给学生灵活解决问题的方法,从而有利于学生认知能力、思维能力的发展,使学习达到比较高的水平,这正是能动学习的关键所在。

五、巧用思维导图,建构梳理知识联系的综合性

案例5:光的直线传播思维导图(见图4-2.12)

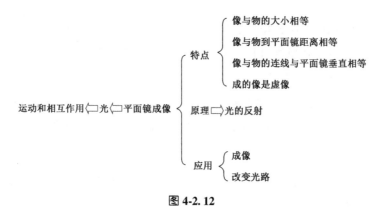

图 4-2.12

评析:课堂教学中改变灌输学科知识的传统习惯,让学生在积累过程中不断地总结、反思与矫正,尤其是在建构知识体系过程中,培养学生自主学习能力,使其学会学习、善于总结,能够运用思维导图厘清平面镜的知识点的一级主题、二级主题、三级主题的从属关系,破解知识的碎片化问题,开启人类大脑的无限潜能,发展想象力与逻辑思维能力,实现知识的横向联系,形成物理观念的全新视角。

第三节　基于主体参与的教学案例

主体参与课堂教学是以发展学生核心素养为中心,以转变学生思维方式为归宿,通过教师的主导和学生的主体参与,采用沟通、对话、互动等民主形式,融合多元化教学方式和学习方式,实现课堂教学效率最优化的教学模式。

一、学生主体参与课堂教学的策略

在传统教学活动中,教师全面操控着整个课堂环节,导致学生注意力分散、态度消极、被动接受。而所谓的"高效课堂",表面上学生全面参与,但又忽视教师主导地位,导致"放羊式"的参与,效果不尽如人意。

主体参与教学中应当采用什么样的教学策略,这是主体参与课堂教学的关键所在。实践证明,由知识灌输型课堂教学转变为学生主体参与的思维型课堂教学,其影响因素不外乎问题导向、思维习惯、平等对话以及教学模式的优化。

(一)创设问题导向的情境

情境创设要体现"新"与"奇",具有构建问题的意识。情境是问题的载体,情境创设能引发学生产生认知冲突,积极地思考问题、探索问题。问题设计要突出启发、驱动和导向的作用,要着眼五个维度:①宽度——思考的范围,问题陈述要清晰、具体、完整;②深度——思考的层次,问题深度要符合《课标》要求;③角度——思考的广度,问题具有发散性、启发性;④精度——问题设置"少而精",且表述要精确、明晰、严谨;⑤难度——问题难度适中,临近学生最近发展区。

(二)培养科学思维的习惯

"先学后教、以学促教"是发现问题的手段,主体参与的自主学习是发现问题的源泉。而问题是思维的载体,思维的转变和培养是落实学科核心素养的终极目标。教学中要鼓励学生"发现问题",努力提高其观察能力,形成批评性思维习惯;引导学生"提出问题",着力提升其判断能力,形成质疑思维习惯;培养学生"探究问题",强力打造其科研能力,形成逻辑性思维习惯;指导学生"解决问题",全面提升其综合能力,形成独创性思维习惯。一言以蔽之,主体参与课堂教学中,要着力培养学生科学思维习惯,落实学科核心素养。

(三)创建平等对话的场景

学生是课堂学习的中心,要全面提升学生主体参与的效度。因此,教师要通过平等对话来创建尊重、信任、合作的人际关系;通过共同发展、共同感受来营造民主、宽松、和谐的课堂氛围;通过交互完成、教学相长来提供思考、创造、表现、成功的机会。

主体参与的课堂教学中,教师要采用启发、帮助的话语,如"刚才的观点是什么""谁有补充""谁能纠正""谁发现了问题""谁有不同的见解""还有其他方法吗""你的理由是什么""你是怎么想到这个答案的"等等,在平等对话的前提下,层层推进课堂教学。教师的主导和学生主体参与是在融洽人际关系、民主的学习氛围和平等的体验机会基础上,强化学习者的参与活动与主动交流,促进思维的外化。教学过程注重平等的话语权,聚焦自主学习能力的发展。

(四)优化主体参与的模式

缺乏教学艺术以"教"为主的满堂灌和缺乏教学技术以"学"为主的"高效课堂"是两种彼此对立的教学模式,虽在不同的历史时期都发挥了一定的作用,但因其各有缺陷,导致难以适应现代课堂教学和肩负起培养学生创新的责任。两种教学模式都遭到教育专家质疑,都被一线教师摒弃。在课堂教学中,失去了教学模式这一抓手,老师们无所适从,无从下手。

《国家中长期教育改革和发展规划纲要》倡导多元化的启发式、讨论式、探究式、参与式的教学方式和《课标》提出的自主、合作、探究的学习方式。两者虽然淡化教学模式但并非不需要教学模式,只有不断探索、实践、研究、论证,寻找并推广适宜的教学模式,才能将多元化的教学方式和学习方式融为一体,才能将"教师主导、学生主体"有机结合、相辅相成,才能适应新时代课堂教学、全面发展学生核心素养。

现代教学论认为多元化混合式教学方式和学习方式的共存是教学改革的趋势,应运而生的学生主体参与课堂教学模式,呈现问题导向,凸显认知过程,突出思维活动。主体参与教学模式中,教师的角色发生转变,成为学生的引导者、学习参与者、困难的帮助者,学生角色亦发生转变,由原来的被动接受转化为主体参与的主动学习。

二、线上学生主体参与教学模式的案例分析

"互联网+"的线上教学是教育发展的趋势,其最大的优点是不受空间和天气以及疫情的影响,缺陷是屏幕里教师唱独角戏,屏幕外学生各自为政,屏蔽了学生主体参与,导致监控不够、效果不理想。以微视频为载体的主体参与学习模式,通过问题导学的"设疑—生疑—质疑—释疑",凸显了教师的主导作用,突出了学生主体参与,实现了线上线下良性互动,达到"发现问题—研究问题—解决问题—迁移问题"之目的。

案例1:磁生电

新课引入:(视频播放)上节课我们学习了电动机的原理,知道了电流产生磁场跟永磁体磁场相互作用可以产生相对运动(或转动),那么如果让一段导线在永磁体周围运动,会在导线中产生电流吗?请同学们通过实验探究:

活动1:利用桌上的导线、蹄形磁铁、灵敏电流表、小灯泡或者发光二极管,证明电流的存在。按下暂停回来继续。

问题1:(视频播放)磁如何才能产生出电呢?

想必这个实验大家进行得都不是很顺利,没有人看到灯泡发光或是电流表指针出现偏转。那么这说明什么呢?是实验设计出现了问题,还是磁根本生不出电呢?当年的科学家们可没有这么容易放弃,他们认为无法证明电流存在不代表电流不存在,有可能是电流表灵敏度太低、电流太小等原因。怎么办?科学家尝试改变了实验装置,把单根导线改为多匝线圈,使用磁性更强的永磁体,制造更精确的微安表。

相信聪明的你也已经有了新的实验方案,你可以使用桌上的线圈、标着 μA 字样的微安

表以及强磁铁,并将它们串联起来,再次发起挑战。

闭合开关的微安表的指针偏转明显,大家成功地用磁生出了电,这就是电磁感应现象。想当年这可是困扰了物理学家十多年的难题啊。科学的重大发现,都是科学家们艰苦付出和辛勤努力的结果,都是偶然中的必然,下面让我们重温一下电磁感应现象的发现之旅。

问题2:(视频播放)为什么电磁感应现象迟迟未被发现,要满足哪些条件导线中才会产生感应电流呢?

(视频播放)电能生磁,那么磁能不能生电呢? 1820年,丹麦科学家奥斯特发现了电能生磁。1825年,瑞士物理学家科拉顿进行了大量艰苦探索,由于科拉顿没有将电流表和实验的装置放在一起,当磁铁插入螺旋线圈的瞬间,跑到另外一个房间观察,电流表的指针早已停止摆动,最终"由于跑得太慢错失良机"而失败。1831年8月,英国科学家法拉第分析、总结了失败的原因,终于发现了磁能生电(电磁感应)现象。而科拉顿只能因细节问题错失良机,留下终身遗憾。

活动2:探究断开的电路中会不会出现感应电流?

活动3:探究当开关闭合时,导体如何运动才能产生感应电流?

问题3:产生的感应电流的大小和方向由什么因素决定? 如何通过实验证明?

问题4:磁生电我们得到了哪些启示?

问题5:(视频展示)将25 m长导线切割地磁场实验展示。两根线同时抢起,微安表指针不偏转,一根放在地上,抢起另一根,微安表指针偏转,为什么?

评析:新时代优质课堂教学主要包含如下几项指标:①学习动机(求知欲、价值观、成功体验);②学习能力(认知能力、表达能力、思维能力、创新能力);③达成度(借助真实性多元化的维度评价鉴定)。本案例凸显了线上学生主体学习,应用翻转课堂即"微视频导学模式",按照"激趣设疑—生疑质疑—探究解疑—延伸激疑"过程,较好地解决了线上学习的有效性问题。主体参与学习模式凸显了教师帮助、支持、促进的主导作用和学生动脑、动手的主体参与,既避免了线上教学呆板的"一言堂"、枯燥的"满堂灌"现象,又解决了流于形式的放羊式的"蓝蓝天青青草想吃多少吃多少的"的问题,较好地体现了多元化的教学方式的综合运用。在情景设置、问题导向、思维驱动的基础上,学生掌握了基础知识,习得了基本技能,养成了思维习惯,提高了"表达力""判断力""思考力"等综合能力,同时形成了"向学的秉性"与"完美人格"的涵养。

三、线下学生主体参与教学模式的案例分析

主体参与课堂教学模式呈现了多元化、混合式的改革取向,力避单一教学模式之短,博采

多种教学模式之长,它立足于学生能力提高,着眼于学生思维转变,定位于学生核心素养培养,践行于课堂教学,同时将多元化的教学方式融合在教学模式之中,在线下教学中得到完美发挥。

陕西师范大学胡卫平教授提出的核心素养引领下的主体探究式混合教学模式有以下几种:

模式1:创设情境—提出问题—自主探究—合作交流—总结反馈—应用迁移。

模式2:情境1—问题1—探究1—交流1—情境2—问题2—探究2—交流2—反思—迁移。

模式3:提出问题—自主探究—合作交流—总结反馈—应用迁移。

模式4:情境$\begin{Bmatrix} 问题1 \rightarrow 探究1 \rightarrow 交流1 \\ 问题2 \rightarrow 探究2 \rightarrow 交流2 \end{Bmatrix}$反思—迁移

案例2:电流与电压和电阻的关系

问题1:如何改装能使灯泡亮度发生变化。

解决问题:

(1)改变电阻;

(2)改变电压。

探究问题1:电流与电压和电阻三者的关系是什么?请小组设计实验方案,绘制电路图,讨论方案可行性。

设计方案:

质疑1:图4-3.1、图4-3.2通过改变电压来探究电流与电压的关系,这样的设计方案可行吗?

解疑:实验方案存在弊端。灯泡温度的变化会引发灯泡电阻变化。

图4-3.1   图4-3.2

改进:将小灯泡换成定值电阻如图4-3.3、图4-3.4所示。

质疑2:如果图4-3.3是一节干电池,图4-3.4是两节干电池,这样得到定值电阻两端的电压是1.5 V和3 V吗?

解疑:学生通过实验测量电池电压,得到电池电压并不是准确的1.5 V,从而必须加装电压表来准确测量定值电阻两端电压。

改进:

质疑3:图4-3.5的方案可行吗? 图4-3.6的方案好不好?

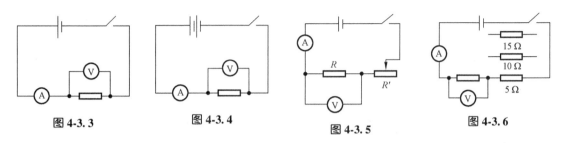

图4-3.3   图4-3.4   图4-3.5   图4-3.6

解疑:两方案设计可行,且图4-3.5方案最科学,理由是操作简单。图4-3.6操作复杂,但也能探究电流与电压、电阻的关系。

质疑4:图4-3.6方案可行吗?

解疑:可行,……

质疑5:图4-3.7的方案可行吗?

解疑:可行,……

质疑6:你觉得方案4-3.5、4-3.6、4-3.7最优电路图是哪个?

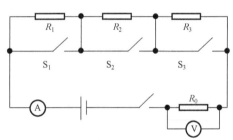

图4-3.7

解疑:三图改变电阻达到改变电压,其原理是一样的。但是方案4-3.6和4-3.7不足之处是更换电池或电阻烦琐,且更换电池电压高了容易损坏电路元件,所以采用图4-3.5方便操作。

问题2:思考实验步骤和实验注意事项。

探究问题2:电流与电压的关系

学生实验探究,分析实验数据。

分析数据方法1:利用比值恒定得到电流与电压关系。

分析数据方法2:利用图像法处理自己的实验数据。

得出结论:当电阻一定时,通过导体的电流与其两端电压成正比。

质疑7:图像虽然都是直线,但是倾斜程度不同,这是什么原因?

解疑:是因为电压与电流比值不同。

探究问题3:电流与电阻的关系

思考1:分析各种变压器在生活中的作用。

思考2:灯泡的灯丝熔断后,再搭上,接入电路,灯的亮度会如何变化呢?

评析:案例围绕胡卫平教授的"混合教学模式1"和"问题驱动"(设疑—质疑—释疑),设计课堂教学,引领学生主体参与,较好地体现多元化的教学方式的有效整合。

案例2将满堂灌和满堂动对立的观念,转变为学生主体参与的思维教学,实现了从"教"到"学"的转型,从"个人学习"到"协同学习"的转型,力求创建真情境、解决真问题。不同学科各有不同的教学模式,各学科都需要优化教学过程,遴选和应用适合本学科、适合学生的有效教学模式,最终,落实到本学科学生核心素养的培养。

第四节 基于问题导向的教学案例

从教学改革到课程改革,从三维目标到核心素养,最根本的目的是转变学生的思维方式。顾明远教授强调:"教育的本质是培养思维。"而现行的课堂教学大都停留在知识灌输层面,学生思考力明显不足;也有一些课堂教学,表面看似探究,实则习题讲解、强化训练,学生思维深度不够。学科核心素养难以落实,思维培养更是纸上谈兵。而问题导向的思维教学,通过思维教学转变学生的思维方式,培养学生思维品质和思维能力,进而发展学生的核心素养。

古人云"学则须疑",朱熹说"学贵有疑,小疑则小进,大疑则大进,不疑则不进"。课堂教学中,以问题导向为途径、以探究问题为目的、以思维培养为核心的教学,能驱动学生走向对知识的深度理解,促进学生科学思维的发展。

笔者在课堂教学中采取问题导向的教学方式,通过"激疑——启发问题提出的积极性""设疑——预设问题探究的方向性""生疑——驱动生成问题的联想性""探疑——唤起问题探究的科学性""质疑——辩驳问题结论的创新性""释疑——夯实问题迁移的方法性"等逐级递进环节,能有效驱动学生从知识学习转向方法掌握,从刷题强化转向物理问题解决,促进学生科学思维的发展,实现由"知识型课堂"向"思维型课堂"的转变。

《平面镜成像》教学案例

一、激疑——启发问题提出的积极性

激疑:播放魔术秀,请同学们猜一猜画面中是几个人(见图4-4.1)。

学生回答:画面中是两个人,镜中的是他们的像。

继续播放揭晓答案(见图4-4.2),原来他们是四个人。这是为什么呢?学习了这节课我们将揭晓谜底。

图 4-4.1

图 4-4.2

评析:问题是思维的起点,问题是思维的材料,问题是思维的指引,问题解决是思维的归宿,思维课堂的情境设计既要贴近生活,创设真情境;又要紧扣教材,展示新内容。本课用"魔术秀"的情境使学生产生认知冲突,课堂趣味性浓厚,学生好奇心强烈,既能激发内在的学习动机,诱发浓厚的学习兴趣,又能形成身临其境的体验学习场,在情境中产生疑问、提出问题,碰撞出思维的火花。

问题是科学探究的源泉,是积极的思维过程,也是培养学生思维品质的基础。思维不能离开问题而孤立存在,问题与思维有着密不可分的联系,问题是思维的载体,思维是解决问题的核心。以问题为导向的思维教学是课堂教学变革的途径之一。

二、设疑——预设问题探究的方向性

设疑 1:照脸镜、凸面镜、凹面镜、钢化玻璃、透明玻璃板、带颜色的玻璃板、平静的水面,哪种是平面镜?

设疑 2:平面镜所成的像和物有怎样的关系呢?

(1)物与像的大小是否相同?

(2)物与像到平面镜的距离是否相等?

(3)平面镜的成像与小孔成像有什么区别?

(4)平面镜如何成像?有哪些应用?

(5)同学们想知道哪些问题?

……

评析:设疑 1 环节着重培养学生的分析思维能力,引导学生学会对比、分析、判断,在观察和触摸中逐步培养学生模型建构的意识,为落实科学思维的模型建构奠定基础。

设疑 2 中的问题设计是思维课堂的关键,问题的设计既要准确把握问题的宽度、深度、角度、精度和难度,又要注重问题的层次性、开放性、逻辑性和思维性。围绕教学内容如何设计问题链,哪些问题用来情境创设,哪些问题作为过渡性引领,哪些问题用于探究研讨等,课前都要做好预设。教师在课堂上通过指向明确的问题,引导学生积极参与,使教师引领、启发的主导作用和学生合作性、能动性的主体参与有效融合,使学生思维品质实现从具体形象到抽象逻辑的全面发展。

三、生疑——驱动生成问题的联想性

活动1:请一位同学靠近或远离穿衣镜,其他同学观察平面镜中像的大小变化、人与像到平面镜前的距离变化。

活动2:请两位同学分别充当物体和像,在平面镜前演示,充当物体的同学举起左手,那么充当像的同学举起哪个手?(见图4-4.3)

活动3:蜡烛在平面镜后边成像,若将镀膜的平面镜换成透明的玻璃板,大家观察玻璃板后看到的像。

生疑1:平面镜所成的像是实像吗?

生疑2:平面镜该怎么放置?如何确定物和像到平面镜的距离?如何比较物与像的大小(见图4-4.4)?

生疑3:像的亮度不清晰怎么办?

图 4-4.3

图 4-4.4

评析:问题的解决是技能,而提出问题则需要创造、想象、判断。因此,教师通过活动让学生获得一些对人与像关系的初步感性认知,产生平面镜成像特点的疑问;再让学生观察物与像的大小、目测其距离等关系,产生平面镜成像规律的疑问。其目的在于引发学生内在驱动力,激发强烈的学习乐趣,保持稳定的学习情绪,从而促进师生之间、生生之间的互动、讨论、分析、探索。学生在"生疑"中提高了思维能力,加深了对知识的理解,并努力寻找解决问题的办法,进而由感性认知上升到逻辑思维和科学研究的理性认知。

四、探疑——唤起问题探究的科学性

请同学们利用电子蜡烛、薄厚均匀的钢化玻璃、白纸、笔、支架等器材,探究平面镜前物与像的关系。(记录的实验数据见下表)

次数	蜡烛的像到平面镜的距离	蜡烛到平面镜的距离
1	10.0 cm	10.0 cm
2	18.0 cm	18.2 cm
3	20.0 cm	20.0 cm

探疑 1:平面镜成像特点。

探疑 2:实验数据测量几次为宜? 为什么?

探疑 3:实验时使用点燃的蜡烛,它在实验中的优点和缺点是什么? 怎么解决其缺点?

探疑 4:观察物和像,试着将物和像的对应点连线,探究连线与平面镜的关系(见图 4-4.5)。

结论:

(1) 平面镜成像的大小与物体大小相等。

(2) 像到平面镜的距离与物到平面镜的距离相等。

(3) 像与物的连线与平面镜垂直。

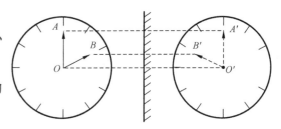

图 4-4.5

评析:培养学生的科学探究能力,要围绕科学探究的"四要素",即问题、证据、解释、交流。首先,结合教学实际选择适宜的教学内容,既要贴近生活,又要体现运用价值。其次,搜集证据时,既要注重信息搜集、处理的精准性,又要强化分析、推理、想象等思维能力的提高,学生通过科学评价证据的准确性,进而提升思维的批判性和严谨性。最后,在实验解释交流环节,要通过问题对话引导学生深度思考,启发学生积极主动地学习,通过刨根究底,解决实际问题,延展思维路径,提升思维能力与品质。

五、质疑——辩驳问题结论的创新性

质疑 1:魔术秀中的画面为什么是四个人呢?

质疑 2:观察到物体在平面镜中的像有近大远小的现象。而我们通过实验,发现像和物体的大小是相等的,哪种说法是正确的?

质疑 3:分析第二次实验数据发现物距与像距并不相等,其原因除了测量误差外还有哪些因素?

评析:质疑1利用平面镜成像的对称性,将四胞胎进行了完美的对称,产生错觉造成认知矛盾,在此应用平面镜成像的原理得以澄清;质疑2对实验观点提出疑问,通过对两种实验结果的比较、分析、研究,从而树立了科学严谨的观点;质疑3中的数据是科学结论得出的重要依据,而某些实验数据可能产生误差,从而影响研究结论的科学性。该活动意在引导学生探究科学实验中产生误差的原因(仪器误差、方法误差、操作误差、主观误差),进而追根溯源,尽可能减少误差。

质疑与创新是科学思维的重要维度。教学过程中,要不断创设学生的认知矛盾,通过争辩、讨论达到矫正与创新的目的。要不断培养敢于否定、敢于批驳、敢于质疑的思维习惯。要不断教给学生用不同知识、从不同角度质疑的方法。质疑要秉持怀疑、争辩讨论、集思广益,进而提出批判性的与众不同的观点。

六、释疑——夯实问题迁移的方法性

释疑1:人是如何看到平面镜中的像的?(见图4-4.6)

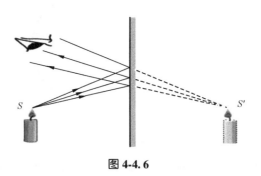

图 4-4.6

释疑2:自行车的反光板(见图4-4.7、图4-4.8)为什么设计成相互垂直的平面镜? 如果在相互垂直的平面镜内放一蜡烛(见图4-4.9),能看到几个像?

图 4-4.7   图 4-4.8

释疑3:通过平面镜看到的时间如图4-4.10所示,此时,真正的时间是几点几分? 你能用几种方法判断?

图 4-4.9

图 4-4.10

评析:问题的解决需要科学的方法。为了研究的方便,实验中抽象出平面镜的理想模型,在释疑 1 用平面镜符号(模型建构)来表示平面镜,其目的是便于快速解决问题。因此,要切合实际让学生熟悉理想模型和物理模型(对象、过程、条件、数学)的研究方法;释疑 2 遥相呼应回归课前引课,应用所学的知识,通过分析、判断与推理,锤炼准确语言传达信息并进行交流沟通,这正是关键能力的意义所在;释疑 3 密切联系生活实际,解释自行车的反光板应用相互垂直的平面镜达到原路反光之效果,在此基础上深层次地将问题拓展延伸,为培养学生的思维品质奠定基础;释疑 4 从平面镜成像的"对称"或"翻转"的不同角度探索解决问题的思维方法,促进学生形成科学的思维习惯和思维方法。

问题的解决也需要科学思维的积极参与,需要学生与教师之间的思维碰撞,而深度对话是培养学生思维的良好手段。教师通过与学生对话,了解学生学习的真实情况,便于教师引导学生向着正确的方向思考,在师生的对话中培养学生的语言表达能力和自信心。

总之,教学活动过程中,教师要层层深入设计具有思辨性的真问题,沿着预设的问题方向,唤起问题探究的科学性,质疑探究过程中问题提出的严谨性,在批判中求证并取得创新,在问题迁移应用中强化思维方法的渗透,逐步转变学生思维的片面性和表面性,培养学生思维品质的深刻性,推进学生的深度学习。

第五节　基于素养发展的教学案例

《义务教育物理课程标准(2022 版)》在教学建议中特别强调:"倡导情境化教学""突出问题教学""注重'做中学''用中学'""合理运用信息技术""灵活运用多种教学方式"等现代教育理念。如何落实新课标全新的理念、全新的思想、全新的方法的教学建议,审视中国教育的改革方向,是一线教师急需得到答案的问题。笔者据此提出,通过科学合理的设计情境和问题,激发学生学习的动机,合理运用信息数字技术,突破学习的重难点,采取多种教学方式,建构意义学习等教育教学理论。笔者结合教学实际,浅述物理课堂教学的设计与操作。通过研究探讨以"情境链"创设为抓手,以"问题链"设计为主线,以"活动链"建构为平台,以"信息技术为手段"依托,以"混合式教学思想"为指导,提升课堂教育教学的设计质量,培养学生发现问题、解决问题的能力,发展学生的核心素养。

"基于学生主体,倡导科学探究"的第八次课程改革虽已过去整整二十年,但仍存在诸多问题,概而言之主要有:第一,情境创设虚假,缺乏与生产、生活实际联系,只注重新课导入,缺乏全过程中的情境创设,导致学生学习的积极性不高,知识建构难以实现,学以致用无从谈起;第二,问题设计随意、混乱,问题主线不突出,问题间缺乏逻辑关联,且问题设计的角度、精度、宽度、深度和难度表述不准,没有条理性、层次性、探索性、开放性和挑战性;第三,虚假探究,与其说是探究不如说是验证,"做中学""用中学"虚化;第四,讲授式、灌输式仍奉为圭臬,少用或排斥混合式、多样化的教学模式;第五,信息技术运用仅限于"电子白板"层面,难以将数字技术与教学的重难点进行融合。针对以上这些问题,笔者拟以初中物理"变阻器"一节内容为例,提出教学设计策略,探讨核心素养提升,以供同行参考。

一、情境设计策略

情境是激发、帮助、调动学生意义学习的重要措施。通过多种途径创设多样化的情境,诸如自然情境、社会情境、生活情境、实践情境、科技情境、现代化建设新成就情境、传统文化情境等,再现物理现象。情境创设还可以用于信息技术模拟动画、数字的采集、图像的绘制、作业的展示等方面。

情境的创设不仅要"新颖、独特",还应能"激趣、激疑",进而产生"认知冲突"。所创设的情境应与所学知识密切联系,不能离题太远,在情境中呈现问题,在情境中研究问题、解决问题、拓展问题,尽可能用生产、生活实际中的真实情境或物理实验再现教材中物理现象、物理过程,形成比较完整的情境链,以引导学生思维。

以情境承载问题,以问题驱动思维,以活动探究真理,以期达到"发现问题、提出问题、探索问题、解决问题"之目的。

"变阻器"教学中,可以设计如图 4-5.1~图 4-5.13 所示的情境链。

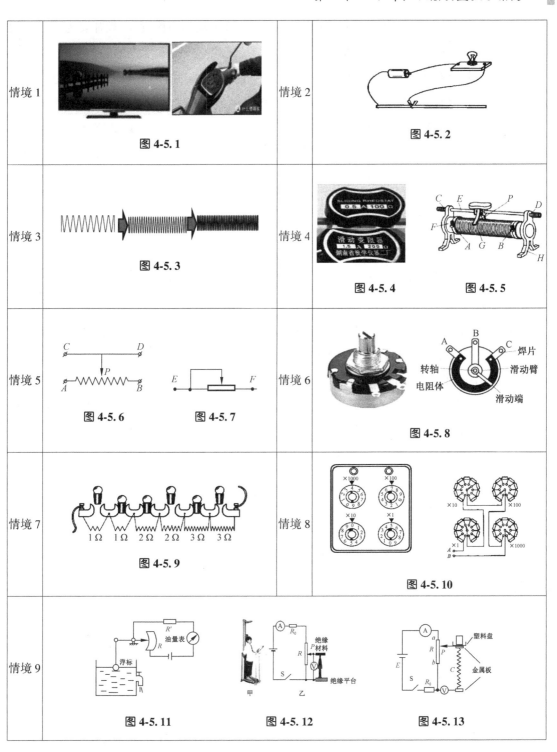

情境1	图 4-5.1	情境2	图 4-5.2
情境3	图 4-5.3	情境4	图 4-5.4　　图 4-5.5
情境5	图 4-5.6　　图 4-5.7	情境6	图 4-5.8
情境7	图 4-5.9	情境8	图 4-5.10
情境9	图 4-5.11　　图 4-5.12　　图 4-5.13		

评析:建构主义理论认为,人的学习过程是一个积极主动的建构过程,教师要为学生创设良好的学习环境,设置适当的问题情境,引起学生的认知冲突,激发学生的思维。杜威认为,从情景中发现疑难,从疑难中提出问题。在新课引入中联系实际,用视频录像展示电视机的亮度、声音变化以及电动摩托车速度的变化,紧密联系实际,还原生活场景,激发学生的求知欲。依据学生认知特点,从导电触头在铅笔芯上滑动的实验情境中,利用数字技术创设线圈疏密的虚拟情境,帮助学生巧妙理解滑动变阻器的工作原理。这也恰恰是物理《课标》建议教学中"倡导情境化教学"之本意。

二、问题设计策略

思维始于问题。课堂教学中问题设计要符合针对性、层次性、适量性、启发性、开放性、创新性的原则。将教材中的知识转化为问题,将"是什么"的知识转变为"为什么",尽量将教材中的内容转化为学生熟悉的生产、生活经验或学生感兴趣的自然现象,如将"什么是串联电路""串联电路的特点是什么""串联电路有哪些应用"等干巴巴的问题转化为"奥特曼的眼睛有什么特点""奥特曼的眼睛为什么能同时亮同时灭""怎么使奥特曼睁一只眼闭一只眼"等学生熟悉场景中的问题。依据知识之间的逻辑关系,逐一以问题形式呈现,问题呈现顺序既考虑学生的最近发展区,还顾及由浅入深的层次性,还应考虑问题的可思考性、挑战性、探索性、开放性,如此,才能实现从传统的单纯"知识教学"转向有意义的"理解教学"和"思维教学"的纵深发展,最终实现学生有意义的知识构建。

变阻器教学中,可以这样设计问题链:

问题1:电视机的亮度和声音以及电动摩托车的速度改变是通过改变什么而实现的?

问题2:改变电阻的大小有哪些方式?你觉得哪种方式比较好?为什么?

问题3:通过改变导线长度来达到改变电阻的目的是一个比较好的途径,但导线太长不好携带,那该怎样办?

问题4:电阻丝应最好缠绕在什么材质的物体上?如何操作?

问题5:线圈的绕线间隙较大时,划片滑动将会出现什么问题?该如何解决?

问题6:线圈的绕线紧密时,会有什么问题?

问题7:滑动变阻器铭牌上的"×A ××Ω"是指什么?你能说出滑动变阻器各个部分的名称吗?

问题8:起限流作用的滑动变阻器,其初始值为什么要最大?滑动变阻器有哪几种接法?

问题9:为了方便研究,有时用滑动变阻器的结构图4-5.6来表示,在电路中滑动变阻器的符号如图4-5.7所示,如果要使电路中的电阻由大变小,需要接哪些接头?划片向哪个方向移动?

问题 10:生活中的电位器相当于变阻器,比如音量和亮度的开关,能大大缩小其体积。它是怎么实现电阻变化的?

问题 11:滑动变阻器的优点是什么?缺点又是什么?

问题 12:要想明确知道电阻值是多少怎么办?比较一下插入式电阻箱和旋盘式电阻箱,如何读数?

问题 13:生活中的变阻器还有哪些应用呢?请同学们观看图 4-5.11 的油量表、图 4-5.12 的身高测量仪、图 4-5.13 的电子秤并加以解释。

评析:现代教学论认为,任何教学内容都可以用问题呈现出来。用问题引领教学、驱动学习,为学生提供一个探索、合作、交流、提升的平台,在问题解决中感受学科的价值。在教学中以问题为线索探索知识、掌握技能、学会思考、学会学习、学会创造,从而促进学生创造思维的发展,实现深度学习。

三、活动设计策略

课堂教学中,着眼于学生的发展,践行"做中学""用中学"理念,针对教学重难点和学生的认知特点,合理设计探究性活动。活动设计应具有趣味性和挑战性,能够激发学生持续探究的兴趣,并让学生获得成功的体验。同时,还应选取合适的拓展内容和形式,如"小制作""小发明",以锻炼学生的动手能力和创新能力,并在活动中真正领悟所学的知识,进而应用和迁移知识。"变阻器"教学中,可以这样设计活动:

实验次数	连入电路的接线柱	有效电阻丝部分(用记号笔标出)	滑片向 A 端(左)滑			
			接入电路的电阻丝长度变化	接入电路的阻值变化	灯的亮度变化	电流大小变化
1						
2						
3						
4						
5						
6						

活动1:利用图4-5.2所示的器材改变接入电路中铅笔芯的长度观看小灯泡的亮度。

活动2:利用滑动变阻器改变电路中小灯泡的亮度有几种接法？通过活动完成表格中的内容。

活动3:利用图4-5.8中的电位器改变灯泡的亮度。

评析:美国教育家杜威提出"从做中学",教师通过引导学生去"做",在"做"的过程中去思考,在思考的过程去"做",最终达到知行合一,真正掌握知识。

四 、辅助技术设计策略

（一）融合数字技术策略

物理《课标》在教学建议中指出,"合理运用信息技术"。将信息技术有效融入物理教学,帮助学生适应数字时代的要求。信息技术的应用不只在情境创设大显身手,而且在微小放大、突破时空观限制、微观结构模拟与运用传感器在数字采集和数据处理中、微课播放等均有不俗表现。充分发挥信息技术的优势,提升学生运用信息技术的能力。

（二）优化教学方式策略

现代教学论认为多元化、混合式教学方式和学习方式的共存是教学发展的趋势。特别是近年来受疫情的影响,许多学校都采取了线上和线下、教师讲授和学生自学的混合式学习方式。物理《课标》倡导多元化的启发式、讨论式、探究式、参与式的教学方式和自主、合作、探究的学习方式。物理《课标》虽然淡化教学模式但并非不需要教学模式,只有不断探索、实践、研究,寻找推广适宜的教学模式,才能将教学方式和学习方式融为一体,才能适应课堂教学、全面发展学生核心素养。

本课遵循"情境→问题→探究→交流→反思→迁移"的教学模式,运用"启发式、讨论式、探究式、参与式"等多种教学方式,巧妙设计问题链,沿着"激疑→设疑→探疑→质疑→解疑"问题主线,展开进行新课学习与探究。

五 、作业设计策略

长期以来,学生课业负担问题是一个不易解决的问题,真乃"减负天天喊,负重常常在"。其实,学生的课业负担除大量重复的机械训练(练习题)外,更大的负担是心理负担。减轻学生的心理负担,真正践行"从生活走向物理,从物理走向社会",让学生体验到物理是有趣的、物理是有用的才是根本。据此,课堂教学应注重以问题引学生积极主动参与,课后作业设计要关注学生的"真实生活世界""真实生活世界中的真实物理问题",体现作业的开放性、创新性、方法性,应精选习题,通过"一题多变""一题多解""多解归一"等训练途径,总结问题解决方法,点燃学生的求知欲,在兴趣盎然的状态下才学得更多、学得更快、学得更好、学得更轻松。

"变阻器"教学中,可以设计如下课后作业:

在如图 4-5.14、图 4-5.15、图 4-5.16 所示滑动变阻器滑动过程中,你能发现什么规律?

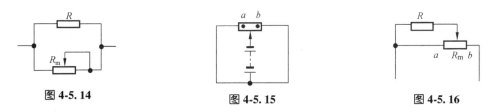

图 4-5.14　　　　　　　图 4-5.15　　　　　　　图 4-5.16

评析:哈里斯·库帕认为,初中学生作业时间与学习成绩明显相关,在合理的范围内,作业量增加,初中生的学业成绩会随之不断提高,但超过一定限度的作业量不会导致更大的进步。

作业的设计不在于"多"而在于"精"和"导","双减"落实取决于社会、家庭和学校,减负并不仅仅是减少课后的"作业量",而是发展学生的思维、培养学生的能力,尤其是结合新课程标准,深度挖掘隐蔽的物理规律和学科方法的渗透。

总之,在培养学生核心素养的教育背景下,课堂教学设计应该着眼于课堂教学的情境设计、问题设计、学习活动设计、教学辅助技术设计以及课后作业优化设计。既要注重培养学生的兴趣,又要着力提升学生的综合能力,还能减轻学生过重的课业负担,有效落实课堂教学设计策略,全面提升学生核心素养。

第六节　基于学案导学的案例研究

导学案是在新课程改革之后应运而生的一种学习方案,目前为广大教师所采用。导学案本质是帮助学生掌握教材内容、沟通学与教的桥梁,优化学生学习方式、培养学生自主学习和构建知识体系能力的一种重要媒介。现实中,导学案的编写和使用存在种种问题,如:学案等同于教学设计、三维目标割裂、学案等同于大容量的强化练习题集等,没有真正起到导学的作用。本节通过对导学案编写使用存在问题的剖析,探讨导学案编制使用的原则,旨在实现导学案编制的改进、规范,提升导学案使用的效益。

导学案是经教师集体研究、个人备课、再集体研讨制定的,以新课程标准为指导、以素质教育要求为目标编写的,用于引导学生自主学习、主动参与、合作探究、优化发展的学习方案。它以学生为本,以"三维目标"的达成为出发点和落脚点,配合教师科学的评价,是学生学会学习、学会创新、自主发展的路线图。

学案对学生的积极影响是多方面的。它可以引导学生明晰学习目标、有利于学生构建合理的知识结构、培养学生主动学习的能力和创新精神、让学生享受学习的快乐,最终完成教育理念转变、教学现代化水平的提高,实现素质教育。

一、导学案编制中常见的问题

从过程上看,导学案编制应该以集体备制为主,体现群体智慧和个体风格的交融。但实际上在编制时,变成了学科组内教师每人一节,之后拼装,变"集体"为"拼盘"。从内容上看,导学案的编制下载现成的居多,自主设计的较少,借鉴的居多,创新的较少;从形式和结构上看,过于强调统一刻板的导学案结构形式,忽视了导学案随学情而动的灵活性本质。另外,导学案逐渐有等同试卷的趋势。具体问题如下:

(一)导学案=教学设计

由于认识上的偏差,有的学校和教师认为导学案等同于教学设计,上课时不再使用教学设计,只进行学生展示或讲解导学案上的答案,更有甚者偏离了物理学科的本质,整个教学活动就是围绕导学案,连课本上的演示或分组实验都不做,让学生去口头讨论等。

(二)偏重"导"或偏重"学"

目前,导学案尽管不再是什么新生事物,但在使用过程中还存在明显的认知上的误区。有的过度夸大学生主体作用,削弱了教师的主体作用,导学案变成了"学案""题库";有的则过分强调教师的主导作用,教师意志贯穿导学案使用始终,课堂教学变成了习题讲解。导学案是通过教师的"导"来引导学生先行尝试,再有针对性地组织教学的"导学"方案。偏重"导"或偏重"学"都是不可取的。

(三)三维目标的缺失与割裂

案例1:"电热的作用"导学案

学习目标:

1. 知道电热器的原理是电流的热效应。

2. 知道电热器的主要组成部分是电阻率大、熔点高的合金。

3. 能列举利用和防止电热的实例。

4. 能联系实际找到防止和利用的方法。

5. 培养学生观察、分析、应用的能力。

评析:在编制导学案时,我们不能只重视知识与技能目标,而忽略过程与方法、情感态度与价值观目标,否则,就可能导致学生发展的片面性,进一步加剧高分低能的错误延伸。案例中学习目标 1、2、3 就仅侧重了知识目标的设置。另外,三维目标是一个有机的整体,不是"三个目标""三种目标"或"三类目标",而是同一教学目标的三个维度。而案例中学习目标 4、5 就割裂了三个维度,成了"三种目标"。

(四) 教学目标与学习目标混同

案例 2:"动量守恒定律"导学案

学习目标:

1. 在了解系统、内力和外力的基础上,认识和理解动量守恒定律。

2. 能运用牛顿第二定律和第三定律导出动量守恒的表达式。

3. 了解动量守恒定律的普遍性和牛顿运动定律适用范围的局限性。

4. 深刻理解动量守恒定律,练习用动量守恒定律解决生产生活问题。

评析:教学目标是教师进行教学设计的范畴,学习目标是学生自学时要到达的目的,二者在表述上不同,教学目标侧重于目标的设定,学习目标既强调目标的设定,更强调学习过程和方法指导。

教学目标中的技能目标一般用语是:初步学会、学会、设计;教学目标中的"过程与方法"目标一般用语是:通过或经历……过程,感受(认识或运用)相应的"科学方法"(或经历……的探究过程)等;教学目标中的情感、态度与价值观一般用语是:通过……过程,体验、感悟、形成(科学态度、学习兴趣、学习态度、合作意识、团队精神、关爱生命、爱国热情和民族自豪感等),达到所期望达到的变化。

上面案例中,目标 1"认识和理解"、目标 3"了解"、目标 4"深刻理解"等行为动词表述不够具体、明确,含混不清。什么是"了解"?怎样才算"了解"?了解的程度是什么?显然在落实学习目标时不易操作,且不能够评价。

(五) 问题设置转变为应试教育的练习题

案例 3:"电的利用"导学案

教学过程:

一、预习交流

二、确定目标

三、分组合作

四、展现提升

1. 基础知识,全面掌握

(1) 举出日常生活中你所见到的用电器,并分别说出:哪些地方有电热的现象?哪些用电器把电能全部转化为内能？哪些用电器在使用过程中，还有其他形式的能的转化？哪些是专门把电能转化为内能？哪些地方防止电能转化为内能？

讨论完成该项内容，并比较各学习小组的表现情况。

（2）电热的利用，电热器

在上面已分出的用电器的类型中，找到专门利用电热的作用工作的，对比其他的用电器，归纳出电热器的工作原理，进一步得出电热器的特点，并分析电热器的主体为什么用电阻大的、熔点高的合金制成。

（3）电热的危害与防止

在上面已列出的非电热器中，确认它们在工作过程中是否也存在电热作用，人们是如何尽量减少与防止电热的？

2. 联系实际，灵活运用

（1）下列事例中，不属于利用电热的作用来工作的是（　　）

A. 电饭锅煮饭　B. 电热孵卵器　C. 用电熨斗熨衣服　D. 电视机的散热窗

（2）如果白炽灯的灯丝断了，可以把电灯丝"搭上"后再用，搭上后的灯泡比原来更亮，其原因是_____。

（3）小明家的保险丝经常熔断，小明发现保险丝没有拧紧，该连接处经常熔断的原因是_____。

（4）新型电动车成为未来汽车的发展方向，若汽车所用电动机两端电压为 380 V，电动机内阻为 2 Ω。通过电动机的电流为 10 A，则电动机工作 10 s 所消耗的电能为多少？产生的热量为多少？若电动机线圈用超导材料制成，则产生的热量为多少？

五、穿插巩固

六、达标测评

评析：该课例的问题设置脱离了物理学的教学核心——实验探究。课程标准对本节课的要求是：通过实验，探究并了解焦耳定律。然而该课例围绕核心并没有设置任何问题，问题设置没有层次、没有启发性，没有导学性，没有挖掘教材中的具体问题，更没有学习时间的限制要求和学法的指导。

二、导学案的使用现状

就目前的导学案使用来看，现状也不容乐观。

从使用效率上说，由于很多自主编制的导学案质量参差不齐，有丰富教学经验的教师往往弃之不用，而经验较少的年轻教师在使用时照搬照抄，使用效率低下。

从使用方式上说,有的学校是把自主编制的导学案集印成册,有的则是一课一案分散使用。不论哪种方式,应该遵循效率为先的原则。

从使用时间上说,有的是作为预习内容提前发给学生,然后收回批阅,了解反馈的信息;还有的是侧重问题探究在上课前发放,课中使用;一般很少有课后使用的情况。

三、导学案编制的原则和方法

导学案意在转变教师的教学方式,培养学生的自主学习、质疑问难的习惯,体现"先学后教""以学促教"的教学理念。导学案是否能起到导学的作用,关键要看目标制订是否明确,是否有可检测性、可操作性,问题的设置是否适度,是否具有层次性、引导性、针对性、趣味性、发散性、方法性。

(一) 目的性原则

导学案编制首要的任务是明确学习目标。如"电热的作用"较为完整的三维目标表述为:通过自主阅读教材,识记"电热器的原理是电流的热效应,电热器的主要组成部分是电阻率大、熔点高的合金",并能在分组讨论中,结合实例列举电热器的利用与防止的具体方法,从而树立辩证认识事物的思维。

"通过……"属于过程与方法目标,"识记"属于能力目标,识记的内容则是知识目标,"树立……"属于情感、态度、价值观目标。

(二) 层次性原则

依据"因材施教"的原理和学生认识的就近发展区,由浅入深、循序渐进地设置问题,既要紧扣教材、扫清教材中的基础知识,如教材中的概念、单位、图形,又要挖掘教材,如定律,定律的使用范围、使用方法,重点与难点和易错点,让学生有意义地积极主动地建构和重组知识体系。同时,还要注意不同层次的学生设置不同难度的问题,即设 A、B、C 级,A 级为基础性的问题,B 级为中等难度的问题,C 级为少量的有难度的问题。让大多数学生经过自主、合作、交流解决大部分问题,体验到成功的喜悦,从而调动学生进一步探索的积极性。

(三) 引导性原则

导学案的编写,要有利于学生进行探索学习,设置的问题应富有引导性,但不宜太多、太碎,能充分调动学生的思维,让学生通过自主学习,领悟知识的奥妙,培养思维的敏捷性。

如:在电学部分可以从"220 V　40 W""220 V　100 W"两只灯泡谈起,逐步设置问题:

(1) 指出灯泡上哪些是导体,哪些是绝缘体,引申到超导体、半导体、纳米材料。

(2) 两只灯泡安装在照明电路中,应怎样连? 如果串联会怎样?

（3）灯丝通电后的发光原理是什么？荧光灯的原理又是什么？

（四）针对性原则

既要备教材，了解教材中重点与难点和易错点；又要备学生，了解学生的认识特点和认知误区，编写有针对性的问题，突出重点、突破难点。

（五）趣味性原则

教学中，由于存在学生的认知差异、教学内容差异和学科特点差异，导学案形式上应丰富多彩，灵活多样，以内容决定形式，让形式服务于内容，体现灵活性。内容上增加名人轶事、趣味物理、尖端科学技术等，不仅能调动学生学习的积极性，还能激发学生热爱科学的情感。

（六）发散性原则

编写学案时，既要联系实际，学以致用，又要强调内容创新。创新的本身体现在变式训练上，如情景变式、方法变式、规律变式训练等，培养学生的创新思维能力，提升举一反三、综合运用知识的能力。

（七）方法性原则

导学案应当有"使用说明和学法指导"，指导和帮助学生使用科学的方法提前预习所学内容，圈点批注重点、难点，把握知识框架和结构，记录自己的疑惑点，锻炼学生的学习能力，为课堂内进行深入探究作好准备。

四、导学案的建设和发展前瞻

导学案作为一种微观意义上的教学规划，既要从教学管理层面来进行规范，也要从教学研究角度进行建设。

从教育发展前景来看，导学案应该还将出现以下变化：

一是变教师编制为师生共建。教师在把握教学方向的基础上，导学案的编制过程要更大限度地发挥学生的主动性、积极性和创造性，问题的提出和构建、教学流程的设计等都可以大胆交给学生，让学生从学到教再到学，在学与教之间不断变换角色，促进学生学习能力的提升和自我教育的发展。实际上这种师生共建的导学案编制方式目前在有些学校已经出现了。

二是变提前编制为现场设计。当前的导学案大多是教师领着学生学习的方案，立足于学生怎样才能更好地掌握知识，因此，导学案都是教师提前编制好的，在课前或课中交由学生使用。而今后的教育教学将更多地鼓励学生通过自主、合作、探究来寻找问题、发现问题，尝试提出解决问题的方案并验证这一方案。因此，导学案更有可能由师生围绕一节课的内容来现场设计。

三是导学案展示和使用的多样性。目前,学校往往在上课过程中践行一课一案的做法,主要以纸质导学案为主。新课改不再拘泥于每一堂都要有印刷而成的纸质导学案,对于问题的提出和课堂流程的展现可以通过多媒体、黑板、口头等多种载体来进行,也可以通过教师或者主持人以更加灵活的形式来展现。这样既节约了纸张,同时能够更好地将多媒体技术与高效课堂有机结合起来,有效地弥补纸质导学案的不足和信息呈现的局限性。

小　结

本章介绍了核心素养下的几种高质量的教学案例,即情境教学、问题教学、思维教学、主体参与的对话式教学以及研究性学习等,旨在分析课程改革的发展趋势及有效应用,辩证处理好"教"与"学"的关系,理清核心素养下的教学模式、教学方式、教学方法之间的关系,结合案例从实践层面针对性地赋以应用,旨在有效提高课堂教学质量。

思　考　题

1. 常规教学风格有哪些?请组队探讨并分工观摩、采访优秀教师教学风格的发展路径。
2. 你怎样理解现代教学论之混合式或多元化的教学方式?
3. 谈谈磨课、公开课、展示课的异同。
4. 问题导向思维教学的关键点是什么?请设计几则案例。
5. 如何实施主体参与的对话式教学?请设计几则教学片段。
6. 如何培养学生思维品质的深刻性,推进学生的深度学习?

本章推荐参考文献

[1] 中国专业学位案例中心:https://case.cdgdc.edu.cn/

[2] 刘增泽,潘苏东.生活视域下的物理科学探究活动设计策略[J].课程·教材·教法,2021,41(5):116-121.

[3] 王升.主体参与教学策略的分层分析案例[J].课程·教材·教法,2001(3):16-18.

[4] 许卫国.基于物理核心素养的教学案例研究——以"固体"教学为例[J].物理教师,2021,42(8):28-30,37.

[5] 林崇德,胡卫平.思维型课堂教学的理论与实践[J].北京师范大学学报(社会科学版),2010(1):29-36.

[6] 徐静.初、高中物理教学衔接案例研究——以"摩擦力"为例[J].物理教师,2021,42(9):33-35,40.

［7］ 李吉林.情境教育的独特优势及其建构［J］.教育研究,2009,30(3):52-59.

［8］ 吴梦雷.基于培养学生科学思维能力的高中物理教学案例——以"向心力"为例［J］.物理教师,2021,42(10):8-12.

［9］ 李鸣.高中物理课堂教学中德育渗透的实施案例分析［J］.物理教师,2021,42(7):27-28,31.

［10］ 周祎,马如宝.以问题为导向构建物理模型的过程［J］.物理教学,2018,40(7):20-22,19.

［11］ 张惠玲.在高中物理教学中开展有效研究性学习的实践研究［J］.物理教师,2016,37(10):10-12.

［12］ David H Jonassen,Susan Land. Theoretical Foundations of Learning Environments［M］.NJ:Lawrence Erlbaum Associates,2000:65.

［13］ 裴娣娜.主体参与的教学策略［J］.学科教育,2000(1):10-12.

［14］ 张俊辉,唐建华.3种"问题导向"的物理复习课案例［J］.物理教师,2021,42(3):91-94.

第五章　初中物理思维方法研究

"思则睿,睿则圣。"物理学是观察、实验和科学思维相结合的产物。课堂教学要做到传授知识和培养思维兼顾。培养学生良好的学习习惯和思维品质是课堂教学的要义,是教学之于学生最有意义之所在,而思维取向是科学思维的基本立场,是科学思维的基本范式要求。以中学物理核心素养中科学思维的关键要素开展思维意识、方法、实践等研究,尤其是学科思维方法实践与应用,为减轻学生作业负担、提高学习质量奠定了坚实的基础,使得知识课堂向思维课堂转变,推进思维与素养同频共振,提升物理教学质量。

第一节　学生思维意识的培养研究

中考创新试题一直是教师关注的话题之一,试题的灵活性、创新性和独特性较好地考查了知识与技能、过程与方法,同时也体现了新课程理念和科学本节以2015年中考试题为例对中考创新试题的走向及其对策作一阐述。

图 5-1.1

一、拓展新材料应用意识

【例1】(2015·扬州)如图 5-1.1 所示,女孩用一种可以隐身的斗篷遮住身体的下部,人站在女孩的前面,却看到了斗篷后面的景物,而被斗篷遮住的身体部分"消失"了。图 5-1.2 中能正确解释这种现象的光路是(　　)

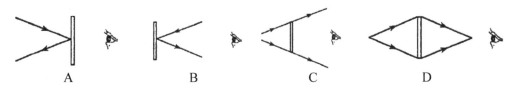

图 5-1.2

评析:该试题贴近学生生活,体现了新课程理念,符合学生的认知特点。试题渗透了新材料、新思想、新技术和新方法,能激发并保持学生的学习兴趣,让学生通过学习和探索掌握物理学的基础知识与基本技能,并能将其运用于实践,为以后的学习、生活和工作打下基础。为此,关注和了解新材料及其应用是应对2016年中考的对策之一。

二、渗透新技术应用意识

【例2】(2015·宜昌)目前随着城市建筑越来越高,楼内都安装了电梯,方便居民出入。某楼梯的电梯的相关参数如表5-1.1所示,为了安全,电梯都设置了超载自动报警系统,其工作原理如图5-1.3所示。

表5-1.1

功率	25 kW
最大载客量	10 人

(1)由图5-1.3可知,当电梯所载人数增多时,压敏电阻R_2所受的压力增大,阻值减小,则控制电路的电流增大,从而使电磁铁的磁性_____(选填"增强"或"减弱"),当电梯超载时,触点K与触点_____(选填"A"或"B")接触,电铃发出报警铃声。

(2)电梯在使用过程中,若控制电路中的R_1被短接,则该超载自动报警系统会出现什么异常?_____。

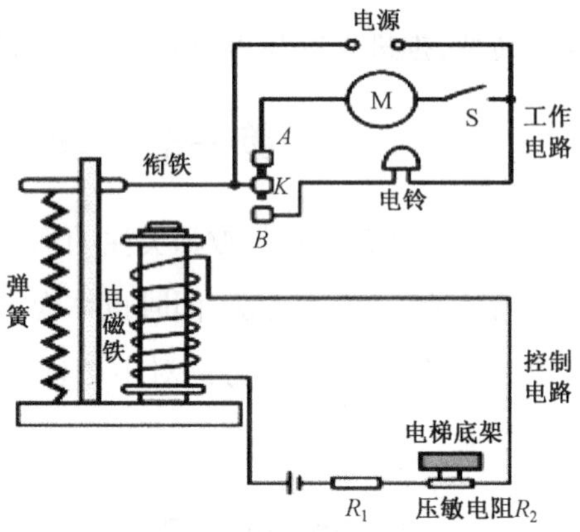

(3)某开发商称:此电梯是快速电梯,它能

图5-1.3 电梯自动报警原理图

在10 s内将10个成年人从1层匀速升高到14层。若每个人的体重约为600 N,每层楼高3 m,电梯上升时需要克服摩擦及系统自重共计2 000 N,请你通过计算说明开发商的话是否可信。

评析:"从生活走向物理,从物理走向社会"是物理课程标准提出的一个基本理念,即物理要贴近生活,善于留心生活中新产品的应用,经过观察思考,发现其中的物理规律,对生活的感知由表及里。近年来中考联系实际的试题越来越多、越来越活,在教学过程中如何把握课程标准,真正做到理论联系实际,这就要求物理教师要培养学生的应用意识,引导学生关心实际问题,提高学生的学习兴趣。课堂上要有意识培养学生发现、分析生活中物理现象的能力;课外,拓宽学生视野,鼓励学生通过了解新产品的研发来探究生活中的实际问题。

三、体验数据分析意识

【例3】(2015·常德)现有两个电阻元件,其中一个是由金属材料制成的,它的电阻随温度的升高而增大,另一个是由半导体材料制成的,其电阻随温度的升高而减小。现对其中一

个电阻元件 R 进行测试,测得其电流与加在它两端的电压值,测试数据如表 5-1.2 所示。

表 5-1.2　实验数据

次数 物理量	第一次	第二次	第三次	第四次	第五次	第六次	第七次	第八次
U/V	0.40	0.60	0.80	1.00	1.20	1.40	1.60	1.80
I/A	0.20	0.45	0.80	1.25	1.80	2.45	3.20	4.05

1. 请根据表中数据判断元件 R_0 可能是由上述哪类材料制成的,并说明理由。

2. 把定值电阻 R 和元件 R_0 接入如图 5-1.4 所示的电路中,闭合开关后,电流表读数为 1.8 A。已知电路中电源电压恒为 3 V,此时定值电阻 R 的电功率为多大?

3. 分析表中数据,写出通过元件 R_0 的电流 I 和元件 R_0 两端的电压 U 之间的关系式。

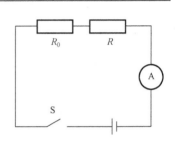

图 5-1.4

评析:数据处理是科学探究中的重要环节,也是物理实验和计算的重要过程,它不仅是中考的热点,也是中考的难点。数据处理是否科学,决定了结论是否科学,能否推广。学生对数据处理常见的困惑不外乎数字的取值、数据间的规律和处理数据的方法。数据分析要立足物理规律,同时,还要从概念、单位和数据的普遍性角度加以分析,在掌握普遍性的同时也要兼顾它的特殊性,进而得出可靠的结论,这是处理好数据的基本途径。

四、学会科学评价意识

【例4】(2015·鄂州)如图 5-1.5 所示是小

(1)如果是你做这个实验,为了减小误差,则图中的操作步骤顺序为＿＿＿＿＿＿。

(2)图 5-1.5 中＿＿＿＿＿＿两个步骤是为了测量浮力的大小。

(3)表 5-1.3 是小新同学实验时设计的表格及填写的实验数据。

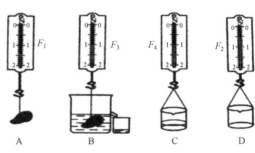

图 5-1.5

①请你将表 5-1.3 第三行数据补充完整。

②小新同学在进行数据分析时,发现第二次实验数据与其他两次反映的规律不相符,为了得到结论,他将第二次实验中 G_1 的数据改为 1.1 N,$G_{排}$ 的数据改为 0.5 N。

请你对他的做法进行评估:＿＿＿＿＿＿＿＿＿＿。

表 5-1.3

实验次数	物重 G/N	物体浸没水中测力计示数 F/N	桶与排出水总重 G_1/N	空桶重 G_0/N	浮力 $F_浮$/N	排开水重 $G_排$/N
1	1.2	0.7	1.1	0.6	0.5	0.5
2	2.0	1.5	1.0	0.6	0.5	0.4
3	2.4	1.7		0.6	0.7	0.7

如果是你,对这种情况采用的做法是:_____。

评析:评价是培养学生追求真善美、树立科学辩证观和良好表述能力的重要途径。无论是平时的实验探究还是中考试题的考查,学生对此往往无从下手,不知道怎样评价,不知道从哪些角度进行评价,甚至语言表达不清楚、不到位。一般来说,对实验的评价,应该从以下角度考虑:方案是否合理、安全、节能以及能否正常工作;操作是否方便;数据是否精确、完整;收集数据是否具有规律性等。

五、领悟"图""线"对应意识

【例 5】(2015·株洲)一根金属棒 AB 置于水平地面上,今通过弹簧测力计竖直地将棒的右端 B 缓慢拉起,如图 5-1.6 甲所示。在此过程中,弹簧测力计对棒所做的功 W 与 B 端离开地面的高度 x 的关系如图 5-1.6 乙所示。请根据图像解答下列问题。

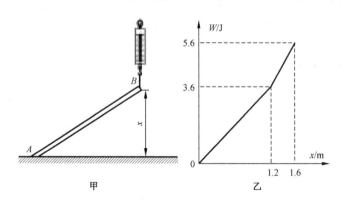

图 5-1.6

(1)该金属棒的长度 $l=$ _____ m。

(2)在 B 端拉起的过程中,当 $x_1=0.6$ m 时,测力计的示数为 $F_1=$ _____ N;当 $x_2=1.6$ m 时,测力计的示数为 $F_2=$ _____ N。

(3)求金属棒的重心到 A 端的距离 d。

评析:图像题是近年来中考试题的一大亮点,不仅灵活考查了学生应用物理知识分析问题的能力，而且侧重考查了"数形结合"的思想，即图形中隐蔽条件的挖掘和信息处理。该试题将图像和题干中物理情境融为一体，别具风格地考查了学生的分析判断能力，有别于"数形结合"，很好地拓展、训练了学生的思维。解决此类问题，关键是分析装置图的情境和图像的因果关系或者装置中的"情境点"与图像中"特殊点"的对应关系，挖掘隐藏条件和物理规律。

六、积累方法发散意识

【例6】(2015·上海)小华做"测定小灯泡的电功率"实验，实验器材齐全且完好，电源的电压有 2、4、6、8、10 和 12 V 六挡，滑动变阻器有 A、B 两个(A 标有"10 Ω　1 A"字样，B 标有"20 Ω　2 A"字样)，待测小灯标有"2.5 V"字样。小华选用电源的电压为 6 V 挡，并选取一个变阻器进行实验。他正确连接电路且实验步骤正确，闭合开关时，发现小灯发光较亮，电压表、电流表的示数分别如图 5-1.7(a)(b)所示。

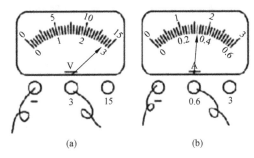

图 5-1.7

(1) 测定小灯的额定功率需要测量和记录的物理量是_____，判定该小灯正常发光的方法是_____。

(2) 小华在实验中选用的变阻器是____(选填"A"或"B")。

(3) 若要测出该小灯的额定功率，小华可采用的方法有：

方法一_____；方法二_____。

评析：实验方案的积累、改进与创新，是近年来考试的热点题型之一。既凸显了实验的发散与收敛思维，又体现了科学方法的重要性、创新性。教师在课堂教学中，应让学生深层次对比了解这类实验方案，鼓励学生参与实验方案的设计，训练学生思维的发散性。调动学生积极参与小实验、小制作，大胆怀疑，善于批判，善于分析，善于改进，变被动接受为主动获取，在解决问题的过程中不断探求、不断创新，努力培养学生探究问题的意识。

第二节　学生思维方法的培养研究

纵观 2014 年中考试题，体现了"从生活走向物理会，从物理走向社会"的课程理念，凸显了物理学"过程与方法"的要求。将知识与生活实际的方方面面联系，将民生的衣、食、住、行、节能环保以及自然奇观有机地整合在试题中，折射出物理生活化、方法化的重要倾向性，旨在于教材之外的生活中，激发探索、领悟、学习物理规律与方法的热情和兴趣。

一、领略中华饮食魅力,解密烹饪方法

【例1】(2014·南昌)《舌尖上的中国2》聚焦普通人的家常菜,让海内外观众领略了中华饮食之美。如图5-2.1所示,通过煎、炒、蒸、拌烹调的四种美食中所包含的物理知识,认识正确的是(   )。

  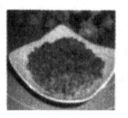 

山东煎饼　　　　　藜蒿炒腊肉　　　　　蒸榆钱饭　　　　　香葱拌豆腐

图 5-2.1

A. 煎:煎锅一般用铁制造,主要是利用了铁的比热容大

B. 炒:主要是通过做功的方式使藜蒿和腊肉的内能增加

C. 蒸:是通过热传递和高温水蒸气液化放热,使榆钱饭蒸熟

D. 拌:香葱和豆腐要拌着才能入味,说明分子没有做无规则运动

评析:本题以中华美食为背景考查相关的物理知识,注重了物理和生活的联系,同时渗透了传统美食文化这一人文知识。这一结合为近年中考的亮点。

二、弘扬勤俭节约美德,通晓称量方法

【例2】(2014·福州)为反对浪费,响应"光盘行动",小明为自助餐厅的餐桌设计了"光盘仪"。餐盘放在载盘台上,若盘内剩余食物的质量达到或超过规定,人一旦离开餐桌,提示器就会发出提示音,其原理如图5-2.2所示。电源电压3 V不变,提示器的电阻 R_0 恒为50 Ω,传感器 R_1 的阻值随载盘台所载质量变化的关系如表5-2.1所示。开关S闭合后,问:

(1)根据表中数据,当载盘台所载质量是100 g时, R_1 的阻值是多少?电路中的电流是多少?

(2)在第(1)问的基础上,通电5 s,电流通过 R_1 产生的热量是多少?

(3)当电路中的电流达到0.03 A时,提示器会发出提示音,若空餐盘质量为100 g,此时盘内剩余食物的质

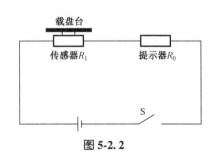

图 5-2.2

量是多少?

表 5-2.1

载盘台所载质量 m/g	100	110	120	130	140	150	160	⋯
传感器 R_1/Ω	100	90	80	70	60	50	40	⋯

评析:本题以"光盘行动"为背景,把现实生活需求与科学知识相结合,既宣扬了"勤俭节约",又鼓励了立足现实的科学创造。

三、彰显技术创新策略,领悟创新方法

【例3】(2014·宁波)如图5-2.3所示,不旋转的铝块在强大压力作用下顶住高速旋转的铜块,铜块瞬间停止转动,两者粘合在一起,这就是"旋转焊接"技术。下列对焊接过程的理解,错误的是(　　)

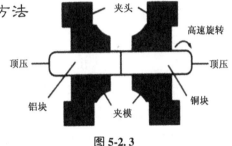

图 5-2.3

A. 强大的压力可以使两者之间产生很大的摩擦力

B. 使铜块高速旋转的目的是增大铜块的惯性

C. 铜块内能增加是通过做功的方式来实现的

D. 铜块和铝块增加的内能由铜块的机械能转化而来

评析:本题通过具体的实例将科学技术的应用与相关的物理知识融合为一体,既渗透了先进的技术方法,体现了学以致用的物理思想,又考查了所学知识点。

四、观察分析数据规律,掌握处理方法

【例4】(2014·资阳)小明想探究某电阻的阻值 R_t 与温度 t 的关系,设计了如图5-2.4所示的电路,其中,定值电阻 R_0 = 20 Ω,电源电压 U = 3 V。他把该电阻放在不同的温度下做实验,得到了不同温度下该电阻的阻值如表5-2.2所示。

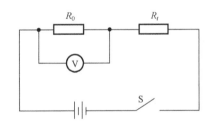

图 5-2.4

从表中数据得出,该电阻的阻值 R_t 与温度 t 的数学关系式为_____。

表 5-2.2

温度 t/℃	0	10	20	30	40
电阻阻值 R_t/Ω	20	25	30	35	40

评析：数据处理是科学探究中的重要环节，也是物理实验和计算的重要因素，数据处理是否科学，决定科学结论能否建立与推广，让学生从数据中分析、归纳、判断是提升学生科学探究能力的重要途径。

五、剖析交通安全缘由，熟知自护方法

【例5】(2014·黄冈)小宇在家观看汽车拉力赛的电视节目，发现汽车行驶速度很快。其中途经一段"S"形弯道时，他想：现场观看的观众为了更安全，应站的位置是图5-2.5中的(   )

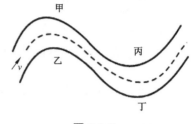

图 5-2.5

A. 甲、丙　　　　　　B. 甲、丁

C. 乙、丙　　　　　　D. 乙、丁

评析：通过具体的运动实例考查了惯性知识点，体现了"从生活走向物理，从物理走向社会"的教育理念，也体现了培养运用所学知识分析问题的能力以及安全保护的意识。

六、增强环境保护意识，选择优化方法

【例6】(2014·菏泽)首批 50 辆 LNG(液化天然气)新能源公交车已经投入运营，如图5-2.6所示。为了方便市民出行，市区公交车全面安装"北斗导航系统"，市民可以通过手机(导航系统接收器)查询公交车的动态位置。

图 5-2.6

1. "北斗卫星"向手机传送信息，传播媒介是(   )

A. 可见光　　　　　　B. 电磁波

C. 红外线　　　　　　D. 声波

2. 据有关资料显示：尾气中的有害气体排放明显减少：90%CO、24%CO_2、90%SO_2、39%NO、无粉尘排放，因此天然气被称为绿色能源。其他性能指标的比较：根据表 5-2.3 提供的信息，通过计算说明：

(1) 天然气车燃烧 1 m^3 天然气所做的有用功是多少？做同样多的有用功，汽油车需要燃烧多少千克汽油？

(2) 若某公交汽车每天消耗 100 m^3 的天然气，与用汽油相比，它每天节约的运行成本是多少？

表 5-2.3

	热机效率(η)	热值q/($J \cdot m^{-3}$)	价格/(元/m^3)
天然气发动机	45%	$q_1 = 2.3 \times 10^7$	4.5
汽油发动机	30%	$q_2 = 4.6 \times 10^7$	90

评析:本题以新能源以及其带来的经济效益为背景介绍了环境保护改进的方法,综合考查了相应知识点及其改进所引发的比较方法。

七、探究自然奇观奥秘,了解分析方法

【例7】(2014·嘉兴)今年5月4日(农历四月初六)晚,太阳系的"大个子"——木星与月亮距离达到最近,上演了一幕"木星合月"的美景,如图5-2.7所示木星合月时,我们可以看到的景象为(　　)

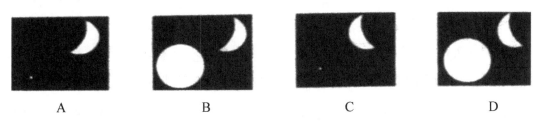

A　　　　　　　　B　　　　　　　　C　　　　　　　　D

图 5-2.7

评析:本题主要考查上弦月的特点和视角对看到的物体大小的影响。

八、挖掘物理规律本质,寻找解决方法

【例8】(2014·株洲)如图5-2.8所示,某电子线路板上有一个由三个电阻R_1、R_2和R_3构成的局部电路(见图5-2.8乙)。已知通过R_1和R_2的电流分别为4 mA和10 mA,则通过R_3的电流可能是(　　)

A. 4 mA　　　　　　B. 6 mA　　　　　　C. 10 mA　　　　　　D. 14 mA

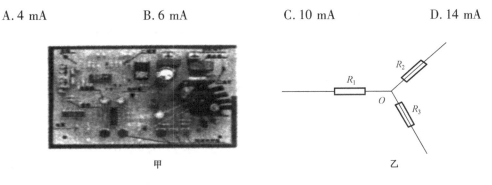

甲

乙

图 5-2.8

评析:本题考查了并联电路的电流规律,比较简单,属于基础知识。

九、揆度真伪方案设计,学会辨析方法

【例9】(2014·苏州)为了测定风速的大小,小明设计了四种装置,如图5-2.9所示。图

中探头、金属杆和滑动变阻器的滑片 P 相连,可上下移动。现要求当风吹过探头时,滑动变阻器的滑片 P 向上移动,且风速增大时电压表的示数增大。图 5-2.9 中符合要求的是(　　)

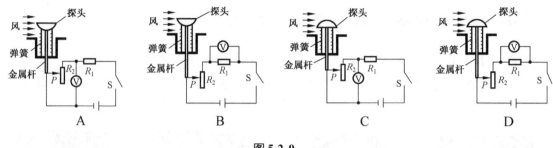

图 5-2.9

评析:真伪方案设计题是近年来较为稳定的中考题型之一,本题考查了学生力学与电学知识综合设计能力、辨析真伪能力以及应用物理知识解决实际问题的能力。

十、强化物理知识应用,积累发散方法

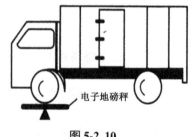

【例 10】(2014·杭州)汽车超载是当前发生交通事故的重要根源。为了加强监控,各地均设置超载监测站。如图 5-2.10 所示,已知某汽车的自重为 2 t,其载重量为 10 t。现让该汽车前轮开上电子地磅秤,其读数为 5 t,后轮开上电子地磅秤读数为 6 t,且前后轮与地面的接触面积相等。问:

图 5-2.10

(1)该汽车的前后轮对地面的压强是否相同?为什么?

(2)该汽车是否超载?通过分析计算说明理由。

评析:试题涉及杠杆、电子案秤到电子地磅称量的知识。不管哪种称量工具,都在渗透每种工具的原理与方法,贯通这些方法有助于提高分析、设计、应用能力。

总之,2014 年各地中考物理试题所蕴藏的价值不止于此,但在凸显科学方法应用、设计、创新,渗透科学的意识与品质等方面尤为典型,对物理课堂教学有着重要的指导意义。

第三节　物理数据的处理方法研究

数据处理是科学探究中的重要环节,也是物理实验和计算的重要因素,它不仅是中考热点,也是中考的难点。数据处理是否科学,决定科学结论能否建立与推广,让学生从数据中分析、归纳、判断是提升学生科学探究能力的重要途径。下面以近年中考试题为例,阐述数据处理的方法与策略。

一、从数据中反思实验原因

【例1】(2005·呼和浩特)某小组用蜡烛、玻璃板(作为平面镜)、刻度尺等器材做"探究平面镜成像特点"的实验时,测得的数据如下:

分析比较表格5-3.1的数据,你会发现第二次测量数据略有差异,这是实验过程中允许的误差。同学们经过分析认为这次误差可能是由于测量人造成的;或数读得不准;或放在玻璃板后的蜡烛与像没有重合等。请问除此之外还有什么原因可能会导致这个误差产生?

表5-3.1

次数	蜡烛到平面镜的距离	蜡烛的像到平面镜的距离
1	10.0 cm	10.0 cm
2	18.0 cm	18.2 cm
3	20.0 cm	20.0 cm

评析:实验数据的分析是得出科学结论的重要依据,本题从多个角度给予了分析和解答,不仅考查了学生的综合细致的分析判断能力,而且导向出在课堂教学中评估与交流、反思与体验是科学探究过程中必不可少的重要环节。

【例2】(2005·贵阳)甲乙两个实验小组在探究"杠杆的平衡条件"时,分别得到下面两组数据和结论,如表5-3.2所示。他们在交流时,甲组发现了自己实验结论的错误和产生错误的原因。你认为甲组产生错误的原因有哪些?甲组产生错误的原因是_____。

表5-3.2

	甲组				乙组			
次数	动力	动力臂	阻力	阻力臂	动力	动力臂	阻力	阻力臂
1	4	5	5	4	7	4	2	14
2	3	4	4	3	6	4	8	3
3					4	5	2	10
结论	动力+动力臂=阻力+阻力臂				动力×动力臂=阻力×阻力臂			

评析:数字间的巧合是学生科学探究的一大困惑,学生的探究容易仅仅停留在表面现象,而且捕获的数据常常不具有普遍规律,为此,澄清认识上的误区,不仅要广泛地获取、分析数据,而且还要从概念、单位和数据的普遍性角度加以分析,进而得出可靠的结论。

二、从数据中强化物理规律

【例3】在测量某一定值电阻R_x阻值的实验中,张楠同学进行实验。实验过程中,由于张楠同学的疏忽,做完实验后他才发现,把测量的电流值都写在草稿纸上而忘记填入记录表格中,如图5-3.1所示。

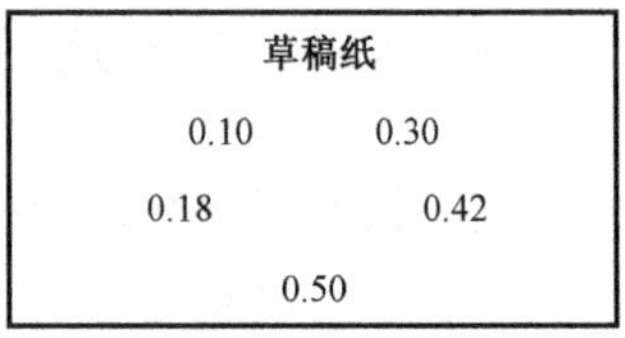

草稿纸
0.10   0.30
0.18   0.42
0.50

图 5-3.1

(1)请你帮助张楠同学把记录在草稿纸上的电流值对应填入表格5-3.3,并写出你所依据的物理规律是_____。

表 5-3.3

实验次数	1	2	3	4	5
电压 U/V	0.5	1.0	1.5	2.0	2.5
电流 I/A					

评析:数据分析要立足物理规律,并要满足物理规律。在科学探究的过程中,应强化数据分析中的物理规律意识,基于物理的概念和规律对相关数据作出明确的判断。

【例4】表5-3.4是为测定小灯泡电功率而设计的实验数据表,某组同学按照表格要求认真作了填写。

表 5-3.4

次数	U/V	I/A	P/W
1	2.00	0.16	0.32
2	2.50	0.25	0.63
3	3.00	0.27	0.81
小灯泡电功率的平均值 $P_{平均}=0.59$ W			

问:此表格设计不妥之处是_____。

评析:物理学的规律既有普遍性,又有特定条件下的具体性,在掌握普遍性的同时也要兼顾它的特殊性,这是处理好数据的基本途径。物理学解题过程虽然和数学知识紧密结合,但数学知识在物理学解题中仅仅是手段而不是目的,还要注意它在物理学中的实际应用,满足其实际意义。

三、从数据中体现学科渗透

【例5】现有两个电阻元件,其中一个是由金属材料制成的,它的电阻随温度的升高而增大,而另一个是由某种半导体材料制成的,其电阻随温度的升高而减小。现将其中一个元件 R_0 进行测试,测得其电流与加在它两端的电压值,测试数据如表5-3.5所示。

表 5-3. 5

U/V	0.40	0.60	0.80	1.00	1.20	1.50	1.60
I/A	0.20	0.45	0.80	1.25	1.80	2.81	3.20

分析表中数据,写出元件 R_0 的 I 和 U 之间的关系式。

评析:两组看似关联的数据让学生无所适从,但是在解题过程中引用函数知识,问题便能迎刃而解。初中学生学到的函数,不过是一次函数、反比例函数和二次函数,教学过程中不断渗透函数在物理中的妙用,让学生体会数据分析的方法和处理的技巧。

【例6】从高空下落的物体,速度越来越大,所受空气阻力也会随速度的增大而增大,如表 5-3.6 所示。因此物体下落一段距离后将以某一速度做匀速运动,通常把这个速度称为收尾速度。

表 5-3. 6

小球编号	1	2	3	4
小球质量/$\times 10^{-2}$kg	2	5	45	40
小球半径/$\times 10^{-3}$m	0.5	0.5	1.5	2
小球的收尾速度/(m/s)	16	40	40	20

(1) 求出球形物体所受的空气阻力 f 与球的收尾速度 v 的关系。

(2) 求出球形物体所受的空气阻力 f 与球的半径 r 的关系。

评析:注重日常生活中的物理现象,能将数字分析与数学知识巧妙地结合起来,关注不同学科间知识与研究方法的联系与渗透。

四、从数据中体会解题方法

【例7】表 5-3.7 是我国市场上某种双桶洗衣机所用电动机的工作参数。

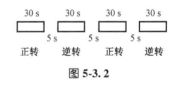

图 5-3. 2

表 5-3. 7

名称	额定电压/V	频率/Hz	额定电流/A	电阻/Ω	转速/(转/min)
洗涤电动机	220	50	0.5	20	1 370
脱水电动机	220	50	0.8	18	1 370

求:该洗衣机某次在额定电压下工作时,洗涤的时间是 11 min,脱水时间是 2 min,在洗涤时间内,洗涤电动机按如图 5-3.2 所示的程序进行工作,求本次洗衣共消耗了多少电能?

评析:解题时,可以从所列数据中用不完全归纳法寻求规律,即洗衣机的洗涤时间与通电时间的关系。引导学生在经历科学探究过程中,学习科学研究方法,不断体验、探索、发现新方法。

【例8】每个家庭都需要照明灯泡,目前市场上既有白炽灯,又有电子节能灯,究竟选择哪一种好呢?某中学"STS"研究小组的同学进行了调查,了解到在正常工作时,25 W的白炽灯与5 W的电子节能灯、45 W的白炽灯与9 W的电子节能灯、60 W的白炽灯与11 W的电子节能灯……的发光效果相当,他们选择其中的一组进行研究,收集了有关数据如表5-3.8所示。

表5-3.8

	额定电压/V	额定功率/W	寿命/h	每只售价/元	每度电费/元
白炽灯	220	60	1 000	1.5	0.4
电子节能灯	220	11	5 000	30	0.4

根据表中数据,在照明效果相当的情况下,若以节能灯使用到寿终正寝时间计算,60 W白炽灯和11 W节能灯的成本加电费分别为____元和____元,因此你的选择是_____。

评析:由比较耗材成本入手,将其不同的寿命时间转化为相同的寿命时间,两者之间的经济成本量才会有可比性。学生在体会解题方法的同时,关心科学技术的新进展和新思想,形成尊重事实、探索真理的科学态度。

五、从数据中培养巧解意识

【例9】小明利用标有"6 V　6 W"的灯泡L_1和"6 V　3 W"的灯泡L_2进行实验,如图5-3.3甲所示:A、B分别为通过灯泡L_1和L_2中的电流随两端电压变化关系的曲线。现将两灯连入图5-3.3乙所示电路中,使其中一个灯泡正常发光时,电路消耗的总功率为_____W。

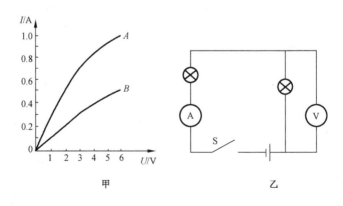

图5-3.3

评析:在正确仔细审题的基础上,突破思维定式,从题干中挖掘条件变化,并且能够结合实际物理情境巧妙应用,来处理物理问题,从而培养学生灵活解决问题的能力。

【例10】在图示5-3.4a 的电路中,电源电压为6 V,滑动变阻器R_2上标有"50 Ω　2 A"字样。闭合开关 S,移动滑片 P 到某一位置时,电压表和电流表的示数分别为2 V 和0.2 A,求改变滑片 P 的位置,使电压表、电流表偏离零刻度线的角度恰好相同,如图 b、c 所示,此时滑动变阻器R_2接入电路中的电阻。

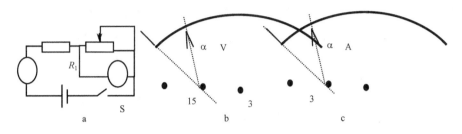

图 5-3.4

评析:解题时要有良好的思维习惯,要揭开隐藏的物理规律,通过数据的特殊处理,应用物理规律得出解题结论。

【例11】研究人员为探究钨丝白炽灯的使用寿命与灯丝粗细的关系,做了如下实验:将灯泡内相同长度、不同粗细的钨丝,在灯泡内气体压强为0.1 个标准大气压的条件下,通电加热到2 100 ℃,测量出维持这一温度所需的电流以及灯丝的平均使用寿命,如表5-3.9 所示。

表 5-3.9

灯丝直径 D/μm	电流 I/A	平均使用寿命/h
25	0.05	800
50	0.20	1 600
75		2 400
100	0.80	3 200
250	5.00	

(1) 从表中已给数据可以看出:在该温度条件下,灯丝越粗,平均使用寿命越_____。

(2) 表中漏填了两个数据,请根据表中已有数据的规律,将表格填写完整。

评析:数据是千变万化的,学生对数据处理常见的困惑不外乎数字的取值、数据间的规律和处理数据的方法。我们在解题过程中,要能够从纷繁的数据中揭示隐藏其中的规律和方法。唯其如此,才会不断促进学生物理素养的全面提升。

第四节　基于方法的物理命题研究

一、方程巧解的方法

物理的巧解方法是近年来中考物理考查的重点、难点和热点,这些灵活多样的巧解方法又是衡量学生学习效果的重要因素。深入剖析、挖掘、总结相关的解题技巧,熟练掌握各种奇思妙解的方略,拓展其相关的应用,有助于转变思维方式,有助于指导学生的学习,提升物理学习效果。

【例1】(2019·福建)如图 5-4.1 电路,电源电压恒定,$R_1 = 12$ Ω,$R_2 = 6\ \Omega$,R_3 是定值电阻。闭合开关 S_1,单刀双掷开关 S_2 接 a 时电流表的示数为 0.6A,接 b 时电流表的示数可能为(　　)

A.0.3 A　　B.0.6 A　　C.0.9 A　　D.1.2 A

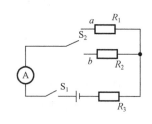

图 5-4.1

评析:从答题情况看,学生搭建了两个方程,而两个方程涉及了三个未知量,从而导致问题难以求解。如何让学生灵活掌握必要的巧解方法,提高解题效率显然更为重要,这就需要一线教师在复习过程中,有针对性地探索、训练,让学生熟练运用这些巧解方法,使问题迎刃而解,产生"出奇制胜"之效果。

二、数据规律的方法

数据处理依旧是中考的热点和难点,也是科学探究的重要环节。数据处理不外乎数据的取舍、数据之间的规律处理和数据处理的方法。数据是否科学,决定科学结论能否建立与推广。因此,要让学生在观察数据、分析数据、归纳总结数据规律方面下功夫,提升学生科学探究的数据处理能力。

【例2】(2019·重庆)如图 5-4.2 所示,电源电压保持不变,滑动变阻器的滑片 P 移动到某一位置不动,然后改变电阻箱 R' 的阻值,得到多组电流、电压值,记录如表 5-4.1。第 4 次实验时电阻箱的电功率为_____W;分析数据发现电阻箱在第 2、6 次(或第 3、5 次)实验时电功率相等,由此推理电阻箱在第 1 次与后面第 n 次实验时的电功率也相等,则第 n 次实验时电阻箱的阻值为_____Ω。

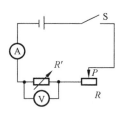

图 5-4.2

表 5-4.1

试验次数	1	2	3	4	5	6	…	n
电压 U/V	1.0	1.2	2.0	3.0	4.0	4.8	…	
电流 I/A	0.25	0.24	0.2	0.15	0.10	0.06	…	

评析:从答题情况看,学生在第二个空错误率较高,其原因是难以发现千变万化的数据之间的规律,以及处理数据的方法。通常情况下探索数据规律,从函数角度或等差与等比数列角度入手分析,而本题从电压之和不变入手,找出相应的数据规律,代数求解。因此,我们在解题过程中,要立足物理规律,观察数据规律,强化数据分析,能够从纷繁的数据中揭示隐藏其中的规律和方法,从数据中分析、归纳,作出明确的判断。

三、比较归纳的方法

初中物理有很多实验方法、学习方法和解题方法。好的方法是启迪学生思维的桥梁,是解决问题的法宝和依据,也是物理学科的灵魂。

教材中有较多相似或相关的易混知识点,而破解这一问题的对策,则是比较与归纳方法,即通过比较,找出实验现象或物理规律的异同点。通过归纳,使问题简单化、系统化,夯实所学知识,得出正确的结论。

【例 3】(2019·烟台)比较与归纳是重要的学习方法。表 5-4.2 是小明列出的关于"电磁感应现与通电导体在磁场中受力现象"比较表,请将它补充完整。

表 5-4.2

项目现象	电磁感应现象	通电导体在磁场中受力现象
原理图		
影响因素	导体中感应电流的方向跟＿＿＿＿和磁场方向有关	通电导体在磁场中受力的方向跟电流的方向和磁场方向有关
能量转化	机械能转化为电能	＿＿＿＿＿＿
应用	＿＿＿＿＿＿	电动机

评析:近年来的中考试题中,将教材中很多易混知识对比考查,如"汽油机与柴油机""电

153

动机与发电机""内能、热量、温度与比热""音调、音色与响度"等等。这就要求教师在教学中,通过比较异同点,梳理这些知识点的关系,刺激学生的记忆,强化学习效果,逐步掌握这些最基本的学习方法,唯有这样才能做到有的放矢。有意识地渗透、应用这些方法,不仅能澄清易混的知识点,而且能快速分析解决问题,更能准确得到结论。

四、受力分析的方法

力学学习的基础是受力分析,受力分析也是认识力学世界的基本手段。而受力分析最有效的"隔离法"和"整体法"的应用,则是解决这类习题的有效措施。作为力学学习的基础,一线教师只有具备扎实的专业知识、熟练的研究方法,才能深入浅出地指导学生的学习活动。

【例4】(2019·潍坊)如图5-4.3所示,用水平推力 F 将质量均为 m 的木块 A、B 压在竖直墙面上保持静止,下列说法中正确的是(　　)

A. 木块 B 受到的摩擦力大小一定等于 F

B. 木块 B 受到的摩擦力方向竖直向上

C. 木块 A 受到墙面的摩擦力大小等于 $2mg$

D. 若增大力 F,则木块 B 受到的摩擦力变大

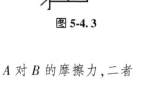

图5-4.3

【解答】(1) 对 B 进行受力分析可知,B 在竖直方向上受到重力和 A 对 B 的摩擦力,二者是一对平衡力,因此,木块 B 受到的摩擦力大小等于 B 的重力,为 mg,其大小与 F 无关,故 A 错误。

(2) B 在竖直方向上受到重力和 A 对 B 的摩擦力,二者是一对平衡力,故木块 B 受到的摩擦力方向竖直向上,故 B 正确;

(3) 整体法:把 A、B 看成一个整体,其在竖直方向上受到的重力与墙面的摩擦力是一对平衡力,故木块 A 受到墙面的摩擦力大小等于 $2mg$,故 C 正确;

隔离法:如果用隔离法先分析 B 物体,B 物体静止且重力为 mg,所以 B 物体受到一个向上大小为 mg 的力,因为力的作用是相互的,所以 A 既受 B 物体向下大小为 mg 的力又受到大小为 mg 的重力,也就是 A 物体受到向下的力为 $2mg$,因此,木块 A 受到墙面的摩擦力大小等于 $2mg$。

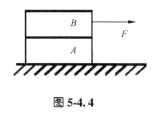

图5-4.4

(4) 若增大力 F,木块仍保持静止状态,重力与摩擦力仍平衡,所以木块 B 受到的摩擦力不变,故 D 错误。

评析:本题综合应用了转换法、整体法和隔离法,从整体来看得分率较低,尤其是 C 选项错误率最高。总认为木块 A 受到墙面的摩擦力大小等于 mg,导致错解。殊不知中考试题是

千变万化的,如将本题逆时针旋转90°,用 F 的水平向右的力作用在 B 物块上,将质量均为 m 的木块 A、B 一起向右做匀速直线运动,如图 5-4.4 所示,则上述选项正确的是什么?复习过程中只有不断地有针对性地变换条件训练和强化这些方法,挖掘命题的角度才会不断促进学生物理素养的全面提升。

五、数形结合的方法

近年的物理试题,加大了数学和物理紧密联姻考查。因此,数形结合命题角度越来越新,真正改变了学科本位思想。教材中多数的知识经验是显性的,大都直接呈现出来,而显性的数据与隐性的图形相结合,则是物理规律呈现的另一形式。不断地深度探索、挖掘、总结这一策略,培养学生的分析能力,才能总结呈现图形规律的处理方法。

【例5】(2019·重庆)如图 5-4.5 所示,将圆柱体甲、乙放在水平面上,已知 $\rho_甲 > \rho_乙$。若沿水平方向切除相同的高度 Δh,则图 5-4.6 中能正确表示余下部分对地面的压强 P' 与切去部分高度 Δh 的关系的是( )

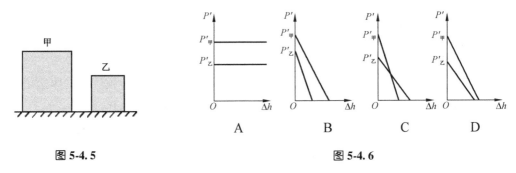

图 5-4.5　　　　　　　　　　　　图 5-4.6

评析:近些年,中考打破传统的方程构造和复杂数据的计算考查,取而代之的是"数"与"形"相结合的考查。从答题情况反馈,切去相同的高度后,甲和乙压强变化快慢,如何用直线的斜率去表示,思维混乱,无从下手,导致错选。为此,应适当训练这类试题,挖掘试题中隐藏在图线中的已知量,分析图线中特殊线段、特殊点以及图线的斜率等有效信息,理顺已知量和未知量之间存在的关系,进而得出结论。

六、公式甄别的方法

物理学科中无论是"概念的理解""规律的掌握",还是"内容的拓展""方法的掌握",都蕴含丰富的物理核心素养的培养因素。现代教育心理学的研究和大量的教学实践表明,学生对教学内容吸收、同化或顺应的效率高低,最重要的决定因素之一就是他们自身的批判性思维意识和能力。因此,在习题教学中,应通过不同学科、不同角度比较,辨析领悟公式的真正含义,培养学生的思维批判意识,为物理观念的构建奠定基础。

【例6】(2019·宜昌)物理学中经常看到形如 $x=\dfrac{y}{z}$ 的大小。一种情形是 x 的大小与 y、z 都有关;另一种情况是 x 虽然可由 y、z 计算,但与 y、z 无关。下列四个公式中,属于前一种情形的是(   )

A. 电阻 $R=\dfrac{U}{I}$　　　　　　　　B. 密度 $\rho=\dfrac{m}{V}$

C. 比热容 $C=\dfrac{Q}{m(t_1-t_0)}$　　　　D. 电流 $I=\dfrac{U}{R}$

评析:教材中有许多公式有其特定的物理意义,即依赖于数学式子的表达,但又不完全与数学表达式的意义相同。在新课学习时一定要让学生站在不同角度,积极思考,独立探究,发现事物变化的因果关系及其内在联系,理顺和强化概念与规律表达式的来龙去脉,揭示客观事物的属性,发现事物发展的起因和事物的内部联系,从中找出规律,正确内化概念和规律以及物理意义。

七、演绎推理的方法

演绎推理是对客观事物的本质属性、内在规律及相互关系的认识方式;是基于经验事实,建构物理模型的抽象概括过程;是分析综合、推理论证等方法在科学领域的具体运用;是基于事实证据和科学推理对不同观点和结论提出检验和修正,进而提出创造性见解。

【例7】(2019·菏泽)阅读并计算:作用于同一点的两个力的合成符合平行四边形定则(线段的长短表示力的大小,箭头方向表示力的方向),如图5-4.7甲、乙所示,以表示 F_1 和 F_2 这两个力的线段为邻边作平行四边形,这两个邻边之间的对角线就代表合力 F 的大小和方向。请计算丙图中 F_1 和 F_2 合力的大小_____N。

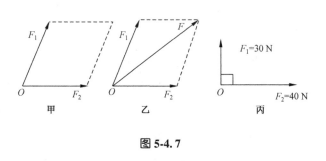

图 5-4.7

评析:课程标准实施以来,演绎推理考题作为近年来的主要题型之一,它综合考查了模型构建、科学推理、科学论证、质疑创新等几方面。因此,高中学段相关的演绎推理学习内容,列入中考考查的范畴,如“加速度”定性考查与推理、“动能与势能”定性考查与推理、“互成角度的二力合成与二力分解”等。貌似超越所学的知识,事实上,试题通常借助原始物理问题触及一些深层性的事实和结论。渗透这些归纳和演绎的推理方法,有助于拓展学生的视野,有助于指导学生的学习活动,以此来提高学生的演绎推理能力。

八、方案选取的方法

发散思维是创造性思维的基础。近年来中考试题强化了创新实验设计方案的考查,使之变为更多的有价值、有新意的常规题型之一,使更多的知识得到应用,开阔了学生的视野,获得了"一题多练""一题多得""举一反三""触类旁通"的效果,为此,渗透一些发散性的创新实验方案,培养学生的创新思维,对学生一生的创造活动都具有十分重要的意义。

【例8】(2019·泰安)某同学设计了以下四种电路,如图 5-4.8 所示,其中电源电压不变且未知,R_0 是已知阻值的定值电阻。在实验中不拆改电路的情况下,能够测量出未知电阻 R_x 阻值的电路是(　　)

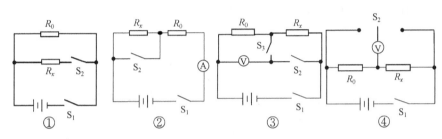

图 5-4.8

A. 只有①
B. 只有②③
C. 只有①②③
D. ①②③④都可以

评析:近年中考的一大亮点之一,多种实验方案的遴选,即考查学生对开放的实验方案的评价与选择能力。为此,复习教学中加强发散性实验方案的评价、选择的方法指导。在评价、决策、选择方案时,从确定方案设计入手,既要观察、分析方案中的相同之处,又要辨析其不同之处。同时,要设法控制转化成相同的物理量,然后,从不同的角度综合比较、判断,凸显决策的辩证性,树立科学辩证观,这也是基于发展学生核心素养的深度学习。

九、科普推广的方法

"关注科技的发展"是课程理念之一,"创设真实情境,提出真实问题",也是核心素养的基本要求。密切联系各领域的新技术应用与推广,渗透相关学科知识以及相关的科普方法,强化学以致用才能极大限度地调动学生热爱科学技术的兴趣,推广新技术普及的方法。

【例9】(2019·宁波)磁共振成像是一种较新的医学成像技术,如图 5-4.9 所示,它采用强静磁场和变化磁场使人体组织成像。若携带金属物做磁共振成像,强静磁场会吸引铁质物品,变化磁场会使携带的金属中产生感应电流,从而使金属发热而灼伤病人,重则危及生命。

上述说明中,没有涉及的知识是(　　)

A. 铁在磁场里会被磁化　　　B. 磁能生电

C. 电流的热效应　　　D. 同名磁极相互排斥

评析:科学技术的推广方法,是今年中考的最凸显亮点之一,渗透推广这些常识,了解前沿科学技术的应用,体现了"从生活走向物理,从物理走向社会"的教学理念,密切联系生活实际,不断地发掘这些助听器、心电图、磁共振成像等方面的学习材料,总结、推广这些前沿性的科普知识与方法。

图 5-4. 9

总之,物理解题方法与巧解以及科普方法的推广考查,是中考物理中考查的重点与难点,也是物理教学中的重要环节之一。在学生养成学会学习的基础上,不断探索、总结、强化对这些方法的指导有助于转变思维方式,培养学生思维品质,减轻过重学习负担,提升物理学习效果。

第五节　思维学法与解题技巧研究

授之以鱼不如授之以渔,物理方法指导是课堂教学中永恒的话题,在学生养成学会学习的基础上,物理方法的指导对提升物理学习效果、转变思维方式、减轻过重学习负担越来越为重要,在不同的知识模块都有其规律性的方法,不断挖掘、总结这些方法有助于指导学生的学习,笔者结合多年的课堂观察和教学实践,展示给大家以便于抛砖引玉。

一、拓展物理实验方法,渗透科学探究意识

方法是物理学科的灵魂,好的方法不仅能快速分析解决问题,更能提升思维含量,初中物理教材的各个章节都有意识、有步骤地渗透了物理学的科学方法,使同学们在学习物理的同时受到科学方法的熏陶和训练,逐步掌握最基本、最主要的科学实验方法,并在每个实验中有效地渗透、强化和应用实验的方法。

案例1:"等效替代法"公开课(天津市第九十中学,王一心)

定义:等效是指不同的物理现象、模型、过程等在物理意义、作用效果或物理规律方面是相同的。它们之间可以相互替代,而保证结论不变。

学生活动一:利用所给的器材测量未知液体的密度(见图5-5. 1),在活动一中,什么是等效的,如何进行替代?

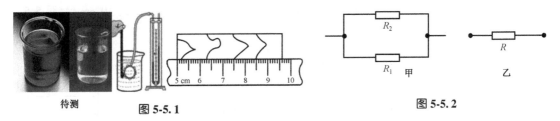

待测　　　　图 5-5.1　　　　　　　　　　　图 5-5.2

拓展 1：平面镜成像，用合力替代各个分力，用总电阻替代各部分电阻，浮力替代液体对物体的各个方向的压力，物体的重心等。

拓展 2："等效替代法"是物理学中常用的一种方法。如图 5-5.2 所示，若图甲的两个电阻并联后接入电路中的效果与图乙一个电阻接入电路的效果相同，请你利用并联电路电压、电流的规律及欧姆定律推导出 R 与 R_1、R_2 的关系式。

学生活动二：请你利用所给的器材测量如图 5-5.3 所示电路中的两个电阻并联之后的总电阻。

学生活动三：校医务室有一台测体重的台秤、一只排球、一张白纸、一盆清水，请设计一个实验方法，粗略测出排球击打地面时对地的冲击力。

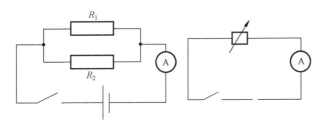

图 5-5.3

评析：通过教师的演示实验和学生的分组实验能够理解等效替代法的概念，继而学生通过对教材中用到等效替代法的梳理，逐步深入，理解等效替代法，并通过参与教师预设的学生探究实验，尝试使用等效替代法测量未知液体密度、等效电阻、犯罪嫌疑人质量等，基本达成了教学目标。在此过程中学生用物理知识解决生活中的实际问题，进行了初步尝试，经历了比较完整的实验设计和探究过程，大部分学生在实验中能够顺利完成。

二、探索创建方程方法，领悟解题要领意识

物理应用离不开方程的构造和建立，通常学生不会准确地构建方程，解决也比较棘手，常常导致丢分。由于不同的知识建立方程的角度不同，这些规律性的等量关系有所不同。

（一）立足于平衡思想，搭建力学方程

【例 1】一个置于水平桌面上的圆柱形容器里有 880 g 水，容器的底面积为 100 cm²，容器

壁的厚度不计,现把一个体积为 200 cm³ 的木球放入水中,结果水面升高到 10 cm,如图 5-5.5 所示,求木球的密度。

【分析】本题从平衡思想或等效思想出发构建方程。

解一:由图可知,物体处于平衡状态即

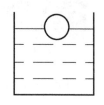

图 5-5.4

$$G_木 = F_浮 = \rho_木 g 200 \times 10^{-6} = \rho_木 g (10-8.8) \times 100 \times 10^{-6}$$

解得

$$\rho_木 = 0.6 \times 10^3 (kg/m^3)$$

解二:当粗细均匀的容器水平放置时,液体对容器底的压强,公式 $P = F/S$ 和 $P = \rho g h$ 均适用且产生效果相同,即 $P = F/S = \rho g h = 10^3 g 0.1$,解得 $\rho_木 = 0.6 \times 10^3 (kg/m^3)$。

评析:物理力学计算习题中,如何建立方程一直是困扰学生的难点,不断总结、归类……教给学生抓住平衡思想去建立方程,不失为一种好的方法。如"受力平衡""热平衡""杠杆平衡",以及间接反映平衡思想的关键词如"匀速""静止""恰好""瞬间""漂浮""悬浮""效率"等,依据这些可以从不同的角度、用不同的知识构建等量关系。解一是从受力平衡的角度去构建方程的;解二是从不同角度产生的相同效果构建方程的,这样的训练有助于开阔学生的视野,培养学生的应变能力和创新能力。

(二)立足于物理规律,挖掘电学方程

【例2】额定功率为 2 W 的小灯泡与一个阻值为 4 Ω 的电阻串联后,接在 6 V 的直流电源上,恰能正常发光,求小灯泡的电阻和额定电压的可能值,并讨论哪组值更好些。

【分析】从串联电路的电流相等的物理规律出发,构建方程如下:

解一:分析从串联电路的总电压等于各导体两端电压之和的物理规律出发,构建方程如下:

$$6 V = U_L + \frac{2 W}{U_L} 4 \Omega$$

解二:分析从串联电路中总电阻等于各导体电阻之和的物理规律出发,有方程:

$$\frac{U_L^2}{2 W} + 4 \Omega = \frac{6 V}{2 W/U_L}$$

解三:分析从串并联电路的电功率的物理规律构建方程如下:

$$6 V \frac{2 W}{U_L} = 2 W + \left(\frac{2 W}{U_L}\right)^2 4 \Omega$$

解四:分析从串联电路电流相等的物理规律出发,有方程:

$$2 W/U_L = (6 V - U_L)/4 \Omega$$

解五:分析从特殊值探究方程如下:

$$2\ W = U_L \frac{6\ V - U_L}{4\ \Omega}$$

解得 $U_L = 4\ V$ 或 $U_L = 2\ V$，显然 U_L 取 $4\ V$ 时电阻消耗的电能较少，故此值较好。

评析：物理电学计算题方程构造与力学中的方程构造有所不同，"倒背如流"电学物理规律，究竟在解题中应如何运用，茫然不知且无从下手。电学中的方程建立依据物理规律和一些重要的数据去搭建，如"为0""××A""××V""××W"，以及具体"变化量的数值""几分之几"等等，由解一、二、三、四比较可知所用的物理规律不同，构建的方程也有所不同，这就是所谓的"殊途同归"，特别是在解题过程中一些关键的数字本身就可能是一个隐蔽的方程（如解五），这就要求在平时的教学中不断地挖掘、探究这些细节的问题。

通过一题多解的训练，学生可以多角度、多途径寻求解决问题的方法，开拓解题思路，并能从多种解法的对比中优选最佳解法，总结解题规律，使分析问题的能力提高，从而培养学生求异创新的发散性思维。

（三）立足于图线信息，寻找关联方程

【例3】（2012·赤峰）如图 5-5.5 甲所示，电阻 R_1 和电阻 R_2 串联，$R_2 = 15\ \Omega$，接在电压为 $6\ V$ 的电源上，若 R_1 的 I-U 图线如图 5-5.5 乙所示，闭合开关 S。则：

（1）电压表的读数为多少 V？

（2）R_1 的功率为多少 W？

（3）在 $1\ min$ 内，R_1 产生的热量是多少 J？

评析：物理方程从方程性质来说，有因果型、综合型、隐蔽型三类。图线类的试题是这几年中考的热点考题之一，怎样让学生解决此类试题，这就要求不断地研究解决共性问题，学会观察、挖掘图线中的特殊线段或图线中的特殊点，因为图线中蕴含着解题时需要的物理条件。分析出图线中这些有

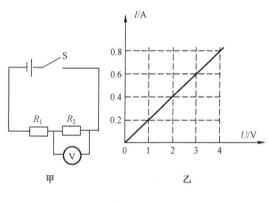

图 5-5.5

效信息，便可以得出已知量和未知量之间存在的关系，从而顺利地求出解答。

三、引领思维转变方法，树立灵活应用意识

现代教育心理学的研究和大量的教学实践表明，学生对教学内容吸收、同化或顺应的效率高低，最重要的决定因素之一就是他们自身的批判性思维意识和能力。几乎所有学习成绩

优秀的学生都具备较好的批判性思维能力。因此,在习题教学中通过辨析真伪,培养学生思维的批判意识,是提高教学效率的重要途径之一。

(一)思维批判的方法

【例4】现有甲、乙、丙、丁四个小灯泡,其中甲和乙的规格相同,均为"6.3 V　0.3 A",丙和丁的规格相同,均为"6.3 V　0.18 A",要将它们接在电压为12 V的蓄电池上使用:小刚根据串、并联电路的特点,设计了以下几种电路,如图5-5.6所示,其中设计理想的是(　　)

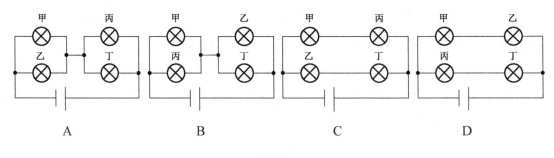

图 5-5.6

评析:批判思维的第三个维度是差异分析,即在批判采用最佳方案的时候,要特别关注方案的精确度。引导学生学会设计不同的方案,并从不同角度优化设计方案,进行全面、合理、科学的分析和评估,用精练的语言去表述,做到去劣存优,从而培养学生思维的深刻性和完整性。

(二)思维发散的方法

发散思维是创造性思维的基础。发散思维即求异思维、由点到面的思维。通过习题的条件变换、因果变换等方式,使之变为更多有价值、有新意的新问题。培养学生思维的应变性,使更多的知识得到应用,开阔学生的视野,获得"一题多练""一题多得""举一反三""触类旁通"的效果,对学生一生的创造活动都具有十分重要的意义。

【例5】两盏"6 V　6 W"和"6 V　2 W"的灯泡串联的电路中所加的最大电压是____V。

【分析】"6 V　6 W"的小灯泡电阻为6 Ω,允许通过的最大电流为1 A,"6 V　2 W"的小灯泡电阻为18 Ω,允许通过的最大电流为1/3 A,因此,串联的电路中所加的最大电压是$U=I(R_1+R_2)=8$ V。

变式一:两盏"8 V　6 W"和"6 V　6 W"的灯泡串联的电路中所加的最大电压是____。

变式二:两盏"12 V　8 W"和"6 V　3 W"的灯泡串联的电路中所加的最大电压是____。

变式三:把标有"6 V　6 W"灯泡L_1和"6 V　2 W"的灯泡L_2串联后接在电源两端,其中一只灯泡正常发光,另一只没有达到其额定功率,则(　　)

A. 电源电压为 12 V

B. 电路中电流为 1 A

C. 两灯泡的总功率为 2.67 W

D. 灯泡 L_2 的实际功率小于灯泡 L_1 的实际功率

变式四:灯泡 L_1 的电阻为 6 Ω,允许通过的最大电流为 1.5 A,和灯泡 L_2(两端允许加的最大电压为 6 V)串联后接在电源两端,其中一只灯泡正常发光,另一只没有达到其额定功率,若将它们串联在电路中,两端最大电压是____V。

变式五:现有四个小灯泡 L_1,L_2,L_3,L_4,分别标有"12 V　20 W""12 V　10 W""6 V　5 W""6 V　10 W"的字样,小明想把其中的两个小灯泡接在两端电压为 18 V 的电源上,使两小灯泡都能正常发光,则下列说法正确的是(　　)

A. 把 L_1 和 L_4 串联后接入电路中

B. 把 L_2 和 L_4 串联后接入电路中

C. 把 L_3 和 L_1 串联后接入电路中

D. 把 L_2 和 L_3 串联后接入电路中

评析:在数据变换的基础上,有梯度地增加难度,提出不同的问题或从不同角度提出问题,变换不同的物理量,进一步探究此类习题的解析思路,培养学生的思维深度,拓展其思维的广度和创新思维能力。

(三) 思维收敛的方法

收敛的特点是使思维始终集中于同一方向,使思维条理化、简明化、逻辑化、规律化。收敛思维与发散思维,如同"一个钱币的两面",是对立统一的,具有互补性,不可偏废。实践证明,在教学中,既重视培养学生的发散思维,又重视培养收敛思维,才能较好地促进学生思维的发展,提高其学习能力,培养高素质人才。

【例6】如以下几种物理现象,所涉及的均为"光的折射"。

现象一:如图 5-5.7 插入水中的筷子向上弯折了;

现象二:如图 5-5.8 打鱼的人总是朝着看到的鱼的下方插去;

现象三:如图 5-5.9 在烧杯中注水后,硬币向上抬高了;

现象四:在烧杯中注水后,看上去水变浅了;

……

| 图 5-5.7 | 图 5-5.8 | 图 5-5.9 |

评析:收敛思维是创造性思维的重要组成部分之一,而多题归一的训练,则是培养收敛性思维能力的重要途径。很多物理习题,虽然题型各异,研究对象不同,但问题实质相同,在习题教学中,如能对这些"型异质同"或"型近质同"的问题进行归类分析,抓住共同本质特征,就能达到触类旁通的教学效果,从而摆脱"题海"的束缚。

四、揭秘解题规津方法,引领变通思维意识

(一)数据处理的方法

数据处理是科学探究中的重要环节,也是物理实验和计算的重要因素,它不仅是中考热点,也是中考的难点。数据处理是否科学,决定科学结论能否建立与推广,让学生从数据中分析、归纳、判断是提升学生科学探究能力的重要途径。下面以近年中考试题为例,阐述数据处理的方法与策略。

【例7】(2015·常德)现有两个电阻元件,其中一个是由金属材料制成的,它的电阻随温度的升高而增大,另一个是由半导体材料制成的,其电阻随温度的升高而减小。现对其中一个电阻元件 R_0 进行测试,如图 5-5.10 所示。测得其电流与加在它两端的电压值数据如表 5-5.1 所示。

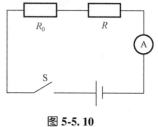

图 5-5.10

表 5-5.1

物理量 \ 次数	第一次	第二次	第三次	第四次	第五次	第六次	第七次	第八次
U/V	0.40	0.60	0.80	1.00	1.20	1.40	1.60	1.80
I/A	0.20	0.45	0.80	1.25	1.80	2.45	3.20	4.05

(1)请根据表中数据,判断元件 R_0 可能是由上述哪类材料制成的? 并说明理由。

(2)把定值电阻 R 和元件 R_0 接入如图 5-5.10 所示的电路中,闭合开关后,电流表读数为1.8 A。已知电路中电源电压恒为 3 V,此时定值电阻 R 的电功率为多大?

（3）分析表中数据,写出通过元件 R_0 的电流 I 和元件 R_0 两端的电压 U 之间的关系式。

评析:数据是千变万化的,学生对数据处理常见的困惑不外乎数字的取值、数据间的规律和数据处理的方法。我们在解题过程中,要能够从纷繁的数据中揭示隐藏其中的规律和方法。唯其如此,才会不断促进学生物理素养的全面提升。

（二）电路识别的方法

【例8】分析如图5-5.11所示的电路,当开关闭合后,三盏灯是如何连接的?

【分析】欲分析三盏灯的连接情况,我们可以从不同的角度去认识它。

1. 路径法:从电源正极出发,电路出现了第一次分叉,一路进灯 L_1,一路进灯 L_2、L_3 之间;在灯 L_2、L_3 之间又分了叉,一路进灯 L_2,一路进灯 L_3,故也可以看成从电源正极出发分成了三路,它们分别进入三盏灯 L_1、L_2 和 L_3;然后通过灯 L_1、L_2 后,又合成一路与通过灯 L_3 的一路再次合在一起流回电源负极,如图5-5.12所示,所以三盏灯是并联的,如图5-5.13所示。

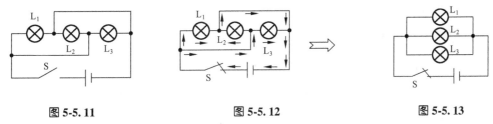

图 5-5.11　　　　　图 5-5.12　　　　　图 5-5.13

2. 等效移动法:为了从视觉上对电路有直观明显的感觉,我们可以把两个分叉的地方等效拉伸一下,如图5-5.14乙所示,然后进一步分离,直至变成图5-5.14丙所示,由此可以直观地看出,三盏灯是并联的。

3. 断路法:因为串联电路的灯泡间相互影响,一个断开其他都不亮;而并联电路的灯泡间相互不影响,一个断开后其他灯泡仍亮。故我们将三盏灯的任意一盏或两盏断开,观察是否对其他的灯泡造成影响。如图5-5.15所示,发现在断开某一灯泡时,其他的灯泡仍可以构成通路,这说明三盏灯间并没有相互影响,所以这三盏灯是并联的。

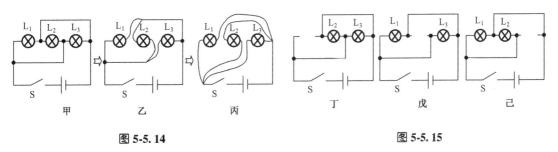

图 5-5.14　　　　　　　　　图 5-5.15

评析:电路等效其实就是把不容易看清的电路连接方式转化为容易看清的电路,一般通过调整元件的位置、疏通导线的走向、删减不必要的电路元件等将原电路简化,但简化后的电路与原电路的本质应该是一样的。

（三）巧思妙解的方法

授人以鱼，不如授人以渔。如何让学生掌握解题的方法，提高学习效率？单纯的物理方法，在解决有关物理问题上出现困难或无法求解时，若恰当巧妙地运用数学方法，便能产生"出奇制胜"之效，使问题迎刃而解。

【例9】如图5-5.16所示电路是由12个不同电阻组成的，已知 R_1 =12 Ω，其余电阻值未知，测得 A、B 间总电阻为 6 Ω，今将 R_1 换成 6 Ω 的电阻，则 A、B 间的总电阻为多少？

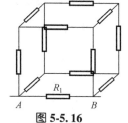

图 5-5.16

评析：以"巧思"为核心突出思维能力的指导与训练，重在培养学生的解题思想，以"妙解"培养逻辑推理能力，适合自学需要。对于每一个典型例题均可分为巧思、妙解、引申三个步骤。强调思维的灵活性和发散性，有利于学生形成科学的思维方法。

（四）探索规律的方法

知识的习得有两个途径，一是对已有经验的记忆，二是在探索问题过程中的发现。已有的经验往往是显性的，教材中大都直接呈现出来，而隐性的物理规律则要通过对问题的探索和实践才能发现。

在教师的认真指导下，给出一些实例和问题，让学生积极思考，独立探究，通过自己的探索和学习，发现事物变化的因果关系及其内在联系，科学认识和解决问题的方法及步骤，研究客观事物的属性，发现事物发展的起因和事物的内部联系，从中找出规律，形成概念。

【例10】如图5-5.17所示，电源电压不变，R 是一个 8 Ω 的定值电阻。如果分别将下列的四个不同规格的灯泡接入电路的 A、B 两点之间，且不会烧坏。则最亮的那个灯一定是（　）

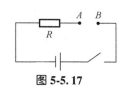

图 5-5.17

A.6 V　3 W　　　　B.4 V　2 W

C.3 V　3 W　　　　D.2 V　2 W

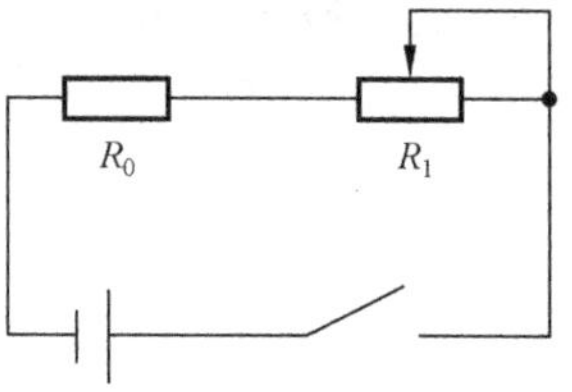

【分析】此类习题可以等效为图5-5.18中的电路。

$$P = I^2 R_1 = \left(\frac{U}{R_0 + R_1}\right)^2 R_1 = \frac{U^2}{\frac{(R_0 + R_1)^2}{R_1}}$$

$$= \frac{U^2}{\frac{(R_0 - R_1)^2 + 4R_0 R_1}{R_1}} = \frac{U^2}{\frac{(R_0 - R_1)^2}{R_1} + 4R_0}$$

即当 $R_1 = R_0$ 时，滑动变阻器消耗的电功率最大。

图 5-5.18

评析:不同的知识体系中,有很多规律性的问题,需要不断探究、挖掘,比如"滑动变阻器的综合接法的应用""有关测定密度的方法"等,只有不断地研究,才能发现其中的规律,总结其方法,这既能减轻学生的负担,也能为形成良好的学习习惯和掌握学习方法奠定扎实有效的基础。

第六节　学科思维方法创新的研究

一、以凸显科技发展为选题背景

注重课程的时代性,关注科技进步和社会发展需求是新课程标准理念之一。为此,对于材料、能源、环境、信息、人工智能等方面的应用考查成为中考的一大亮点。

【例1】(2019·眉山)纳米陶瓷作为新材料应用广泛,它具有耐磨损、耐腐蚀、耐高温、防渗透、无磁性等特点,下列选项中不能使用纳米陶瓷材料的是(　　)

A.装烧碱的容器

B.切割金属的刀具

C.乘坐公交用的 IC 卡

D.C919 客机的外表涂层

【例2】(2019·眉山)为了督促司机遵守限速规定,交管部门在公路上设置了固定测速仪。如图 5-6.1 所示,汽车向放置在路中的测速仪匀速驶来,测速仪向汽车发出两次超声波信号,第一

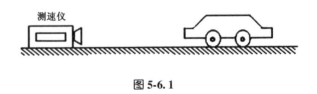

图 5-6.1

次发出信号到接收到反射回来的信号用时 0.5 s,第二次发出信号到接收到反射回来的信号用时 0.4 s。若测速仪发出两次信号的时间间隔是 0.9 s,超声波的速度是 340 m/s,下列说法中正确的是(　　)

A.汽车接收到第一次信号时,距测速仪 170 m

B.汽车两次接收到信号时位置相距 34 m

C.在该测速区内,汽车的速度是 18.9 m/s

D.在该测速区内,汽车的速度是 20 m/s

评析:试题立足于前沿科学技术的普及与推广,巧妙融合科学知识原理,加快对新材料和新技术发展的认知速度,引领学生认识科学的本质以及"科学、技术、社会、环境"(简称 STSE)的关系,形成科学态度和科学世界观。这就要求学生在学习过程中,始终树立"家事国事天下

事,事事关心"的好习惯,时刻关注科技发展,关注大众传媒报道、公告等与物理知识有关的信息,并把这些信息应用到课堂中,用物理知识解决生活中的实际问题,有利于提高自身的物理学科核心素养。

二、以渗透方程巧解为选题背景

霍金说:"科学的发展史就是一部思维的发展史""思维科学是培养人才的科学"。要培养一个人才,很重要的一个因素在于思维,在于科学思维。

科学思维是物理学科核心素养之一,也是认识自然界的最重要、最基本的思维形式。对"科学思维"中的分析与综合、归纳与演绎、推理与论证相互融合的考查,也是今年中考亮点之一。

【例3】(2019·内江)如图 5-6.2 所示,电源电压恒定不变,闭合开关 S,将滑动变阻器的滑片 P 从中点向 b 端移动一段距离,电压表 V_1、V_2 示数的变化量分别为 ΔU_1、ΔU_2,电流表示数的变化量为 ΔI,阻值相同的定值电阻 R_1、R_2 消耗电功率的变化量分别为 ΔP_1、ΔP_2。则下列判断正确的是（ ）

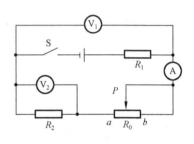

图 5-6.2

A. $\Delta P_1 + \Delta P_2 = \Delta I^2(R_1 + R_2)$

B. $|\Delta U_1| > |\Delta U_2|$

C. $\left|\dfrac{\Delta U_1}{\Delta I}\right| + \left|\dfrac{\Delta U_2}{\Delta I}\right| = R_1 + R_2$

D. $|\Delta U_1| < |\Delta U_2|$

【例4】(2019·株洲)在图 5-6.3 电路中,电源两端电压为 U,三个定值电阻 R_1、R_2 和 R_3 互不相等,电流表 A 的示数为 I_A,已知 $I_A = \dfrac{UR_2}{R_1R_2 + R_2R_3 + R_3R_1}$。据该电路和 I_A 的表达式,下列哪两个元件对调位置后,电流表的示数一定不变?（ ）

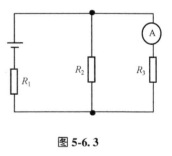

图 5-6.3

A. R_1 和 R_2 B. R_2 和 R_3

C. R_3 和 R_1 D. 电源和电流表

评析:2019 年中考物理试题加大了对模型建构、科学推理、科学论证、质疑创新等要素的考查。选题知识点皆源于教材,试题呈现又高于教材,学生必须通过剖析题干中的物理量规律,从具体到抽象,再从抽象到具体,进行分析和综合、推理与判断;学生必须经过归纳和演绎的科学思维论证过程,才能得出科学正确的结论。

在教学中要有针对性地把握教与学的深度和广度,立足科学思维的训练,促进教、学、考有机衔接,这是当今课程改革备受关注的最为重要的落脚点。

三、以体验一题多变为选题背景

德国著名的哲学家黑格尔说过:"创造性思维需要有丰富的想象。"因此,对发散思维和收敛思维的考查是物理创新命题的亮点之一。

命题通过条件变换和不同的设问角度形成一题多变,重点考查学生灵活而巧妙的思维发散与收敛的能力,深层次挖掘概念的内涵与外延,掌握解题规律,得出科学结论,养成良好思维习惯。这种题型有利于促进学生探索试题变化规律,有利于培养学生的问题意识,有利于提高学生的创新能力。

【例 5】(2019·泰安)如图 5-6.4 所示,完全相同的 A、B 两个长方体物块叠放在水平桌面上,用 $F=20$ N 的水平向右的力作用在 A 物块上,A、B 一起向右做匀速直线运动,经过 3 s,两个物块一起移动了 60 cm 的距离。下列相关说法中(　　)

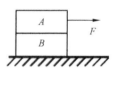

图 5-6.4

① 物块 B 受到的重力和地面对 B 的支持力是一对平衡力

② 物块 A 对 B 的摩擦力大小是 20 N,方向向右

③ 地面对物块 B 的摩擦力大小是 20 N,方向向右

④ 拉力 F 的功率为 4 W

A. 只有①④正确　　　　B. 只有③④正确

C. 只有①③正确　　　　D. 只有②④正确

【例 6】(2019·荆州)如图 5-6.5 所示,A、B 两个物体叠放在水平面上,同时用力 F_1、F_2 分别作用于 A、B 两个物体上,A、B 始终处于静止状态,其中力 $F_1=3$ N,方向水平向左,力 $F_2=5$ N,方向水平向右,下列分析正确的是(　　)

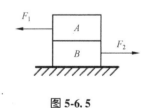

图 5-6.5

A. A 和 B 之间摩擦力为 0

B. 地面对 B 的摩擦力为 2 N,方向水平向左

C. 地面对 B 的摩擦力为 5 N,方向水平向左

D. B 对 A 的摩擦力为 5 N,方向水平向右

评析:发散思维中的"一题多变""一题多解"既能减负增效,又能帮助学生寻找问题变化规律,澄清概念与规律的本质。

试题通过条件变换和不同的设问角度,深层次地夯实对概念和规律内涵的理解,广角度地挖掘对概念和规律外延的拓展,渗透整体法和隔离法解决问题的巧妙性,应用转化法来破解摩擦力方向这一难点。

因此,新课程学习要注意典型试题的拓展变化规律,要注意思维发散方法的渗透,以此来发展学生的核心素养。

四、以综合图像表证为选题背景

注意学科间的联系与渗透是课程标准的基本要求。而科学客观世界的任何一种物质形态及其运动形式都具有空间形式和数量关系,这就决定了数学在物理学科中的重要性,马克思指出:"一切科学只有在成功地运用数学时,才算达到了真正完善的地步。"

为此,作为物理学科的数学工具表述是 2019 年中考物理考查又一亮点,此类型试题考查频率越来越高,命题形式也越来越活。

【例7】(2019·株洲) 在测量如图 5-6.6 甲所示滑轮组机械效率 η 的实验中,通过改变物重 G 或动滑轮重 $G_{动}$ 进行多次实验,得到了如图乙所示的效率与物重或动滑轮重的关系,图中纵轴表示机械效率的倒数 η^{-1},若不计绳重与摩擦,则横轴可能表示(　　)

A. G　　　B. G^{-1}　　　C. $G_{动}$　　　D. $G_{动}^{-1}$

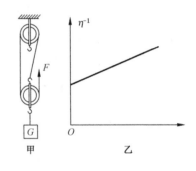

图 5-6.6

【例8】(2019·大庆) 汽车在平直公路上以速度 v_0 匀速行驶,发动机功率为 P_0,牵引力为 F_0,t_1 时刻开始,司机减小了油门,使汽车保持恒定功率 P 行驶,到 t_2 时刻,汽车又开始做匀速直线运动,速度为 v_0。已知运动过程中汽车所受阻力 f 恒定不变,汽车牵引力 F 随时间变化的图像如图 5-6.7 所示,则(　　)

A. t_1 至 t_2 时间内,汽车做加速运动

B. $F_0 = 2f$

C. t_2 时刻之后,汽车将保持功率 P_0 行驶

D. $v = \dfrac{1}{2} v_0$

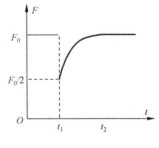

图 5-6.7

评析:近年来图像表征题考查了数学工具应用能力和科学推理、论证能力。图像表征题保留了解决未知量与已知量关系的问题,同时增加了形式多样的坐标系设置问题,以及纵、横坐标所表示物理量的含义问题。

在复习过程中不断训练学生处理信息的能力,以多比较、多思考、多训练、多概括、多提炼的思维抽象过程为切入点,促进学生解决跨学科问题能力的发展,提升学生的核心素养。

五、以引领知识延伸为选题背景

课程标准指出:注重物理内容的选择性,关注不同学生的学习需求,为学生有个性地发展搭建平台。因此,以阅读材料为载体,把问题线索融入材料中,以逻辑推理为出发点,打破知识间的跨度,是2019年中考物理试题的又一亮点。

【例9】(2019·青岛)电容器是电气设备中的重要元件,是储存电荷的装置。两个相距很近又彼此绝缘的平行金属板就形成一个最简单的电容器。在电路图中用符号"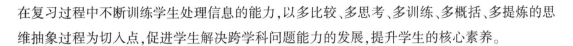"表示。

(1)如图5-6.8开关置于 a 时,电容器的一个极板与电源的正极相连,另一个极板与负极相连,两个极板将分别带上等量异种电荷,这个过程叫作电容器充电,电容器一个极板所带电荷量的绝对值叫作电容器所带的电荷量。开关置于 b 时,充电后的电容器的两极板接通,两极板上的电荷中和,电容器又不带电了,这个过程叫作电容器放电。放电过程中,经过电流表的电流方向为_____(选填"M 到 N"或"N 到 M")

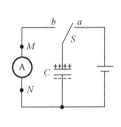

图 5-6.8

(2)当开关置于 a 时,通过改变电源电压来改变电容器两极板间的电压 U,电容器所带的电荷量 Q 也随之改变。实验数据如表5-6.1所示:

表 5-6.1

次数	1	2	3	4
电压 U/V	4.0	8.0	12.0	16.0
电荷量 Q/C	$4.04×10^{-3}$	$8.00×10^{-3}$	$12.14×10^{-3}$	$16.32×10^{-3}$
$\frac{Q}{U}/(C·V^{-1})$	$1.01×10^{-3}$	$1.00×10^{-3}$	$1.01×10^{-3}$	$1.02×10^{-3}$

实验表明,在误差允许的范围内,这个电容器所带的电荷量 Q 与两极板间的电压 U 的比值是一个常量。换用不同的电容器,这个比值一般是不同的。电容器所带的电荷量 Q 与两极板间电压 U 的比值叫作电容器的电容,用符号 C 表示,表达式为 $C=Q/U$。在国际单位制中,电容的单位是法拉,符号是 F,$1\ F=1\ C/V$。

① 电容器两极板间电压减小,它的电容_____。

②上述电路中,若电源电压为 9 V,换用电容为 3.0×10⁻¹² F 的电容器,充电完毕后再进行放电,在全部放电过程中释放的电荷量是_____ C。

【例 10】(2019·青岛)如果需要对物体的长度进行更精确的测量,可以选用游标卡尺。某规格游标卡尺的构造如图 5-6.9 甲:①是主尺(最小刻度是毫米)。②是游标尺(10 个等分刻度),它是套在主尺上可移动的部件。③是测量爪。移动游标尺,把被测物体夹在两测量爪之间,两爪之间的距离等于被测物体的长度。

(1)图 5-6.9 甲中,当测量爪对齐时,游标尺上的 0 刻线与主尺上的 0 刻线对齐,游标尺的第 10 刻线与主尺上 9 mm 刻线对齐,其他刻线都与主尺上的刻线不对齐,则游标尺上每小格比主尺上每小格的长度少_____ mm。

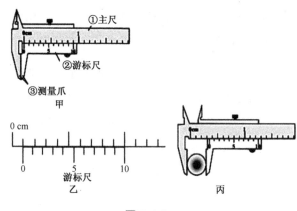

图 5-6.9

(2)如果将 1 张厚度为 0.1 mm 的 A4 纸夹在测量爪间,游标尺的第 1 刻线与主尺刻线对齐,读数为 0.1 mm;如果将 2 张这样的 A4 纸夹在测量爪间,游标尺的第 2 刻线与主尺刻线对齐,读数为 0.2 mm;依此类推,如果将 10 张这样的 A4 纸夹在测量爪间,游标尺与主尺刻线对齐的情况如图 5-6.9 乙所示,读数为 10 mm。如图 5-6.9 丙,如果将一个小钢球夹在测量爪间,则这个小钢球的直径为_____ mm。

(3)用毫米刻度尺测量长度时,只能准确地读到毫米,而用本题中的游标卡尺测量时,就能准确地读到_____ mm,这个数值叫作游标卡尺的精确度。如果用 L 表示待测物体的长度,用 L_0 表示主尺的整毫米数,k 表示与主尺刻线对齐的游标尺上的刻线序数,a 表示游标卡尺的精确度,则待测物体的长度表达式可归纳为 L=_____。

评析:原本属于高中教材学习的内容,出现在 2019 年中考物理试题中,纳入中考考查范畴,体现了新课程标准"为优秀学生个性化发展搭建平台"的要求,如"电容""游标卡尺""加速度"以及"互成角度的二力合成"等高中知识内容。这就要求一线物理教师深刻把握课程标准,深入研究中考说明,理顺各知识点要求的层次,有计划地拓展物理教学内容。

学生通过阅读试题材料,还原材料载体的真实情境,寻找问题线索,通过分析综合和科学推理,最终解答拓展性的高中知识,把握客观事物的内在规律及相互关系,充分体现了核心素养引领下解决各种问题的能力,促进物理学科核心素养的形成。

小 结

通过对思维意识与学科方法的认识,了解在中考命题中的研究,将中考命题研究融于物理方法、思维训练,不断总结、交流、使用学习方法,渗透这些命题方法、解题方法与解题技巧,践行意义学习,在提升学生的快速解题能力的过程中,锤炼学生的物理思维及解决问题的能力。

思 考 题

1. 如何开展学科方法研究性学习?请设计一则案例并说明学科方法在中考命题中的体现与落实。

2. 怎样实现"知识型"向"思维型"教学的转变?

3. 科学思维最重要的品质是质疑与创新,在课堂教学中怎样培养学生的质疑与创新能力?

4. 谈谈思维方法的重要性,并就思维的灵活性、批判性设计案例。

5. 方法是物理学的核心,思维是物理学的灵魂,怎样有效落实?

本章推荐参考文献

[1] 邢红军.初中物理科学方法教育[M].北京:中国科学技术出版社,2015.

[2] 赵凯华.定性与半定量物理学[M].北京:高等教育出版社,1991.

[3] 黄治学.初中物理解题方法与技巧[M].武汉:湖北教育出版社,2007.

[4] 胡卫平,郭习佩.思维型科学探究教学的理论建构[J].课程·教材·教法,2021,41(6):123-129.

[5] 李鸿.物理实验数据处理的通用方法[J].中学物理,2020,38(6):3.

[6] 李燕妙.多种不同物理实验数据处理方法的误差分析和应用研究[J].物理通报,2021(S1):126-128.

[7] 蔡燃,雷凤兰.论物理研究中的思维方法——直觉、灵感和想象[J].物理教师,2009,30(6):66,68.

[8] 叶成林.初中物理科学探究中培养学生批判性思维的教学实践——以苏科版8年级"浮力"教学为例[J].物理教师,2021,42(9):53-55.

[9] 蒋鸣.在物理概念构建中提升批判性思维意识[J].物理教师,2015,36(4):13-15.

[10] 蔡钳,陈信余.解决问题过程中的"思维可视化"尝试[J].物理教师,2021,42(7):

92-95.

[11] 邹斌,吴广国.从共线三球体碰撞问题的分析谈科学思维方法的训练[J].物理教师,2021,42(4):29-32.

[12] 徐忠平.提升思维能力　加强数学应用——2020年高考山东物理卷压轴题评析与教学思考[J].物理教师,2020,41(12):79-82.

[13] 张一驰,周文钊.深化考试内容改革背景下高考物理压轴题命题特点与启示——以2021年"八省联考"中物理学科电磁压轴题为例[J].物理教师,2021,42(8):87-90.

[14] 李允和.物理习题教学的思维呈现与优化策略[J].物理教师,2017,38(3):93-95.

[15] 陆军.论初中物理教学中的科学方法教育[J].物理教师,2013,34(12):11-13,15.

[16] 王亦敏.物理课堂教学的核心思维导引活动[J].物理教师,2020,41(2):33-37.

[17] 何述平.密度测定的数据处理方法分析[J].物理教师,2018,39(1):92-93,97.

[18] 丁志红.彰显思想方法　渗透科学素养——对2019年南京市中考第28题的赏析[J].物理教师,2020,41(2):44-47.

[19] 孔云.例说高中物理学生实验中"意义学习"的合理构建——读奥苏贝尔《教育心理学》[J].物理教学,2013,35(2):40-42.

[20] 姚杨海.张旭鹏.重视问题串设计,促进有意义学习[J].物理教学,2017,39(1):32-35,37.

[21] 张晓丽.物理信息题的一些解题技巧[J].物理教学,2018,40(2):57-59,30.

[22] 费志明.初中物理命题中发挥情境的价值功能[J].物理教学,2021,43(7):48-50.

[23] 沈金林.基于核心素养导向的物理习题教学策略[J].物理教学,2017,39(4):2-6.

第六章　初中物理高质量评价研究

"博观而约取,厚积而薄发。"中学物理的评价是一项以物理学科的认知为基础,满足学生、社会等主体需要的价值认识活动。主体需要的变化凸显了评价的时代特征——多元化原则。本章以"聚焦主题、参照框架、评价过程"为要素,结合理论与实践,从概念图评估学生知识结构,到评议课的要点,再到中考和高考创新机制与评价。在课堂教学的实践层面了解评课视角,即教学目标、教学程序、教学方法、教学效果、教师素养等方面,从课堂教学实例中吸取教益,构建多元化评价体系。围绕试题在"核心价值、学科素养、关键能力、必备知识"层面,考核了信息获取、科学思维、科学探究、语言表述等能力,考查了学生的物理核心素养,同时,考查了认识问题、分析问题、解决问题、勇于创新的综合素养,指明了物理教学改革的方向,发挥了评价的导向性功能。

第一节　基于案例分析的有效评课

基于案例分析的评课是有效教研的方式之一。评议课一般应从教学目标、教学程序、教学方法、教学效果、教师素养等维度出发,了解评课视角,领会评课要点。同时,要从课堂教学实例中吸取教益,构建多元化评价体系,提高教师评议课的质量和水平。

一、剖析评课现状,领会评课方略,尝试评课的方向性

评课是指对课堂教学成败得失及其原因作中肯的分析和评估,并且能够从教育理论的高度对课堂上的教育行为作出正确诠释的教育活动。

(一)无效评课的现状

当前教学评课活动中,仍存在许多不足之处:一是评课切不准要害,你好我好大家好,言之无物,不利于教师专业成长;二是评课抓不住要点,不知道切入点在哪儿,或蜻蜓点水,或夸夸其谈,云山雾罩,一头雾水;三是评课缺乏理论指导,不能将理论与实践有效结合在一起,不能动之以情、晓之以理;四是评课不坚持真理,主观自我,信口开河,对人不对事,甚至言辞过激,导致青年教师得不到有效指导、畏惧上课。凡此种种,不一而足。

(二)有效评课的原则

怎样提高评课的有效性呢? 首先,要以科学的理论为依据,客观公正,实事求是;其次,要

倡导发展性、多元化评价，褒贬有"度"，重点问题重点说，一般问题涉及说。

（三）常见评课的视角

评课大体分为"口语化评课"和"纸质评课"两类。但无论哪种评课，能够着眼评价的视角非常多——可以系统评价，也可以从一个侧重点评价；可以从哲学角度评价，也可以从教育理论角度评价；可以从教育技术整合角度评价，也可以从有效性视角去评价；等等。

（四）注意评课的侧重点

评课还要关注被评对象（如青年教师侧重于评价对教材的处理和教师个人的素养），以及关注评课类型。研究课侧重于应用批判性的思维来看待课堂，首先要确定研究的主题，立足于未来和发展对评价的课进行客观真实的研究和讨论，如"同课同构"或"同课异构"；示范课往往当作样板被模仿，所以着重评价新方法、新思想、新思路，把优点讲够，缺点讲透；评比课侧重于按照一定的评价标准和权重对课堂教学中各方面情况进行评价，体现不同课的等价排序结果；推门课侧重于对日常自然教学进行督促检查，发现教学中存在的不足，掌握一线教师教学情况，持续开展有助于教学的评估、管理。

本节结合比较典型的评课案例，从常见评课维度入手逐渐过渡为多元化的特色评课，旨在使教师不仅会上课，也会听评课。下面来具体阐述评课方略。

二、熟悉评课维度，领会评课要点，提升评课的有效性

一般来说，评课有以下几个维度——教学目标、教学程序、教学方法、教学效果、教师素养等。熟悉评课维度，了解评课视角，有助于加强对教师的引导，帮助教师学会评课、有效评课，逐步由笼统评课，过渡为深层次的有特色的评课。

（一）从教学目标制订来看

教学目标是教学的出发点和归宿，它的正确制订和达成，是衡量课好坏的主要尺度。所以首先要分析评价教学目标，即"知识与技能，过程与方法，情感、态度与价值观"，三个维度的目标应当体现"以学生发展为本"的价值追求。如何正确理解这三个目标之间的关系，准确把握教学目标，是评价课堂教学的关键。

案例1："摩擦力"教学

学习目标：

1. 认识生活中与摩擦有关的现象。

2. 理解摩擦力产生的原因及影响滑动摩擦力大小的因素。

3. 掌握增大和减小摩擦的方法。

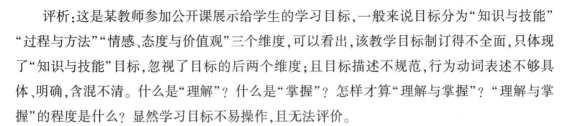

评析:这是某教师参加公开课展示给学生的学习目标,一般来说目标分为"知识与技能""过程与方法""情感、态度与价值观"三个维度,可以看出,该教学目标制订得不全面,只体现了"知识与技能"目标,忽视了目标的后两个维度;且目标描述不规范,行为动词表述不够具体、明确,含混不清。什么是"理解"?什么是"掌握"?怎样才算"理解与掌握"?"理解与掌握"的程度是什么?显然学习目标不易操作,且无法评价。

修改知识目标:

1. 能辨认生活中与摩擦有关的现象。

2. 能用语言解释摩擦力产生的原因及影响滑动摩擦力大小的因素。

3. 举例说明增大和减小摩擦的方法。

增加过程与方法目标:

1. 通过实验探究影响滑动摩擦力的因素,经历科学探究的过程,培养学生的探究能力。

2. 通过实验设计和数据分析,提高分析概括的能力,并掌握"控制变量"的研究方法。

增加情感、态度与价值观目标:

1. 培养勇于探究、实事求是的科学态度,以及乐于与他人合作的精神。

2. 体会物理知识来源于生活,又服务于社会的理念,提高科学价值观。

(二)看教学程序处理

教学思路是教师上课的脉络和主线,它是根据教学内容和学生水平两个方面的实际情况设计出来的。

为此,首先看知识序的思路设计层次是否有条理,脉络是不是清晰、流畅、准确、科学;是否遴选、补充、重组和延伸,有一定的独创性,给学生以新鲜的感受,有完整的知识体系,形成了完整的问题链,而且知识与相关知识准确无误,并将教材内容问题和过渡性问题构成一个指向明确、思路清晰、具有内逻辑的"问题链"。

其次要看知识认知序的思路设计是否符合教学内容的实际;是否符合学生的认知规律,由浅入深、循序渐进;过渡性的问题是否自然衔接。课堂教学结构(课堂教学步骤或课堂教学环节),也可称之为课堂教学模式。结构合理的课堂教学结构可以收到事半功倍的效果。一般好课结构严谨、环环相扣、过渡自然,时间分配合理,密度适中,效率高且各个环节之间形成一个自然流畅的衔接链。能抓住知识主线,层次分明,思路清晰,重点突出,有讲有练,组织严密,能根据学生学习现状实时调整教学计划,具有自然融洽性和可调整性。

案例2:"摩擦力"教学(见图6-1.1)

评析:从知识线索"什么是摩擦力""摩擦力如何分类""摩擦力的方向""探究摩擦力的大小"等,到层层递进的教学活动设计来看,由浅入深,符合学生的认知规律。

课堂教学结构清晰,主要精力应放在研究自己的教学实际上,能不断地改造、创新、优化教学设计与实施,以创造富于自己品格的优秀教学。在教师专业化发展征途上颇有借鉴价值的榜样,但对其也不能太盲从、太迷信。

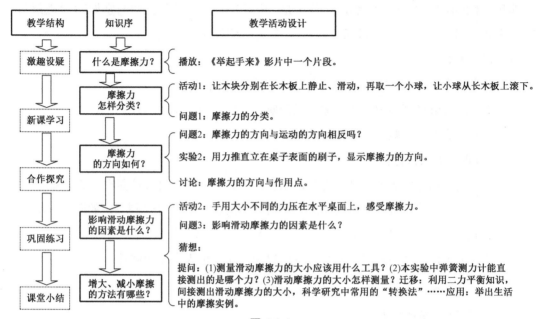

图 6-1.1

(三) 情境的创设与问题提出的有效性

情境的创设与问题提出的有效性,是落实有效教学的关键和根本,情境的创设"新""奇"能够极大地调动学生的学习积极性,提出准确、有梯度、有层次的问题。力求从不同角度、深度、难度、精度、宽度提出问题,符合学生的年龄特点和认知规律,贴近学生的已有知识和经验,具有较强的趣味性和启发性,灵活估计学生可能遇到的困难并提出改进和调整教学思想。

案例3:"电动机"教学

教师:首先我们来做一个有趣的实验(见图 6-1.2),用一个圆柱体轴承,还有苹果形的铜线,把铜线放在圆柱体上,你能使铜线转动起来吗?哪位同学来试一下?××同学非常勇敢,用嘴吹动转起来了。老师给铜线注入一种魔力,它自己就会转动起来。那么见证奇迹的时刻到了,同学们注意观察,为什么铜线能转动呢?实验中到底蕴含着什么样的奥秘呢?大家想知道吗?

图 6-1.2

评析:情境创设不仅取材简单,而且立足于学生的生活和认知区域,凸显了"新"与"特",

极大地调动了学生的学习积极性。情境性问题、探究性问题、激励性问题表述要言简意赅。

（四）教学媒体或教学手段选择的针对性

教学媒体或教学手段的选择与运用效果是否恰当？是否有利于突出教学重点、突破教学难点？

图 6-1.3

案例 4：探究滑动摩擦力的方向

1. 提出问题：力是有方向的，摩擦力的方向如何呢？

2. 展示扫帚扫地图片（见图 6-1.3）。扫帚毛受到地面摩擦力的方向指向哪里呢？

评析：滑动摩擦力的方向是学习的难点，如何显示摩擦力的方向呢？这是教学的难点，用图示毛刷弯曲的方向来显示摩擦力方向，好比一张捅破了的纸，使学生恍然大悟，茅塞顿开，很有创意，摩擦力的方向是不是与运动的方向相反，这是学生的头脑中常出现的误区，应用如图 6-1.4 所示传送带来加以分析就可以巧妙地得到澄清和突破。

图 6-1.4

（五）从教师专业素养上分析

1. 看教师的学科知识素养。学科功底厚实，知识面广，应能体现创新思维、创新意识、创新方法与创新能力的培养与渗透。

2. 看教师的课程资源素养。教育教学的不同的对象、不同的内容和不同的活动方式，因而应有针对性地开发优质的教学资源，科学利用优质资源，整合优质的教育教学资源，是教师成长必备的素养之一。

案例 5：质疑"感觉能否靠得住"

感觉是人类认识世界最直接、最常用的方法之一，直到现在为止，人们依旧沿用这种方法，英国哲学家约翰·洛克在 1690 年提出："伸出你的右手放入热水中，左手放入冷水中（见图 6-1.5），然后把你的两只手同时放入温水中，这时你的右手感觉水是冷的，你的左手感觉水是热的。"事实上老师做了好多次并非如此，只有一次瞬间体验到了，由此老师请各位同学动手做一下这个小实验，并撰写成科普小短文，科学是奥秘无穷的，也是永无止境的。让我们

图 6-1.5

坚持不懈地去寻求这些真知吧。

评析:优秀教师的成长离不开高层次名师团队的引领,作为优秀的教师只有不断地积累,才能科学合理地处理好教材。

3.看教师教学基本功。

(1)看教态是否亲切、自然、端庄、大方。

(2)看语言是否规范简洁、丰富多彩。教师应吐字清楚,逻辑性强,形象生动,风趣幽默,富有感染力,使学生积极地投入到学习中来。

(3)看板书板画是否设计合理、化繁为简。板书应工整美观,言简意赅,层次清楚,符合教学规律和审美要求。

(4)看教学机智是否能够灵活应变,调控课堂能力是否强。

(5)看教学风格。教学风格的形成是一个教师在教学艺术上趋于成熟的标志,也是教师的最高境界。它可以分为理智型、自然型、情感型、幽默型、技巧型。

(6)看教学活动是否独特、和谐,包括教育思想、个性特点、教育技巧。

(7)看教材的处理是否独特、有创意。

(8)看教法与组织形式是否具有个性化和艺术性,是否具有敏捷地捕捉教学过程中各种信息的能力,是否能灵活果断地采取有效措施推进教学进展,并且在教学中关注个性特点。

案例6:教师的教学特色

以第九届全国中学物理青年教师教学大赛,新疆石河子第八中学梁丽娟讲授的"浮力的应用"一课为例,教师具有较好的亲和力,平易近人,笑容可掬,是情感奔放、心灵手巧型的教学风格,如:我希望同学们应用你的智慧和想象,把它变成一个许愿瓶,然后把你的心愿写在纸条上,放在这个许愿瓶里,让它随长江的水远走高飞……老师今天亲手做了一个许愿瓶,里面都写了我对大家的期望和祝福,送给你们……再如:最后,请两位做小结的同学上来放飞孔明灯(播放背景音乐《再见》,见图 6-1.6)。孔明灯满载着我的

图 6-1.6

感谢和祝福,感谢大家精彩的表现,祝福大家学业有成,最后为我们的祖国增光添彩……在优美的歌曲《再见》中,把学生融入情感交加的求知高潮,再加上教师的语言鼓励使学生如痴如醉。实验设计更是独特、新颖,从乒乓球的悬浮、下沉、上浮引课,到会说话的玻璃瓶……这是一种心灵的沟通,也是一种思想的交流。

评析:教学是技术,也是艺术,一段优美的音乐,在歌词中渗透了学法指导,温馨的磁性语

言以及富有特色的实验教学,能使学生身临其境,激起学生情感上的共鸣。

(六) 从教学效果上分析

1. 看教学效率、教学目标达成度、信息量是否适度、学生负担是否合理,短时高效,能极大地调动学生的学习欲望,做到有效率、有效益、有效果。

2. 看学生参与度、课堂气氛活跃度,教学民主,师生平等,课堂气氛融洽和谐,注重学生动机、兴趣、习惯、信心等非智力因素培养。学生是否会学、乐学、学习愉快、积极性高,学生的参与面是否广泛,学生的参与方式是否多样,参与教学信息多项交流是否良好,反馈是否及时,矫正是否奏效。

3. 看学生的问题意识。"把有问题的学生教成没问题,这是教育的失败,而把没问题的学生教成有问题,则是教育最大的成功。"为此,在学习过程中,引领学生发现问题、探究问题,想出解决的办法,生成性的问题加以升华和延伸,可以极大地促进学生思维的改变。

案例7:电动机(磁场对通电导体的作用)。

教师提供的实验器材,学生很快能得出结论……但对于发现问题或者探索的科学过程未能较好地体现,如改为:通电导体怎么放置才能使它动起来呢? 采用如图 6-1.7 所示的器材能更好地引领学生发现问题、探究问题、解决问题。

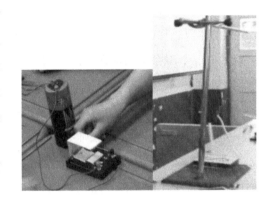

图 6-1.7

方案1:通电直导线,竖直放在磁场中,与磁感线平行。

方案2:通电直导线,斜着放在磁场中,与磁感线斜交。

方案3:通电直导线,水平放在磁场中,与磁感线垂直。

方案4:……

评析:通电导体在磁场中能否受力,实验直接给出了结论。只是探究磁场和通电导体与电流方向的关系,在什么条件下受力,没有经历科学探究的过程,更没有培养学生发现问题的意识,如果把这个环节加上岂不是更显完美。

三、赏析评课案例,完善评课方略,领悟评课的多元性

案例8:现场评课类

武汉市第三中学徐春霞老师讲述的"升华与凝华"亮点:教学设计得到了优化,实验创新

有效果,教师和学生的交流真情投入。

商榷的地方:以学生为主体的方面还做得不够,应放开手让学生去说,如:霜的制作,学生猜想说可能会出现水珠,生成的问题没有得到解释。

案例9:纸质评课类

聆听了石家庄第十七中学孙书红老师的试卷评课,耳目一新,感触很深,颇有收获。孙老师的试卷讲评课不失为一节精品示范课,也为如何上好试卷讲评课探索出了一条行之有效的教学途径,为提高试卷讲评课的效益和质量、解决困扰教学的一个盲点提供了借鉴。

亮点一:主线明确,构思巧妙,结构严谨,主次分明。

该课既评"不足",评"错解",又评"进步",评"亮点",评出方向,评出信心,让学生认识到自身与他人的差距,认识到自身学习实际与学习能力的差距,解决了"评什么"的问题。通过试卷讲评,学生对自己所掌握知识的薄弱环节得到进一步强化、澄清,从而达到夯实基础、丰富体验、开阔思路、提高学生解决问题的能力、培养学生的创新意识等目的。针对学生的思维误区,教师鼓励他们尽量用完整的语言表达出来,以便清楚地了解学生在学习中的困难,并且在交流中体现思想的碰撞,学生能够有所领悟,有所收获。讲评中,教师以"点"带"面",构建一个经纬交织、融会贯通的知识网络,有助于学生全面理解知识间内在的联系和发展,形成新的认知结构。

亮点二:有针对性地剖析易错点,突出重点,突破难点。

该课摒弃传统讲评课上教师"一言堂"的弊端,变灌输式为自控式讲评,针对学生解题实际,善诱思维,鼓励学生对讲评内容,尤其是自己出错的知识点进行"二次思维",充分发挥主导作用和发挥学生的主体作用,引导学生积极思考,解决了"怎么评"的问题。在讲评中,拓展了课堂的宽度,通过中考链接、变式训练等方式和导学案的使用,培养学生的发散思维和创新思维,达到举一反三、减负增效的目的,学生的知识与能力在原有的基础上得以显著提升。

亮点三:转变了评价导向,构建了多元化的评价体系。

德国教育家第斯多惠说过:"教学的艺术不在于传授本领,而在于激励、唤醒、鼓舞。"该课以肯定学生成绩、鼓励学生进步为主,激励学生负重进取、奋力拼搏、取长补短,创设民主和谐的课堂氛围,使学生处于"不愤不启,不悱不发"的最佳学习状态,解决了评价导向的问题。在学生积极参与的基础上,教师通过自主反思、小组讨论、学生讲评等形式,让学生交流心得,学习经验,变结果性评价为过程性评价,并以此构建多元化、发展性的评价体系,促进了学生学习的良性发展和学生素质的全面提高。

商榷之处:该课在课堂结构和课堂密度的把握上稍欠妥当。整节课用了一个多小时,明显超出了学生有效注意时间段,尤其是在解决实验探究试题时,教师不得不采取引导讲解教学方式,对学习效果产生了一定的负面影响。因此,在处理课堂时间和试题内容的关系上尚待进一步探索。

评析:从上述两个案例可以看出,评价既有理论高度,又有多元化评价的导向,既肯定了亮点,又指出了改进的地方。只有在长期的实践过程中,熟悉了评课的维度、视野和方略,不断地积累、尝试,才可能有深层次的创新评价机制,才能议得有效。

评课需要研究、需要系统的学习,某种意义上,会评课才真的会上课,学会评课对教师专业发展有着极为重要的意义,评课有法,但无定法,贵在得法,只要按照科学的评价方法和评价的角度以及评价的策略,不断地运用这些评课的知识进行评课的实践,才能不断地提升评课的有效性,才能不断地得到完善和改进,才能提升教学效果。

第二节 科学思维在中考试题中的评价

顾明远强调"教育的本质是培养思维……",林崇德指出"落实核心素养,思维教学是首要问题"。近年来的中考物理试题也特别注重对核心素养和思维品质的考查,对课堂教学起到积极的导向作用。然而传统的知识灌输型课堂教学,学科思考力明显不足,学生的学科素养难以落实,思维的培养更是纸上谈兵。为此,笔者以2021年全国各地中考物理试题为例,通过剖析试题中思维考查的特点,旨在引导初中物理课堂教学思维品质培养的方法。

一、依托知识渗透,聚焦思维的深刻性

思维教学已成为课堂教学改革的主旋律,着眼于思维的深度和广度,则是物理课堂知识的渗透和拓展。试题在教材定性的基础上,对相关物理知识进行深入挖掘,通过科学探究与推理,得出定量的物理量之关系,较好地考查知识内涵的深度学习,体现思维推理的深刻性。

【例1】(2021·遂宁)物理兴趣小组自主探究得知"接触面粗糙程度一定时,滑动摩擦力的大小与压力大小成正比",他们应用该规律及相关知识分析了图6-2.1所示的物理过程。已知物体 a 重10 N,b、c 重均为 4 N,不计绳重及其与滑轮的摩擦。当在绳端挂上物体 b 时(见图6-2.1甲),物体 a 沿水平面向右做匀速运动,

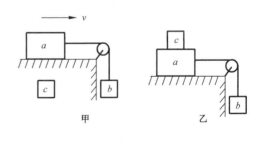

图 6-2.1

a 所受摩擦力为 f_1;接着把物体 c 放在 a 上,三者停止运动时(见图6-2.1乙),a 所受摩擦力为 f_2;再用力 F 竖直向下拉物体 b,使物体 a、c 一起向右做匀速运动(水平面粗糙程度不变)。下列计算结果正确的是( )

A. $f_1 = 4$ N　$f_2 = 0$ N　$F = 1.6$ N

B. $f_1 = 2$ N　$f_2 = 0$ N　$F = 5.6$ N

C. $f_1 = 4$ N　$f_2 = 4$ N　$F = 5.6$ N

D. $f_1 = 4$ N　$f_2 = 4$ N　$F = 1.6$ N

评析:《国家基础教育课程改革指导纲要》明确提出了"用教材教"而不是"教教材"的新观念,提倡教师依据课程标准灵活地创造性地使用教材,课堂教学仅仅停留在教材层面的学习远远不能体现学科核心素养的发展要求,因此,对物理知识的延伸是课堂教学的重要组成部分。

本题源于教材,体现基础性;又高于教材,凸显创新性。试题以教材中关于摩擦力的定性结论"接触面粗糙程度一定时,滑动摩擦力的大小与压力大小成正比"为载体,将教材知识定性结论延伸至定量探究,经历一个由浅入深的认知过程。灵活考查了思维活动的广度和深度。

从答卷情况看,学生仅仅了解摩擦力的大小与压力成正比,却缺乏深度挖掘建构方程的能力,从而导致解题受阻。仔细分析试题关键词语"匀速",可发现其隐含的方程,经过分析推理、信息加工,得出正确结论。

二、立足学科融合,强化思维的综合性

思维的养成,不仅依赖于单一的学科知识,更依赖于多学科知识的融合。解决学科间融合问题能体现学生获取信息的能力、解决问题的思路。近年来,数形结合的试题逐渐成为中考物理的热点。数形结合问题需要学生通过观察、思考,挖掘图形中特殊线段或特殊点的有效信息,运用数学知识揭示图形蕴含的物理规律,旨在考查学生思维的综合性。

【例2】(2021·潍坊)某同学利用光具座、透镜、蜡烛、光屏探究凸透镜成像规律,记录物距 u、像距 v 得到的图像如图 6-2.2 所示,则(　　)

A. 当 $u = 10$ cm 时,成倒立、等大的像

B. 当 $u = 15$ cm 时,成倒立、放大的像

C. 当 $u = 20$ cm 时,成倒立、放大的像

D. 当 $u = 25$ cm 时,成倒立、缩小的像

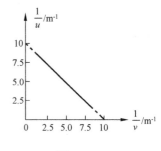

图 6-2.2

评析:试题注重物理与数学的整合,考查学生的建模能力,指向核心素养中的"信息提取与加工意识"。试题创新点在于变换了物理量坐标命题的传统视角,用物理量的"倒数"作坐标植入命题,考查学生从坐标中获取信息、分析数据、建构数学

模型、逻辑运算的思维推理能力。用数学方法解决物理命题,考查了解决学科交叉问题应具备的综合性思维品质,瞄准学生核心素养的培育和能力提升。

三、着眼思维技巧,领悟思维的方法性

"授人以鱼不如授人以渔",因此,思维技巧与方法是物理学科的灵魂,也是提升课堂教学质量的有效措施,好的方法能快速分析、解决问题,转变思维方式,减轻过重学习负担,提升物理学习效果。因此,课堂教学中,教师要有步骤地挖掘、渗透、熏陶、训练物理学的思维技巧,培养学生能力、训练学生思维的灵活性。

【例3】(2021·新疆)如图6-2.3甲所示,一质地均匀的长方体砖块放在水平地面上,现将砖块切去一部分,剩余部分(见图6-2.3乙)所示,此时砖块对地面的压强为2 000 Pa;将图6-2.3乙中的砖块倒置后(见图6-2.3丙)所

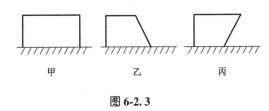

图6-2.3

示,此时砖块对地面的压强为3 000 Pa,则图甲中砖块对水平地面的压强为(　　)

A. 2 250 Pa　　　B. 2 400 Pa

C. 2 500 Pa　　　D. 2 750 Pa

评析:近年来中考物理不仅凸显了分析与综合、归纳与演绎、判断与推理、等效替代的思维方法考查,而且注重了巧解试题、体现思维灵活性的考查。

从答题情况来看,学生只看到题干中所说"砖块切去一部分",斜切的角度多大、切去了多少,都不得而知,那么原砖块的压强数据更是难以求解。如果学生能熟练运用等效法、分割法等思维技巧,具备思维品质的灵活性,那么,类似问题都将迎刃而解。

四、推崇一题多案,彰显思维的灵活性

思维的灵活性要因"题"制宜,学生能根据题意改变而采取不同设计方案。课堂教学中,学生思维灵活性品质的培养,需要抓住知识与方法间的渗透和迁移,应用不同的知识,采取不同的方法,选取不同的角度去思考问题、解决问题。引导学生灵活探索"一题多案""一题多解""一题多问""多题归一"等习题演变的规律和解析思路,教给学生灵活解决问题的方法。

图6-2.4

【例4】(2021·河北)小明和小红对具有吸水性的小石块的密度进行了测量。($\rho_水$已知)

(1) 小明的实验过程如下：

① 将天平放置于水平桌面上，游码放到标尺左端的零刻度线处，天平上指针的位置如图 6-2.4 所示，下一步的操作是_____。

② 用调节好的天平测出小石块的质量为 m；

③ 往量筒中倒入适量的水，读出水面对应的刻度值为 V_1；

④ 用细线系好小石块将其浸没在量筒里的水中，读出水面对应的刻度值为 V_2；

⑤ 小石块的密度：$\rho_石 =$ _____。

(2) 小红的实验过程如下：

① 将用细线系好的小石块挂在弹簧测力计下，测出小石块重为 G；

② 将挂在弹簧测力计下的小石块_____在水中，读出弹簧测力计示数为 F；

③ 小石块的密度：$\rho_石 =$ _____。

(3) 对小明和小红的实验进行分析与论证，可知小明实验的测量值比小石块密度的真实值_____(选填"偏大"或"偏小")。为了使测量结果更准确，可以在完成小明的实验步骤②后，将_____，再继续进行实验。

评析：一题多案是近年中考的一大亮点，它强调学习内容的有机整合，以培养学生独立思考，发展"开放性""探究性"思维为目标，灵活地用不同的知识、不同的原理设计多种不同的方案，从而创造性地解决问题。试题在考查分析、判断、推理、误差分析以及准确的语言表述能力基础上，着重考查思维的开放性、灵活性。

从答卷情况看出错率高的是(3)误差大小比较分析不深；②出错率较高，其原因是语言表述不准。

五、探索一题多变，引领思维的联想性

一题多变是培养思维创新的一种方法，也是探索习题隐藏规律的重要手段，能较好地体现思维的联想性。一题多变可以是数据的变化、现象的变化，也可以是定性与定量、局部与整体的变化，还可以是正向与逆向的思维变化。它强调知识整合和意义连接的学习内容以及举一反三的学习方法，注重有意义的深度学习过程与结果，以此揭示物理规律，促进学生批判性思维和创新精神的发展。

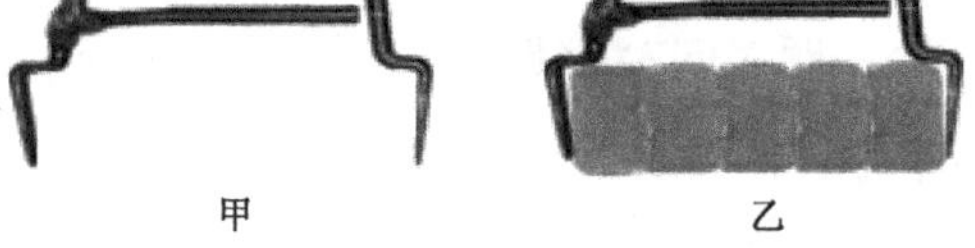

【例 5】(2021·潍坊) 建筑工地上常用的夹砖器(取砖工具)如图 6-2.5 甲所示，用它夹住两块相同的砖，竖直提起后静止在空中，此时两夹片与砖面平行，如图 6-2.5 乙所示，则

图 6-2.5

( )

A. 两砖之间无压力

B. 两砖之间无摩擦力

C. 夹砖器对砖的摩擦力向上

D. 夹片对砖的压力越大,砖受到的摩擦力越大

变一:(2019·潍坊)如图6-2.6所示,用水平推力 F 将质量均为 m 的
木块 A、B 压在竖直墙面上保持静止,下列说法中正确的是( )

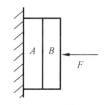

图6-2.6

A. 木块 B 受到的摩擦力大小一定等于 F

B. 木块 B 受到的摩擦力方向竖直向上

C. 木块 A 受到墙面的摩擦力大小等于 $2mg$

D. 若增大力 F,则木块 B 受到的摩擦力变大

变二:(2019·泰安)如图6-2.7所示,完全相同的 A、B 两个长方体物块叠放在水平桌面
上,用 $F=20$ N 的水平向右的力作用在 A 物块上,A、B 一起向右做匀速直线运动,经过 3 s,两
个物块一起移动了 60 cm 的距离。下列相关说法中( )

① 物块 B 受到的重力和地面对 B 的支持力是一对平衡力

② 物块 A 对 B 的摩擦力大小是 20 N,方向向右

③ 地面对物块 B 的摩擦力大小是 20 N,方向向右

④ 拉力 F 的功率为 4 W

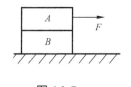

图6-2.7

A. 只有①④正确　　B. 只有③④正确

C. 只有①③正确　　D. 只有②④正确

变三:(2019·荆州)如图6-2.8所示,A、B 两个物体叠放在水
平面上,同时用力 F_1、F_2 分别作用于 A、B 两个物体上,A、B 始终处
于静止状态,其中力 $F_1=3$ N,方向水平向左,力 $F_2=5$ N,方向水平
向右,下列分析正确的是( )

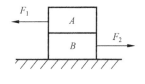

图6-2.8

A. A 和 B 之间摩擦力为 0

B. 地面对 B 的摩擦力为 2 N,方向水平向左

C. 地面对 B 的摩擦力为 5 N,方向水平向左

D. B 对 A 的摩擦力为 5 N,方向水平向右

评析:一题多变以创新的思维结构,提出有别于常规思维或常人见解为导向,依托同类相
近试题,借助典型范例模式,启发思考,举一反三,触类旁通。变题在原题的基础上,通过砖块
的数目和放置的形式以及作用点变化,由原来的定性判断变为定量的计算,使得思维的结果

具有多样性、灵活性和合理性。

六、密切联系实际,注重思维的批判性

情境认知理论认为,学习的终极目标是将自身置于知识产生的特定情境中,通过积极参与具体情境中的社会实践来获取知识、建构意义并解决问题。教学实践证明,几乎所有成绩优秀的学生都具备较高的批判性思维能力。因此,在学习这个连续过程中,培养学生思维的批判意识,是提高教学效率的重要途径之一。

【例6】(2021·丽水)如图6-2.9甲所示杆秤是我国古老的衡量工具,现今人们仍然在使用。某兴趣小组在老师的指导下,动手制作量程为 20 g 的杆秤如图乙。

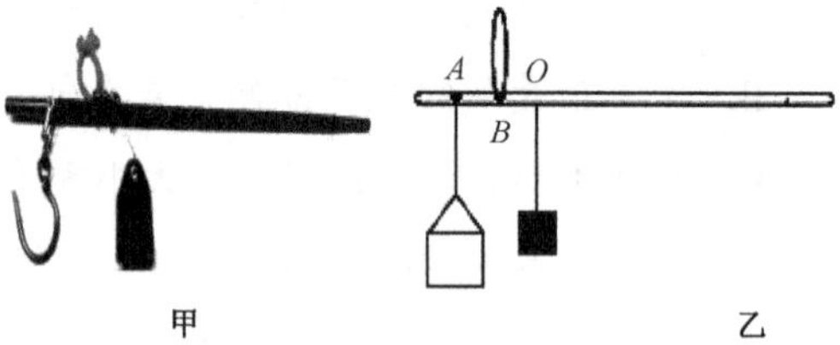

图 6-2.9

【制作步骤】

① 做秤杆:选取一根筷子,在筷子左端选择两点依次标上"A""B";

② 挂秤盘:取一个小纸杯,剪去上部四分之三,系上细绳,固定在秤杆的"A"处;

③ 系秤纽:在秤杆的"B"处系上绳子;

④ 标零线:将 5 g 的砝码系上细绳制成秤砣,挂到秤纽的右边,手提秤纽,移动秤砣,使秤杆在水平位置处于平衡状态,在秤砣所挂的位置标上"0";

⑤ 定刻度。

【交流评价】

(1)杆秤是一种测量_____的工具;

(2)当在秤盘上放置物体称量时,秤砣应从"0"刻度向_____侧移动;

(3)步骤④标零线的目的是_____;

(4)根据杠杆平衡条件可知,杆秤的刻度是均匀的。定刻度时,小科和小思采用不同的方法,你认为_____的方法更合理。

小科:先在秤盘上放 1 g 物体,移动秤砣,使秤杆在水平位置处于平衡状态,在秤砣所挂的位置标上 1;然后在秤盘上放 2 g 物体……按上述方法直到标出所有刻度。

小思:在秤盘上放 20 g 物体,移动秤砣,使秤杆在水平位置处于平衡状态,在秤砣所挂的位置标上 20,0 和 20 之间分为 20 等份,依次标上相应刻度。

评析:学以致用是物理学习之本,思维培养是课程改革的核心,而批判性思维是科学思维的重要维度,也是核心素养的重要组成部分。因此,物理课堂教学中,既要学习物理知识、习

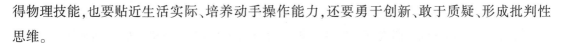

得物理技能,也要贴近生活实际、培养动手操作能力,还要勇于创新、敢于质疑、形成批判性思维。

试题密切联系生活实际,以制作杆秤作命题材料,能激发青少年的好奇心,增强科学兴趣;试题立足评估与反思能力的考查,对制作杆秤刻度的两种方法进行探讨,评价它们各自的优缺点,能考查学生思维品质的批判性。

从答卷情况看,问题(1)、(2)是基于生活经验的命题,通过观察、分析就比较容易解答。问题(3)信息获取模糊,难以用准确语言表述。问题(4)通过观察、分析、对比找到事物之间的关联过程,对不同的观点和结论,体会从不同的角度如"精确度""实际操作"等方面作出科学评判。

七、践行科学探究,凸显思维的创新性

科学探究是运用科学家的研究方法,学生通过自主探究,建构学科概念和规律的过程。课堂教学中,要力避"灌输式"讲知识、"填鸭式"喂结论的做法,要注重培养学生科学探究的思想和方法,凸显独特性、新颖性、发散性的创新思维特征,并在不断探究实践中将这些方法内化为自身的行为习惯,形成良好的具有独立性和创造性的科学品质。

【例7】(2021·苏州)如图6-2.10所示,量筒中盛有40 mL水,将量筒上表示体积的刻度值换成质量的刻度值,便可以制作成一个"质量秤"。某些小物块放入量筒中后,就可以直接读出该物块的质量,以下说法正确的是(　　)

A. 该秤的零刻度线在量筒的零刻度线处

B. 该秤的分度值为1 g

C. 该秤能称量的小物块质量最大为60 g

D. 该秤可称量质量小于40 g的实心小铁块质量

评析:知识迁移与创新,能使书本学习对实践应用产生深远的影响。课堂教　**图 6-2.10**
学中,教给学生掌握创新思维方法(如类比思维、迁移思维、发散思维等),训练学生创新思维品质,从而加深理解知识,提高思维能力。

试题突出了真实情境下的问题解决,具有综合性、开放性和实践性的特点,践行"从生活走向物理,从物理走向社会"的理念。试题旨在考查学生的创新意识、实践能力和研究问题的水平以及思维品质的独创性。

综上所述,2021年各地中考试题,立足推陈出新,着眼学科融合,依托知识延伸,关注科技进步,密切联系实际,凸显科学探究,强化考查的"综合性、开放性、应用性、探究性"。基于此,在物理课堂教学中要变革教学方式——倡导启发式、探究式、开放式教学,推行场景式、体验

式、沉浸式深度学习。强化必备知识的学习、思维方法的训练、思维创新的开拓、关键能力的提升,保护学生的好奇心,激发其求知欲和想象力,将教学的重点由机械应试训练转变到“基于情境、问题导向、深度思维、高度参与”的素质教育,提高学生的综合素养。

第三节　科学素养在考试中的研究

《全日制义务教育物理课程标准(实验稿)》指出:科学素养主要指必要的科学知识、科学的思维方式对科学的理解、科学的态度与价值观,以及运用科学知识和方法解决问题的意识和能力。科学素养是一个相互联系、相互影响的有机整体,2006 年中考物理试题的价值取向在科学素养方面体现得尤为突出。

一、凸显科学技能与方法

【例 1】某城市高架桥工程建设,为兼顾城市发展和保护历史文化遗产,需将一栋古建筑平移。在移动过程中,施工人员先在古建筑四周深挖,把古建筑连同地基挖起。然后在地基下铺设平行轨道,如图 6-3.1 所示。再用四个推力均为 8×10^5 N 的千斤顶同时推动古建筑沿轨道缓慢滑动 50 m,在新地点安放、固定、复原。若古建筑连同地基的总重量为 1.5×10^7 N,铺设轨道的地面能承受的最大压强为 7.5×10^5 Pa。问:

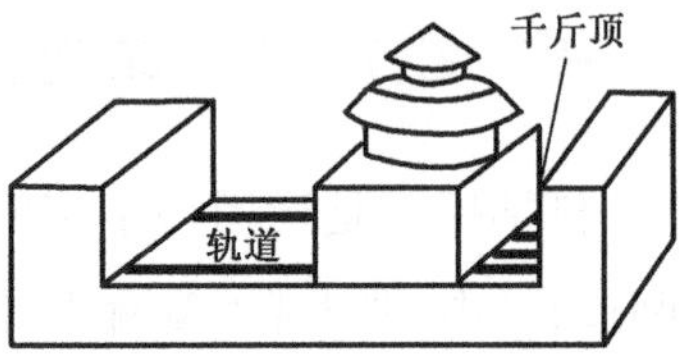

图 6-3.1

(1) 为防止移动过程中轨道下陷,轨道对地面压力的作用面积至少是多大?

(2) 在古建筑的整个平移过程中,四个千斤顶对古建筑做的功是多少?

(3) 若使用电动机通过滑轮组移动古建筑,已知电动机对滑轮组做功的功率为 80 kW,滑轮组的机械效率为 80%,古建筑移动的速度是多大?

评析:科学方法是人们在科学研究中遵循科学规律、探寻科学途径、运用科学手段的总称,是人们揭示客观世界奥秘、获得新知识、探索真理的工具。科学重在创新,本题运用滚动摩擦的原理,介绍了建筑平移的两种方法,同时考查了压强、做功以及功率、机械效率与速度等知识点,凸显了科学技能与科学方法。

二、联系社会日常生活现象学

【例 2】(2006 · 山西)电动自行车越来越受到人们的青睐,不少人用电动自行车替代了摩托车。电动自行车使用前要先对车上的蓄电池充电,骑行时,蓄电池对车上的电动机供电,电动机为车提供动力。下表是某品牌电动自行车的一些主要技术参数:

最高车速≤30 km/h

一次充电连续行驶里程 50 km

蓄电池工作电压 36 V

充电时间 8 h

一次充电耗电量 0.6 kW·h

电动机效率 75%

质量 40 kg

最大骑行噪声 ≤62 dB

若质量是 60 kg 的人骑电动自行车在水平路面上以 6 m/s 的速度匀速行驶时,受到的阻力是人与车总重的 0.02 倍,取 $g=10$ N/kg,求:

(1) 行驶 10 min,电动机对自行车做的功;

(2) 通过电动机线圈的电流;

(3) 若摩托车百公里耗油 2.5 L,每升油 4.65 元,照明用电每度 0.52 元,试比较说明使用电动自行车与摩托车哪种更经济。

评析:科学素养意指提出和评价基于证据的争论的能力,以及恰当地从这样的争论来应用结论的有科学素养的人,必须能够在科学信息的资源以及用来产生它们方法的基础上具有解决社会和日常问题的能力。本题从生活常见的交通工具入手,综合考查电学、力学、热学的知识,并从能源消耗的对比中培养学生解决社会和日常问题的能力,立意深远。

三、弘扬科学的伦理与道德

【例3】(2006·南昌)初三(1)班《八荣八耻》宣传栏中记述着:"某高楼大厦发生高空抛物不文明行为,一老太太被抛下的西瓜皮砸伤……"被抛下的西瓜皮在下落过程中逐渐增大的物理量是( )

A. 重力势能 B. 动能 C. 重力 D. 密度

评析:在多元文化的社会中,面对复杂的问题要进行价值判断,要具有与人、与自然进行协商的能力,要善于尊重他人的意见。人们应该关注人类的命运与精神文明的进步,本题在考查物理规律的同时,字里行间又透露出道德观念、荣耻观念的教育,是大力弘扬科学的伦理与道德的具体展现。

四、注重科学的综合素养

【例4】(2006·南京)唐代诗人杜甫在《茅屋为秋风所破歌》这首诗中写道:"八月秋高风怒号,卷我屋上三重茅。"以上诗句中包含的物理知识有:(只写两条)

（1）_____； （2）_____。

【例5】(2006·镇江) 自古长江三峡雄奇险秀,滔滔江水奔腾直下。北魏著名地理学家、散文家郦道元在其脍炙人口的《三峡》名篇中写道:"或王命急宣,有时朝发白帝,暮到江陵,其间千二百里,虽乘奔御风,不以疾也。"文中所描写船的平均速度约为( )

A. 5 km/h　　B. 50 km/h　　C. 100 km/h　　D. 500 km/h

评析:科学素养是一个涉及自然科学、社会科学、人文科学相互联系的有机整体。打破传统意义的学科本位思想,引导学生从优秀的古典诗文中发现蕴含的物理信息,注重学科之间的联系,别开生面,极富创意,是2006年中考试题中的一大亮点。

五、激发探索科学的兴趣

【例6】(2006·丽水) 如图6-3.2所示为丽水市区的紫金大桥。"桥为什么要造这么高?"小强对此进行了研究:他将大桥的结构进行简化如图6-3.3甲,抽象成图乙所示的模型,又画了桥塔高低不同的两幅图丙和图丁。小强通过比较发现:适当增加塔的高度,可_____(填"增大"或"减小")力臂,从而减小斜拉索的拉力。

图6-3.2

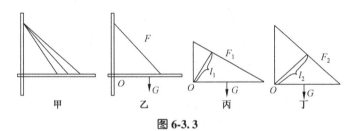

图6-3.3

评析:科学始于好奇,永无止境的好奇心是科学产生的不可缺少的心理因素。此题应用到杠杆平衡原理,从抽象出的物理模型中不难发现所包含的物理规律,桥塔越高,力臂越大,从而减小斜拉索的拉力。用宏伟壮观的紫金大桥来激发学生的探索欲望,实现"实践→理论→实践"的转换,正是本题的高妙之处。

六、端正科学态度,反对伪科学

【例7】(2006·湖北) 一位走江湖的气功表演师,对围观的群众讲,他功夫很高,能把自己坐于其内的盆抬起,下列说法中,正确的是( )

A. 我国有众多气功门派,有的练到一定层次后,就能有上述"功夫"

B. 这位气功表演师一定是得到过大师的指点才练成此"功夫"

C. 这是迷惑群众的谎言,不可能是真实的

D.“世上无难事,只要肯登攀”,只要有决心苦练,就能练就此“功夫”

评析:科学有其内在的规律,它的建立与发展始终是在与伪科学的斗争中进行的,本题意在尊重科学,端正科学态度,反对迷信邪说,作为具有指挥棒性质的中考试题,在肃清科学理念、鉴别科学真伪方面,具有指导意义。

2006 年各地中考物理试题所蕴藏的价值尚不止于此,但在凸显科学的思维与方法、弘扬科学的伦理与道德、渗透科学的意识与品质等方面尤为典型,对物理课堂教学有着重要的指导意义。

第四节　命题改良优化与创新研究

一、顾此失波,误入陷阱

科学思维中的“关键能力”即独立思考、逻辑推理、信息加工与创新能力等。试题充分体现了思维的创新性和批判性,通过发现新问题、运用新方法、解决新问题、获得新结论,激发学生的好奇心、想象力、塑造创新人格。

【母题 1】(2016·河北中考)在探究凸透镜成像的规律时,光屏上得到一个倒立、缩小的烛焰像,将蜡烛向凸透镜移近一倍焦距的距离。下列烛焰成像情况,不可能出现的是(　　)

A. 缩小的实像　　B. 等大的实像

C. 放大的实像　　D. 放大的虚像

【创新 1】(2020·石家庄四区联考)蜡烛、凸透镜和光屏在如图 6-4.1 所示位置时,光屏上得到一个清晰的像,现将物体移动到 35 cm 处时,物体所成的像不可能的是(　　)

A. 缩小的实像　　　B. 等大的实像

C. 放大的实像　　　D. 放大的虚像

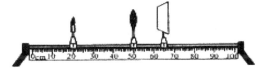

图 6-4.1

参考答案:A

解 1. $u=30$ cm$>2f$,$f<15$ cm。$2f>u=15$ cm$>f$,所以,综上分析不可能的是 D 选项。

质疑讨论:上述解题经过了分析与综合、判断与推理得出的结论,形式上似乎无可非议,但从另一角度得出的结论截然不同。

解 2. 由透镜成像公式可得

$$\frac{1}{u}+\frac{1}{v}=\frac{1}{f};\frac{1}{30}+\frac{1}{15}=\frac{1}{f};解得 f=10 \text{ cm}$$

$2f>u=15$ cm$>f$,所以选 A、B、D。显然,命题者虽然是在母题 1 的试题基础上进行了创新改变。单纯地看解1的推理似乎没有毛病,再看解2发现了解1是错误的。如果说题是正确的,那么解1就是错误的;如果解2是正确的,那么试题岂不是超越现行的课标要求?试想现有教材上都没有出现的公式,有几个成绩优异的学生能在考场推理证实这一公式?究其原因,命题者根本没有深层次顾及由此造成的答案深刻性和准确性,更没有顾及初中学生的认知能力与范围,为此,命题者在母题创新改变时,一定要全面、深刻地了解学情,了解课标,了解试题解答的方方面面,唯有这样能命出高质量的试题。

正确答案:ABD

二、标准答案,难圆其说

思维的考查远大于知识的考查,这是新课标命题的导向。因此,试题一般要从"思维推理"入手,既要体现考查知识的记忆、储存、理解,又要考查知识的迁移,尤其是独立思考、信息识别、逻辑推理,以及敢于质疑的实证精神,提升学科素养的培育和能力。

【母题2】(2017·巴彦淖尔模拟)某班同学在"探究凸透镜成像规律"实验中,记录并绘制了像到凸透镜的距离 v 跟物体到凸透镜的距离 u 之间的图像,如图 6-4.2 所示,下列判断正确的是( )

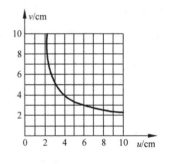

图 6-4.2

A. 该凸透镜的焦距是 4 cm

B. 当 $u=3.5$ cm 时,在光屏上能得到一个缩小的像

C. 当 $u=5$ cm 时成放大的像,投影仪就是根据这一原理制成的

D. 把物体从距凸透镜 3 cm 处移动到 8 cm 处的过程中,像逐渐变小

【创新2】(2019·石家庄二十八中三模)(多选)某班同学在"探究凸透镜成像规律"的实验中,记录并绘制了像到凸透镜的距离 t 跟物体到凸透镜的距离 u 之间关系的图像,如图 6-4.3 所示,下列判断正确的是( )

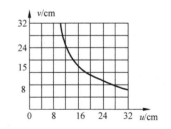

图 6-4.3

A. 该凸透镜的焦距是 16 cm

B. 当 $u=12$ cm 时,在光屏上能得到一个放大的像

C. 当 $u=20$ cm 时成缩小的像,照相机就是根据这一原理制成的

D. 把物体从距凸透镜 12 cm 处移动到 4 cm 处的过程中,像先变大后变小

参考答案:BC

质疑讨论:仔细分析图像可知,$2f$=16 cm,f=8 cm。当 $2f$>u=12 cm>f 时 B 选项正确;当 u=20 cm>$2f$ 时成缩小的像,C 选项正确。

比较分析母题 2 与创新 2 的 D 选项,可知它们是一个互逆的过程。由本题图像可知,当物体从 12 cm 移到 8 cm 时物体所成实像逐渐变大,从 8 cm 不成像右移到所成的放大虚像再变小,所以 D 选项正确。因此,本题正确选项为 B、C、D。

基于此,不得不说命题者在创新过程中,重视了试题的严谨性,忽视了答案的准确性,导致试题与答案难圆其说。

三、纸上谈兵,自相矛盾

试题中的"创新思维"灵活独特,注重独立性、批判性、发散性的思考。应对问题情境,组织相关的知识与能力,综合运用直觉的、顿悟的、灵感的、形象的、逻辑的方法,提出新视角、新观点、新方法、新设想,创新性地解决生活实践情境或学习探索情境的各种问题。

【母题3】(2006·黄冈)在五一游艺晚会上,陈思同学演示了如图 6-4.4 所示的实验,排在一条线上的三个碗,中间碗内放一个乒乓球,当用小管向球斜上方吹气,乒乓球将( )

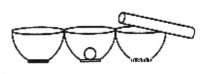

图 6-4.4

A. 仍静止 B. 运动到左碗

C. 运动到右碗 D. 无法确定

【创新3】(2008·黄冈)沙漠中有一个沙丘,如图 6-4.5 所示,当水平方向的风不断吹过沙丘时,沙丘会慢慢( )

A. 向左移动

B. 向右移动

C. 仍停原处

D. 无法确定

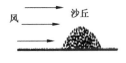

图 6-4.5

参考答案:A

质疑讨论:命题源自 2006 年黄冈试卷,命题者视角本身无可非议,但给出的答案却违背客观事实,其原因是脱离了物理实验、脱离了实际,纸上谈兵导致试题答案与客观实际相悖。如果将理论与实践相结合,既有理论指导又有实验的佐证,用实验验证岂不更好?

正确答案:B

学科素养中的"信息获取"是适应社会信息化趋势,通过各种方式与渠道获取信息,根据应对问题情境的需要,合理地组织、调动各种相关知识与能力,完成信息获取活动。

【母题4】(2016·安庆)如图6-4.6所示为声波的波形图,下列说法正确的是(   )

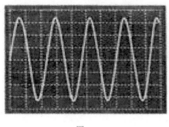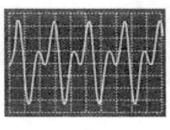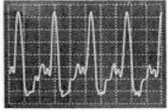

甲   乙   丙

图6-4.6

A. 甲、乙、丙三者的音色不同

B. 甲、乙、丙三者的响度不同

C. 甲、乙、丙三者的音调不同

D. 甲、乙、丙三者的音调、响度、音色都不同

【创新4】(2018·枣庄)如图6-4.7所示是声音的波形图,下列说法正确的是(   )

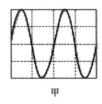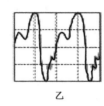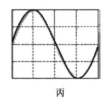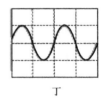

甲   乙   丙   丁

图6-4.7

A. 甲、乙的响度和音色均不同

B. 甲、丙的响度和音调相同

C. 乙、丙的响度相同,音调不同

D. 甲、丁的音调和音色相同

参考答案:CD

质疑讨论:图甲、乙、丙、丁中,每个图提供的信息都能完整地显示声音的三要素,即音调、响度和音色,而创新4每个选项只是比较了其中的两个因素,答案表面也没有明显的过失。然而,从思维角度和答案提供的信息以及学生的发展来看,答案缺乏深刻性和系统性,久而久之会对学生产生浮躁的深远的心理影响。如果将A改为:甲、乙的响度和音色均不同,音调相同(不同);将B选项改为:甲、丙的响度和音调相同,音色相同(不同);将C选项改为:乙、丙的响度相同,音调不同,音色不同;将D选项改为:甲、丁的音调和音色相同,响度不同。这样更改后的选项既能保持知识的系统性,又能保持思维品质的深刻性,这样岂不更好?

正确答案:CD

四、拓展延伸,违背考纲

学生认知水平、思维能力与创新意识考查成为考试改革的主旋律,而"思维认知能力",即形象思维能力、抽象思维能力、归纳概括能力、演绎推理能力、批判性思维能力则是命题的基础。通过载体能够发现新问题,运用新方法,解决新问题,获得新结论。

【母题5】(2015·河北)小明利用弹簧测力计测量石块的密度,($\rho_水 = 1.0$ g/cm^3,g 取 10 N/kg)

（1）用细线将石块挂在弹簧测力计上,弹簧测力计的示数如图6-4.8甲所示,石块重_____N。

（2）将石块浸没在水中,弹簧测力计的示数如图6-4.8乙所示,石块受到的浮力 $F_浮$ = _____N。

（3）石块的体积 V = _____cm^3。

（4）石块的密度 $\rho_{石块}$ = _____g/cm^3。

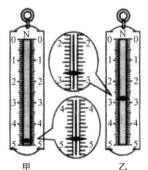

图 6-4.8

（5）**【拓展】**完成上述实验后,小明又将挂在弹簧测力计下的石块浸没在不同液体中,收集了表6-5.1中的数据。

表6-5.1

弹簧测力计示数/N	3.2	2.6	1.9	1.2
液体的密度/(g·cm^3)	0.8	1.1		1.8

（1）将表格补充完整。

（2）分析上表,小明得出此装置可制作"密度计"的分度值是_____。

【创新5】(2020·河北模拟)小明用弹簧测力计等器材测量一个水晶球的密度,已知弹簧测力计量程为0~5 N,烧杯的重力为1.5 N,底面积为100 m^2,请将下面的实验补充完整。(g 取 10 N/kg)

（1）如图6-4.9甲所示,用弹簧测力计测出该水晶球在空气中的重力 G = _____N。

（2）将该水晶球浸没在水中静止时,如图6-4.9乙所示,弹簧测力计的示数 F = _____N,该水晶球的体积 V = _____cm^3。

（3）根据密度公式算出该水晶球的密度 ρ = _____kg/m^3。

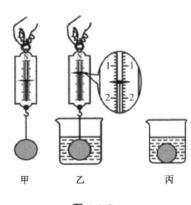

图 6-4.9

（4）如图6-4.9丙所示,小明将水晶球浸没水中之后,水晶球从弹簧测力计上脱落沉入水中,水对烧杯底部的压强_____（选填"变大""变小"或"不变"）,水晶球沉底后受到烧杯底的支持力为_____N。

（5）【拓展】水晶球沉入水中后（见图6-4.10）,小明想知道水晶球上表面受到的水的压力 F'',他进行了相关测量,烧杯中水面到烧杯底的深度为 H,水晶球的半径为 R,则 $F''=$_____（请用题目中所给的字母和数字表示）。

图 6-4.10

参考答案:（1）2.5;（2）1.5 100;（3）2.5×10³;（4）不变 1.5;

（5）将小球看成上下两部分组成,上半球受到的浮力为 $F'_{浮}=\rho_水 g V'_排=\rho_水 g \frac{3}{4}\pi R^3 \times \frac{1}{2}=\frac{2}{3}\rho_水 g\pi R^3$,$F_下=pS=\rho_水 g(H-R)\times\pi R^2$,水晶球上表面受到水的压力为

$$F''=F_下-F'_{浮}=\rho_水 g(H-R)\times\pi R^2-\frac{2}{3}\rho_水 g\pi R^3=\rho_水 g\pi R^2 H-\frac{5}{3}\rho_水 g\pi R^3$$

质疑讨论:摒弃"繁、难、偏、怪"是命题的基本要求,本题在试题拓展中,应用球的体积计算公式,而题干中没有说明球的体积计算公式,该公式在高中数学才接触,显然,命题者只是站在自己的知识水平角度命题,忽视了学生所学的知识体系。尽管考查了学生的关键能力与学科素养,但这样的试题只能是心有余而力不足的无效试题,建议命题者以课标要求为依据,以教材为依托,一定要联系学生的实际,联系生活实际,以"为什么考""考什么""怎么考"为抓手,在试题创新的同时,高质量地完成有效试题的命制任务。

总之,母题的创新一定要立足于学生认知水平,答案要严谨、经得住推敲,只有这样才能提升命题者的水平,才能更好地达到检测的目的。

第五节　中考试题与教学改进评价

近年来中考试题坚持"考改促课改,课改推考改"的原则,中考"指挥棒"的作用日趋凸显。一线教师达成一种基本共识:只有认真分析中考物理试题特点,才能把握课堂教学改革命脉。通过对2020年各地中考物理试题的分析,笔者发现试题呈现出如下几方面特点。针对这些特点,笔者结合教学实践谈谈课堂教学改进的一些粗浅认识。

一、关注科技发展,注重能力培养

关注科技发展是课程理念之一。试题围绕这一理念,渗透前沿的科学技术与科学原理,充分体现出试题的应用性和创新性,深入考查学生对所学基本知识的迁移和运用科学思维方法认识事物的能力,引导教师努力培养学生良好的思维习惯,密切关注科技发展,提高学生解决问题的能力。

【例1】(2020·咸宁)如图6-5.1所示为一种常见的身高体重测量仪。其中质量的测量是利用传感器输出电压与作用在其上的压力成正比的原理。质量为 M_0 的测重台置于压力传感器上,当测重台没有站人时,输出的电压为 U_0,某同学站上测重台时,输出电压为 U,则该同学的质量为(　　)

A. $\dfrac{M_0}{U_0}U$　　B. $\dfrac{M_0}{U}U_0$　　C. $\dfrac{M_0}{U_0}(U-U_0)$　　D. $\dfrac{M_0}{U}(U-U_0)$

图6-5.1

评析:多数学生难以领悟题干中给出的信息,不清楚"传感器输出电压与作用在其上的压力成正比"的内涵,缺乏逻辑推理能力,难以构建关系式。这就要求教师改进课堂教学,既重视课本上的教材知识,又密切关注科技发展,拓展课堂教学内容,使学生广泛积累科学知识,熟练掌握科学原理。同时,培养学生发现问题、研究问题的好习惯,培养学生学会独立思考、信息加工、逻辑推理的认知与创新能力,教给学生抓住关键词语构建方程的技巧,使之学有所获、学以致用。

二、立足实验创新,培养思维品质

物理《课程标准》指出:"提倡师生利用身边的物品、器具、材料等进行物理实验","有条件的学校可以利用仪器做一些用传统仪器不易做或不能做的实验"。为此,试题围绕课标的要求,契合实验教学的实际,改进一些用传统仪器不易做的实验装置,凸显了个体思维品质的深刻性、灵活性、独创性、批判性。弥补传统实验所不能完成的实验装置,开阔了学生的视野,让学生掌握制作的技巧,促进动手能力和创新思维品质的培养。

【例2】(2020·宁夏)小明在老师的指导下,利用自制水透镜探究凸透镜成像的规律。如图6-5.2甲所示,利用记录的实验数据,绘制了如图6-5.2乙所示的像距 v 和物距 u 的关系图(实验过程中水透镜厚度不变)。实验过程中,下列说法正确的是(　　)

A. 该水透镜的焦距是 20 cm

B. 若要在光屏上成清晰缩小的像,物体应放在距透镜10 cm至20 cm之间

C. 在光屏上找到清晰缩小的像后,若在水透镜和物体之间放一凹透镜,光屏应远离水透镜才能再次找到清晰的像

D. 实验后,若利用注射器向水透镜内注水,其焦距变长

选择理由:_____

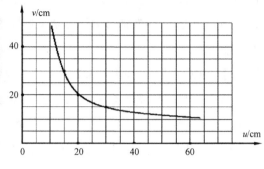

甲　　　　　　　　乙

图 6-5.2

评析:本题失分率较高,原因是实验教学中,教师对同口径的凸透镜焦距取决于透镜厚度(厚度越大,焦距越小;反之亦然)的解释不清,导致学生难以做出水透镜注水后焦距发生变化的类比推理。同时选择理由的语言表达混乱,词不达意。

日常教学中应改变"重视纸笔推算,轻视实验创新与改进"的现象,尤其是改进教材中演示效果不好的实验,从方法上潜移默化地引导学生学会一些制作技巧,鼓励学生动手改进和制作创新"小实验""小发明",让学生在"做中学""学中悟",学会善于发现问题,深入思考问题,领悟概括归类等思维品质的深刻性;学会从不同角度思考问题、解决问题,彰显思维品质的灵活性;学会在实验中求异变,从课内迁移到课外,由实验室迁移到生活中,激发思维品质的创新性。唯有这样,才能发展学生的核心素养,挖掘学生的内在潜能。

三、加强学科联系,深化思维推理

注意学科间的联系与渗透,是课程标准的基本要求。这就决定了学科之间的横向联系在物理学科中的重要性。因此,近年来的中考,加大了用数学方法来表示某些物理量关系的考查力度,增加了形式多样的坐标系设置问题。

【例3】(2020·温州)科学中常用数学方法来表示某些量的关系。图 6-5.3 中能用阴影面积表示相应的量的是(　　)

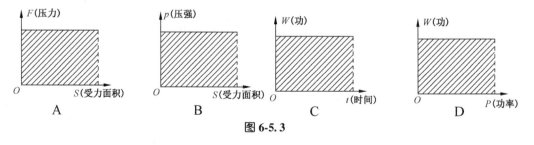

图 6-5.3

评析:该试题新颖、独特,用数学的形式来考查物理问题。遗憾的是,学生缺乏分析与综合、比较与分类、抽象与概括及逻辑推理等科学的思维方法,难以获取题干中阴影面积与两坐标轴之间的逻辑关系,解题无从下手。这就要求课堂教学中,将彼此独立的学科间知识融汇一起,应用相关知识分析研究问题,寻觅线索,探究物理量之间的逻辑关系;既要重视培养学生的观察能力,又要不断训练学生处理信息的能力,将科学思维与关键能力融为一体,用分析与综合的思维方法引领学生解决学科交叉的问题,以此提升学生的核心素养。

四、普及科学常识,彰显技术应用

物理《课程标准》要求:注重与生产生活、现代社会及科技发展的联系,反映当代科学技术发展的重要成果和科学思想,培养学生的社会参与意识和社会责任感。因此,试题材料的选择范围、类型,以及真实情境创设是否具有典型性和适切性,尤其是关注新技术、新材料的应用将成为中考命题关注的重点。

【例4】(2020・随州)在2020年特殊的经济形势下,"新基建"的七大产业担负起了国家经济发展的重大使命,"5G"产业是其中一项。"5G"手机通过电磁波与基站之间进行信息传递,以下有关说法中不正确的是(　　)

A. 电磁波可以在真空中传播

B. 电磁波既能传递信息也能传递能量

C. "5G"比"4G"传递信息更快,是因为它所使用的电磁波的波速更快

D. 即使先进的"5G"手机,使用过程中也会发热,是因为工作过程中部分电能转化为内能

评析:前沿科学技术的创新与发展,促进了人类的生产生活方式的变革,对人类的思维方式、价值观念变革等都产生了深远影响,也为中华民族的伟大复兴作出了巨大贡献。

从答题角度看,"5G"比"4G"传递信息是更快还是更多?学生无从下手。科普论文告诉我们"5G"比"4G"传递信息不是快而是更多。因此,课堂教学中不仅要教给学生比较科技手段的差异,更要了解相关知识间的纵横联系。关注科学知识的普及,养成"家事国事天下事,事事关心"的好习惯,增强华夏儿女热爱科学的使命感和责任感,真正使核心素养的培养在课堂教学中落地生根。

五、凸显推陈出新,领悟方法迁移

物理《课程标准》指出:注重培养学生核心素养,提高学生综合运用知识解决实际问题的能力。因此,试题体现了"从生活走向物理,从物理走向社会"的教学理念,并将"科学・技

术·社会"纳入考查范畴,充分体现了课程的基础性、选择性与时代性。

【例5】(2020·泰安)电子秤有"清零"功能,例如,在电子秤上放200 g砝码,电子秤显示为200 g,按清零键后,显示变为零;随后再放上100 g砝码,电子秤显示为100 g。利用电子秤的这种功能,结合物理知识可测定玉镯的密度。具体操作如下:

步骤a:向烧杯内倒入适量水,放在电子秤上,按清零键,显示数变为零;步骤b:手提细线拴住玉镯,浸没在水中,且不与烧杯底和壁接触,记下此时电子秤示数为 m_1;步骤c:把玉镯接触杯底,手放开细线,记下此时电子秤示数为 m_2。则下列判断中(　　)

① 玉镯的质量为 m_1　　　　② 玉镯的质量为 m_2

③ 玉镯的密度为 $\dfrac{m_2\rho_水}{m_1}$　　　　④ 玉镯的密度为 $\dfrac{m_1\rho_水}{m_2}$

A. 只有①③正确　　B. 只有①④正确　　C. 只有②③正确　　D. 只有②④正确

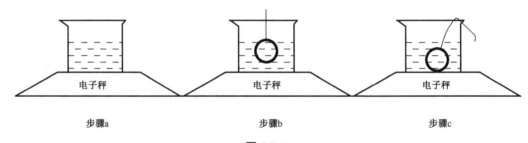

|步骤a|步骤b|步骤c|

图 6-5.4

评析:试题将2012年河北省中考物理33题中的天平改为有清零功能的电子秤(见图6-5.5),两道题之间既有关联的推理方法,又有不同的处理技巧。如果不了解计量工具的内部结构,缺乏"新""旧"之间内在方法的比较,就会导致解题受阻。

课堂教学中既要传授课本知识,又要密切联系实际,拓宽学生视野,不失时机地渗透各种前沿的计量工具,了解其结构、操作原理和使用方法,比较新旧测量工具的区别与联系,研究新技术的应用。只有这样,才能在解题中有得心应手的发挥。

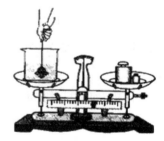

图 6-5.5

六、体验多元评价,遴选最佳方案

实验方案的遴选、择优成为中考的一大亮点。因此,试题体现了发散思维的创造性,强化了多元评价和创新实验设计方案的综合考查,开阔了学生的视野,体现了辩证评价实验方案的维度,这对学生一生的创造活动都具有十分重要的意义。

【例6】(2020·成都)下列测量方案中,最合理的是(　　)

A. 测小铁块密度:用装有适量水的量筒测体积后,再用天平测质量

B. 测正方体小木块密度:用天平测质量后,再用刻度尺测边长并计算体积

C. 测小砖块密度:用天平测质量后,再用装有适量水的量筒测体积

D. 测比赛用铅球密度:用天平测质量后,再用装有适量水的量筒测体积

评析:试题要求从多种方案中择优选取。但由于学生不清楚、不熟悉择优评价维度,导致了学生得分率较低。

课堂教学中,首先要加强发散性实验方案的训练,熟悉实验方案的原理,既要观察、分析方案中的相同之处,又要辨析其不同之处。其次,在评价、决策、选择方案时,教给学生从方案设计科学性、方法应用规范性、环保节能创新性、实验误差客观性等方面入手,树立科学辩证观,作出准确判断,这正是深入发展学生核心素养的具体体现。

七、构建知识体系,养成矫正习惯

学习的过程是知识理解、信息加工、主动建构体系的过程。适宜的情境可以帮助学生重温旧经验、获得新知识。近年物理试题通过提供丰富素材和信息,揭示体验知识的发生和发展过程,注重考查学生的认知能力、比较分类能力以及物理知识建构,考查相近易混知识点,促使学生养成矫正纠错习惯,促成物理观念认知水平的达成。

【例7】(2020·哈尔滨)在哈尔滨教育云平台线上微课教学中,小明整理的笔记上有笔误(见图6-5.6)。需矫正的一项是(　　)

图 6-5.6

评析:试题不仅考查知识的记忆、储存、理解,更考查知识的迁移。学生对试题分类与比较缺乏深度认识,导致错选频频。课堂教学中改变灌输学科知识的传统习惯,让学生在积累过程中不断地总结、反思,养成矫正习惯;提高自主学习能力,建构物理知识体系;学会运用思维导图,破解知识碎片化问题,实现知识的横向联系,形成物理观念的全新视角。

总之,在课堂教学中,既要注重教学方式的变革和教学内容的拓展,又要注重方法的引领和思维的培养,以此提高物理课堂教学质量。

第六节　核心素养与命题导向评价

全国各地 2022 年中考物理命题呈现了以下亮点："注重教材内容的基础性""凸显问题设计的深刻性""强化思维品质的敏捷性""关注科技发展的时代性""体现课程改革的实践性""探索学科交叉的综合性""拓展探究内容的开放性""领悟评价角度的创新性"。明确课标地位,引领教学改革方向,指导课堂教学,重视考试导向,实现"教—学—评"的一致性。

一、注重教材内容的基础性

《义务教育初中物理课程标准(2022 版)》(以下简称《标准》)指出:"注重教材内容的基础性,关注全体学生的学习需求","贴近学生生活实际,为不同学生的个性化发展提供空间"。这就要求课堂教学要关注基础知识及其应用。

【例 1】(2022·自贡)物理知识与生活联系非常紧密,下列关于密度的一些说法正确的是(　　)

A. 1 kg 的水和 1 kg 的冰的密度相同

B. 可以利用密度来鉴别物质,因为不同物质的密度一定不同

C. 为减轻质量,航空器材常采用强度高、密度大的合金或新型合成材料

D. 发生火灾时,受困人员常采取弯腰甚至爬行的姿势撤离,是因为含有有害物质的空气温度较高,密度较小,大量聚集在房间的上方

评析:通过与实际密切联系的物理现象考查基础知识,兼顾学业考试和升学考试的双重导向,避免了机械记忆、重复训练的弊端。试题着眼基础知识的考查,同时对基础知识加以拓展与迁移,注重运用能力考查。这就提示教师,在物理教学过程中,不仅要研究教材和学生,还应研究物理命题,思考物理基础知识考什么、怎么考、如何才能考得有效,进而为基础知识教学指明方向。

二、凸显问题设计的深刻性

《标准》指出:"联系生产生活实际创设学习情境,开阔学生视野,激发学生学习兴趣。"这正是建构主义所倡导的意义学习,也是思维方法考查的重要途径。

【例 2】(2022·郴州)老王的手机电池的铭牌上标有"5 V　4 000 mA·h"的字样,手机正常使用时功率为 2 W。如果他在电池电量剩余30%时,立刻插上 30 W 的充电器,并持续正常使用,直到电量充满。他这次给手机充电的时间是(　　)

A. 0.2 h　　B. 0.47 h　　C. 0.5 h　　D. 0.67 h

评析:试题以真实情境为例,避免了理想化问题的枯燥乏味、难以理解、模式化纯数字计算游戏,彰显了深度挖掘有探索价值的问题设计,还原了真问题面目,凸显了真问题价值,使学生真正感受到学以致用。要求学生能从充电宝充电与正常使用的生活情境中,寻找逻辑关系、建立方程,理清解题思路。

美国教育家杜威说过:"学校求知欲的目的,不在于知识的本身,而在于学生获得求知识的方法。"试题凸显问题设计的深刻性,注重学生知识应用能力考查,体现了"从生活走向物理,从物理走向社会"的课程理念。课堂教学活动要紧密联系实际创设真情境,设计有深度的真问题,强化分析与逻辑推理,开展丰富多样的自主探究活动,落实核心素养目标。

三、强调思维品质的敏捷性

《标准》指出:"渗透科学研究方法,培养学生的科学思维。"思维的培养是落实核心素养的前提,因此,课堂教学不仅要培养科学思维中逻辑思维和非逻辑思维的方法,还要强化思维品质的培养和学科思维的方法,为学生减负奠定基础。

【例3】(2022·绍兴)学习了"质量测量工具的进化"的 STEAM 课程,小敏认识并使用了如图 6-6.1 所示台秤,发现指针偏转角度与所测物体质量成正比。根据台秤示数变化规律,小敏想选用电流表或电压表的示数来反映所测物体质量大小,设计的电路最合理的是(　　)

图 6-6.1

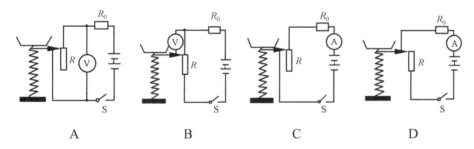

A　　　　　　B　　　　　　C　　　　　　D

评析:试题选材由以往教材中的实验方案转向密切联系实际的真问题。从题干给出的重要条件"指针偏转角度与所测物体质量成正比"入手,通过对四个近似方案的比较与分析、推理与判断,找到电表示数与接入电路中变阻器阻值成正比的方案。

美国教育家布鲁纳认为:"学习的最好状态就是思维,而思维的核心要素是思维方式。"试题注重分析问题和解决问题等思维能力的考查,通过"一题多案""一题多变",培养学生思维品质的敏捷性。这就要求,教师在物理教学中,应引导学生对相近实验方案进行比较与分析、推理与判断,突出科学思维中的模型建构,多分析易错、易混淆的实验方案,培养学生综合应用能力。课堂教学要注重联系实际,探索用不同实验器材组合设计多种实验方案,引导学生分析各自利弊,以培养学生科学思维习惯,真正实现学会思考、学会学习的目标。

四、关注科技发展的时代性

《标准》指出:"注重时代性,加强与生产生活、社会发展及科技进步的联系,凸显我国科技成就,引导学生增强文化自信,树立科技强国的远大理想。"科学技术是第一生产力,科技强弱决定国家兴旺。凸显科技成就,展示科技力量,了解我国科技弱势,激励学生产生奋起直追的热情。

图 6-6.2

【例 4】(2022·包头)如图 6-6.2 所示,5G 智能机器人安装有超声波雾化器自动喷枪,工作时,将消毒液均匀雾化到空气中进行消毒。表 6-6.1 为智能机器人的部分参数,其中额定雾化量是指雾化器工作 1 h 能够雾化消毒液的体积。(g 取 10 N/kg)

表 6-6.1

水箱容积	额定雾化量	自身重力	履带总触地面积
20 L	10 L/h	500 N	200 cm^2

(1)求机器人未装消毒液且静止时,对水平地面的压强;

(2)未装消毒液,机器人在水平地面以 0.5 m/s 速度匀速直线运动 10 min,机器人受到的阻力为自身重力的 0.1 倍,求牵引力做的功;

(3)装满消毒液,机器人总重力增加了 160 N,以额定雾化量消毒一段时间后,机器人对水平地面的压强减小了 2×10^3 Pa,求此次消毒所用的时间。

评析:试题以科学技术发展新成果为例,以"文字描述"和"图表展示"两种方式呈现,考查学生的文字阅读、图表读取能力。试题第(3)问学生的疑难之处在于消毒液的密度并未直接给出,而是要通过文字描述和图表得出,加之机器人的雾化速度、机器人对水平地面的压强减小等,都非直来直去,而是需要学生理清问题的来龙去脉,才能找到解题思路。

高尔基说:"科学是我们时代的神经系统。"关注科技的时代性是科学教育的传统。为此,物理教学要关注物理学对社会进步及科技发展的重要作用,引导学生通过多种途径主动获取科技发展信息,养成"勤于发现""勤于思考""勤于探索"和"家事、国事、天下事事事关心"的关键能力和必备品格。

五、体现物理课程的实践性

《标准》指出:"注重'知行合一、学以致用',体现物理课程实践性特点。"以基础知识为依托,以真实情境为载体,以实践应用为归宿,以能力提升为主线,力争培养学生的核心素养。

【例5】(2022·陕西)今年"五一"假期,广大市民按照疫情防控要求,积极响应"非必要不离市"号召,在郊区、公园指定区域进行户外活动。小刚同学家购买了一款如图6-6.3所示户外分体式燃气炉,准备去户外野炊。该燃气炉的铭牌如图6-6.4所示,其中功率4 500 W是指气体燃料完全燃烧时燃气炉每秒放出4 500 J的热量。

图6-6.3

| 【品名】××牌分体式防风燃气炉 |
| 【材料】不锈钢　铜　铸铝 |
| 【规格】展开ϕ260×116 mm |
| 　　　　折叠ϕ127×132 mm |
| 【功率】4 500 W |

图6-6.4

(1)气体燃料在常温下是通过_____的方式液化存储在储气罐内,使用过程中,罐体温度变低是因为燃料发生汽化时要_____(选填"吸收"或"放出")热量;

(2)在标准大气压下,用该燃气炉将1 L水从25 ℃加热到沸腾用时140 s,燃气炉烧水时的效率是多少?已知水的密度为$1.0×10^3$ kg/m³,水的比热容为$4.2×10^3$ J/(kg·℃);

(3)小刚注意到炉头上标有"参数:15"字样,他查阅说明书得知,该参数表示的是:燃气炉功率[单位:瓦(W)]与耗气量[单位:克/时(g/h)]之比的数值为15,计算该燃气炉所使用燃料的热值是多少。

净含量
120 g

(4)小刚同学打算展示在劳动课上学习的烹饪技能,为家人做顿可口饭菜,表6-6.2是他出发前做的规划,则小刚至少应携带几个如图6-6.5所示的新储气罐?

图6-6.5

表6-6.2

内容	每次耗时/min	次数/次
炒菜	8	3
煮汤	10	1
烧水	3	2

评析:试题将单一书本知识考查转变为多元化的生活应用能力考查,将机械应试转变为"基于情境、问题导向、深度思维、高度参与"的考查模式,很好地体现了"从生活走向物理,从物理走向社会"的教学理念。

美国课程专家派纳说:"课程是一种特别复杂的对话,课程不再是一个产品,而是一个过程,一种行动,一种社会实践。"教师在物理教学中,应体现课程的实践性,瞄准课堂教学目标,抛弃"教教材"的做法,真正做到"用教材教",善于研究"考什么""怎么考""如何考得有效"等问题,实现"教—学—评"的一致性。

六、探索学科交叉的综合性

《标准》指出:"关注学科渗透,注重对学生创新精神、实践能力、社会责任感等的培养。"要立足于物理课程内容,又要跨出物理学科,改变学科本位思想,关注学科之间的交叉与有机融合,使其更具综合性、开放性。

【例6】(2022·常德)图6-6.6甲是热敏电阻 R_T 和定值电阻 R 的 U-I 关系图像,R_T 的阻值随两端所加电压的升高而变小。将 R_T 和 R 以两种不同的方式接在同一电源上,如图6-6.6乙和丙所示。若乙图中加在两电阻上的电压 $U_{R_T} : U_R = m$,丙图中 $I_{R_T} : I_R = n$,则下列关系式中正确的是( )

A. $m = \dfrac{1}{n}$ B. $m > \dfrac{1}{n}$ C. $m < \dfrac{1}{n}$ D. $m = n$

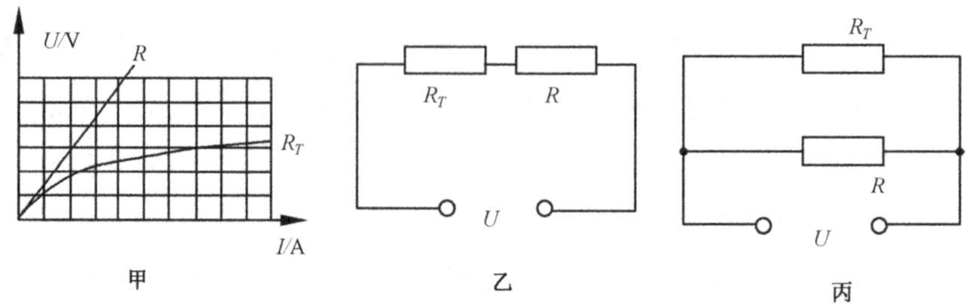

图 6-6.6

评析:试题打破学科界限,既有物理电学知识的考查,又有数学知识的跨学科融合,力避现实问题解决的单一性,使学习成为一个不断联系及建构的整体性、系统性过程。

古希腊哲学家、教育家柏拉图认为:"综合性学习是学习的最高境界。"课堂教学既要重视学科内部知识体系,又要注重跨学科知识的交叉与整合。改变学科本位,探索学科交叉的综合性,为培养综合型、复合型人才奠定基础。

七、拓展探究内容的开放性

《标准》指出:"注重科学探究,突出问题导向,强调真实问题情境,引导学生不断探索。"科学探究,要强化以问题、证据、解释、交流为依托的探究要素的完整性。

【例7】(2022·无锡)小红陪奶奶就医时,看见如图6-6.7甲所示竖直放置的静脉输液装置,观察到输液管口的液体一滴一滴地往下滴,于是,他提出一个问题:管口处水流出的速度大小与哪些因素有关?并作出如下猜想:

猜想1:随着输液瓶中液面不断下降,速度变小。

猜想2:换粗一些的输液管,速度变大。

猜想3:增加图6-6.7甲中输液管的高度h,速度变大。

为检验上述猜想,她准备了如下器材进行探究:铁架台、锥形瓶、量杯、双孔软木塞、橡胶软管、弹簧夹、秒表,4根粗细均匀的玻璃管:a管(长20 cm、内孔直径3 mm)、b管(长20 cm、内孔直径6 mm)、c管(长25 cm、内孔直径3 mm),长5 cm的d管。

探究过程如下:

(1)如图6-6.7乙所示,锥形瓶中装有红色的水,a、d管通过双孔软木塞插入瓶中,两管上方端口接近瓶口并齐平,a管下端放入量杯,d管下端套有橡胶软管,并用弹簧夹夹住,装置呈竖直放置。此时,a管下端管口无水流出,这是由于_____的作用。

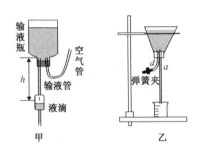

图 6-6.7

(2)松开弹簧夹,水从a管口流出,用秒表测出量杯中的水分别达到20 mL、40 mL、60 mL、80 mL、100 mL水位时的时间t,记录在表6-6.3中。

表6-6.3

量杯中水的体积 V/mL	0	20	40	60	80	100
时间 t/s	0.00	2.00	4.00	6.00	8.00	10.00

① 依据所测数据,在图6-6.8中画出量杯中水的体积V与时间t的图像。

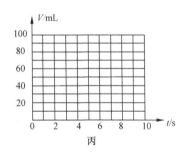 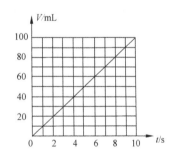

图 6-6.8

② 每秒钟从 a 管口流出的水量是_____mL;a 管口处水流出的速度大小为_____m/s（保留 1 位小数）。

（3）将 a 管换成 b 管,重复步骤（2）的操作,将所测数据记录在表 6-6.4 中。

表 6-6.4

量杯中水的体积 V/mL	0	20	40	60	80	100
时间 t/s	0.00	0.50	1.00	1.50	2.00	2.50

分析表 6-6.3 和表 6-6.4 的数据,可知猜想 2 是_____(选填"正确""错误")的。

（4）若要检验猜想 3,请简要写出你的操作:_____。

评析:由考查教材的实验,迁移为考查贴近生活的实验探究,是试题最大的亮点。在创建真实问题情境中,将"灌输"事实和结论的过程变为"问题—猜想—实验—信息—结论—解释—评估"的真正实验探究过程。试题中猜想 2 出错率较高,混淆了流速与流量的概念,误认为换粗一些的输液管,流量大了,但速度是否变大还有待于进一步探究。

布鲁纳提出:"以发现的学习方式掌握的知识更容易提取。"课堂教学中,把生活现象和科学知识有机融合,引导学生进行理性思考,将学习方法和过程内化为自身的行为习惯,并逐步形成良好的具有独立性和创新性的科学品质。坚持创新导向,更新课程内容,为课堂教学改革、拓展探究内容的开放性奠定基础。

八、领悟评价角度的创新性

《标准》指出:"注重对学生交流合作、评估反思能力的培养。"这正是思维教学的重要环节,也是"知识型—理解型—思维型"课堂教学逐步提升的重要标志。

【例 8】(2022·绍兴) 图 6-6.9 是手机无线充电的原理简化图。当充电器线圈接通电源之后,该线圈就会产生一个磁场,当手机放在充电器上的时候,手机中的线圈就会产生感应电流,实现无线充电。

（1）手机线圈中产生电流是利用_____现象。

（2）当充电器线圈中某一时刻的电流方向如图 6-6.9 所示,则图中 B 点的磁场方向是_____(选填"向上"或"向下")。

（3）与传统方式相比,请你对这种充电方式进行评价:_____。

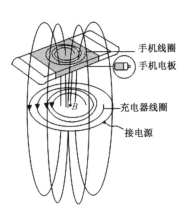

手机线圈
手机电板
充电器线圈
接电源

图 6-6.9

评析:"发挥评价的育人功能,促进学生核心素养发展"是课程标准理念之一。试题利用生活情境,通过分析问题、解决问题,进而从节能、环保、安全、操作、价格等方面进行全面科学评价,树立科学的辩证唯物主义评价观。

课堂教学中,要注重培养学生热爱科学、崇尚科学的态度,塑造当代中学生具有正确的科学态度,树立正确的世界观、人生观、价值观,具备责任意识与使命担当。

总之,2022年中考试题全面体现了新标准的教学理念,命题注重了"教材内容考查的基础性""凸显问题设计的深刻性""强化思维品质的敏捷性""关注科技发展的时代性""促进课程改革的实践性""探索学科交叉的综合性""领悟评价角度的创新性",为课堂教学改革和质量提升奠定了明确的方向。

小　结

依据先进评价理念宏观上提出我国教育评价应遵循的原则,微观上以真实案例形式给出评课视角、评课要点等,构建多元化评价体系,提高教师评、议课的质量和水平。以近年来各地中考物理试题的命题导向,评价教学环节优化、教学方式变革,真正担负起培养学生物理学科核心素养的重任。通过思维导图建构、归纳、演绎及数字化评价,实现中学物理高质量评价诉求。

思　考　题

1. 新中考有哪些新创举?请您结合实例简要阐释如何发挥其正向指挥棒作用。

2. 举例说明思维导图应用的重要性并设计几则案例。

3. 请构建深度观评课的维度和要点。遴选一则全国青年教师大赛获奖视频,认真观摩给予深度评价。

4. 母题的改良是提高学习质量和发展思维的主要举措之一,请您设计并阐释。

5. 机械学习与有意义学习有何异同?怎样在新时代核心素养背景下践行有意义学习?

6. 评价是为了促进中学物理教学的发展,试论述多元化科学的评价标准要点。

本章推荐参考文献

[1]　教育部考试中心.中国高考评价体系说明[M].北京:人民教育出版社,2019.

[2]　王少非.促进学习的课堂评价[M].上海:华东师范大学出版社,2018.

[3]　赵慧臣,张雨欣.人工智能时代数字化学习工具评价模型的建构与应用建议[J].中国电化教育,2021(8):85-91,125.

　[4]　田爱丽.综合素质评价:智能化时代学习评价的变革与实施[J].中国电化教育,2020(1):109-113,121.

　[5]　吴立宝,曹雅楠,曹一鸣.人工智能赋能课堂教学评价改革与技术实现的框架构建[J].中国电化教育,2021(5):94-101.

　[6]　李逢庆,韩晓玲.混合式教学质量评价体系的构建与实践[J].中国电化教育,2017(11):108-113.

　[7]　冯华,周莹.中学物理学科德育实践要素评析及教学建议[J].课程·教材·教法,2021,41(7):133-138.

　[8]　徐彬,刘志军.指向核心素养的课程评价探析[J].课程·教材·教法,2019(7):21-26.

　[9]　沈正杰.指向核心素养培养的高中物理试题评价与策略[J].物理教学,2021,43(6):13-15,9.

　[10]　范福生.2020年全国高考理综Ⅰ卷第18题的科学素养要素分析与教学启示[J].物理教学,2020,42(11):66-68,65.

　[11]　陈晨,蒋新.构建物理模型 培养科学素养[J].物理教师,2021,42(2):49-52.

　[12]　商瑞国,吴吉成.创新中考命题思路 促进初中物理教学改革——黄冈市近年来中考物理[J].物理教师,2003(3):19-21.

　[13]　张杰.中考物理试题与核心素养评价[J].物理教师,2020,41(6):40-43.

　[14]　费宏.中学物理创新命题三类典型问题与命题规范的研究[J].物理教师,2016,37(4):56-58,61.

　[15]　张亮.突出理解应用 考查学科核心素养[J].物理教师,2021,42(2):44-45,48.

　[16]　郑志湖.构建物理教学评价体系 促进学生核心素养发展[J].物理通报,2021(11):148-152.